Wie die Sprache
uns einwickelt

Das Buch

Vor 600 Jahren beschloss das Konstanzer Konzil, Jan Hus sei als Häretiker hinzurichten. Er wurde vor den Toren der Stadt verbrannt.

Hus hatte seinen göttlichen Auftrag aus der Bibel abgeleitet, dem Wort seines Herrn. Ebenso wie hundert Jahre später Martin Luther, dessen Ketzerdasein jedoch mit einem natürlichen Tod endete.

Gottes widerspruchsvoll offenbartes Bibelwort hat weder die Kirchenoberen zum Dienst am Nächsten erzogen, noch in den Hussitenkriegen der Feindesliebe ein Zeichen gesetzt, noch Luther den Aufruf, den Juden die Synagogen anzuzünden, verboten.

Ein heutiger Philosoph, der sich zwar nicht mehr als Knecht der Theologie fühlen mag, rührt trotzdem mit überkommenen Denkwerkzeugen im wortreichen Gedankenbrei seiner Kollegen, um ihnen später ein eigenes doktrinäres Gebäude entgegenzusetzen.

Die Autorität Gottes wird vom Einen durch die der Logik ersetzt. Der Andere hat sich - zurück zu den Wurzeln! - für seinen öffentlichen Auftritt eine eigene Kasperlepuppe des heiligen Sokrates gebastelt. Und feinsinnige Sprachanalytiker können immer noch keine überzeugenden Ergebnisse vorweisen.

Da ist es doch eine verlockende Aufgabe, in landläufiger Sprache über Sprache zu sprechen!

Der Autor

ist nur wenige hundert Meter von der Richtstätte des Jan Hus entfernt geboren, in Konstanz aufgewachsen, hat in Freiburg im Breisgau an der Universität und der Pädagogischen Hochschule natur- und geisteswissenschaftliche Fächer studiert und war Lehrer an Grund- und Hauptschulen in Baden-Württemberg.

Eduard
Edelmann

p
S i r
c h a
c
e   h

Wie die Sprache
uns einwickelt

Bibliografische Information der
Deutschen Nationalbibliothek:
Die Deutsche Nationalbibliothek verzeichnet diese
Publikation in der Deutschen Nationalbibliografie;
detaillierte bibliografische Daten sind
im Internet über www.dnb.de abrufbar.

© 2015 Eduard Edelmann
Herstellung und Verlag:
BoD - Books on Demand, Norderstedt

ISBN 978-3-7386-3496-9

Inhalt

AA   Im Sprachnebel

AA 01 Kurz nach meiner Erzeugung war ich keines
einzigen Wortes mächtig. Inzwischen kann ich meine
Sprache dazu benützen, bei meinen Mitmenschen etwas zu bewirken: Es kommt z. B. vor, dass mir jemand am Kaffeetisch den Zucker reicht, wenn ich
darum gebeten hatte. Als Kommunikationsmittel für
einfache Fälle scheint meine Sprache also ganz gut
geeignet zu sein.

AA 02 Noch ein paar Beispiele, wie jemand durch
geschickten Einsatz der Sprache beim Angesprochenen etwas erreichen kann: Propagandaminister und
Werbefachleute studieren ihre Mitmenschen, um sie
ihren Worten gefügig zu machen. Wenn der eine den
totalen Krieg anpreist, der andere den geilen Ottkar, brandet oft fanatisches Beifallsgeschrei
blindgläubiger Befürworter der angebotenen Produkte auf. Der eine Jubler findet sich dann bald
überglücklich im Schützengraben wieder, der andere, ich weiß nicht, wo.

AA 03 Ich überfordere Sie vermutlich nicht, wenn
ich Sie nun bitte, die übernächste Zahl der Folge
13, 26, 39, 52, 65 ... zu überlegen.

AA 04 Hinweise: Haben Sie bemerkt, dass es „übernächste Zahl" hieß? Sehen Sie, dass es hier um die
etwas schwierigere 13er-Reihe geht? Was ist also
65 plus 13, plus noch einmal 13?

AA 05 Haben Sie eine Lösung gefunden? Vielleicht
ist ja Ihre Lösung, die Sie für richtig halten,
falsch? Wurden Sie durch die Frage motiviert oder
eher durch die Vorstellung, schneller als ein anderer hypothetischer Leser zu sein? Haben Sie die
Lösung umgehend und fast unbewusst ausgerechnet,
jeden Hinweis selbstbewusst ignorierend?

AA 06 Ganz gleich, wie Sie zu einem Ergebnis gekommen sind, meine sprachliche Aufforderung hat
ihre Denkaktionen ausgelöst, Sie waren persönlich

gerade ein weiteres Beispiel dafür, dass man durch
Spracheinsatz beim Angesprochenen etwas erreichen
kann. Ich bedanke mich für Ihre Kooperationsbe-
reitschaft, die ich aber nur zu Demonstrationszwe-
cken ausnützen wollte.

AA 07 Wer die Aufgabe im Halbschlaf gelesen hat,
dem wünsche ich einen erholsamen Ganzschlaf.

AA 08 Auch die Haltung eines Lesers, der mein
versprachlichtes Ansinnen spontan abgelehnt hat,
wäre bemerkenswert: Ist er als eingefleischter
Trotzkopf eher selten einmal zur Mitarbeit bereit?
Oder würde er auch einem sogenannten charismati-
schen Führer gegenüber nie auf eigenes Denken verzichten?

AA 09 Kein Problem scheint es, sprachliche Lücken
zu schließen: Wenn Sie im „geilen Ottkar" sofort
ein Anagramm zum „totalen Krieg" erkannt haben,
können Sie zum nächsten Absatz springen. Wenn Sie
nicht wissen, was ein Anagramm ist, können Sie das
aus dem Beispiel vermuten, irgendwo nachschauen
oder die Angelegenheit auf sich beruhen lassen.

AA 10 Einerseits ist es schade, dass meine hier
schriftlich und auf Vorrat fixierte Sprache kein
unmittelbares Feedback bei Ihnen findet, andererseits kann ich so eine Zeitlang ungestört meine
Gedanken über Sprache fortentwickeln.

AA 11 Es gibt Probleme, zu deren Lösung das Denken die Sprache nicht braucht. Beim einsamen Denken über Sprache stelle ich jedoch schnell fest,
dass mein Denken auf meiner Sprache aufbaut, ganz
unabhängig davon, ob ich vorhabe, das schriftliche
Endprodukt für mich zu behalten oder unters Volk
zu bringen.

AA 12 Ich beginne Sätze, überlege ihre Fortsetzung und Vollendung, verwerfe ein Wort, verwerfe
den ganzen Satz, beginne wieder von vorn usw. Was
ich gerade über Sätze sagte, gilt ganz entspre-

chend auch für Abschnitte, Kapitel, den ganzen
Text. Mein Denken und meine Sprache gehen hier
ständig Hand in Hand.

AA 13 Ist das aber meine Sprache? Ich habe doch
nur zwangsläufig mit diesem Konstrukt zu tun bekommen! Es war doch längst da, als ich auf die
Welt kam! Sind das meine Gedanken? Die meisten Gedanken werden doch für mich selbst erst greifbar,
wenn ich versuche, sie in die tradierten sperrigen
Worthülsen zu zwängen, ein unzulängliches Gestam-
mel, das nicht ich erfunden habe, das den Muff von
tausend Jahren ausströmt und das meiner Gedanken
freien Flug verhindert, wie Nebel die freie Sicht.

AA 14 Wie kann ich nur heute die Sprache, in die
ich wie in eine alternativlose Zwangsjacke hinein-
gezwängt wurde, als meine Sprache bezeichnen? Diese Sprache, die den Wortmüll von Generationen mit
sich herumschleppt und sich jedem neumodischen
Sprachschrott hirnlos öffnet?

AA 15 Wie kann man mit undurchsichtigen Worten
als Hilfsmittel einen klaren Gedanken fassen? Was
lichtet das Denken, wenn man schemenhafte Gedanken
nur so ungefähr in nebelhafte Sprache fassen kann?
Welcher Lügenbaron will behaupten, er könne sich
am eigenen Sprachschopf aus dem Sprachnebel ans
Licht der Evidenz ziehen?

AA 16 Es wird nur ein flügellahmes Hirnprodukt
sein, was der Kritzler unausgegorener Wörter aufs
Papier würgt. Ein seichtes Gewäsch, was sich der
selbstverliebte Vielschreiber druckwarm entrinnen
lässt. Parfümierte Worthäufchen, die der, der dem
Zeitgeschmack schmeichelt, zahlenden Lesern zwischen die Buchdeckel drückt.

AA 17 Ich sage gar nichts mehr! Ich verweigere
die Sprache! Jedes Wort wäre ein Zugeständnis an
die vorgefundene übermächtige Sprache und würde
sie zur Hintertür wieder hereinlassen. Ich bin
kein Opportunist, der mit den Schwätzern heult!

Anmerkungen zu Kapitel AA

AA 11.1 Im sprachlosen Halbschlaf träumte etwa
der deutsche Chemiker August Kekulé (1829 - 1896),
wie eine sich windende Kette von Atomen einen Ring
bildete, und kam so auf die Struktur des Benzolmo-
leküls.

AA 11.2 Übrigens: Wenn die Kennzeichnung am Anfang eines Abschnittes unterstrichen ist, folgen
weiter hinten eine oder mehrere Anmerkungen zu
diesem Abschnitt. Was Sie gerade lesen, ist die
Anmerkung 2 zum Abschnitt AA 11 des Kapitels AA.

AA 11.3 Sprache und Schrift gehen linear vor, die
Welt ist jedoch voller Querverbindungen. Wenn die
Sprache Welt vermitteln soll, kommt sie ohne Quer-
verweise nicht aus; deswegen zeitweilig das dichte
Gestrüpp der Anmerkungen, das Sie zunächst ja ein-
fach mal umgehen können.

AA 11.4 Der Rückwärtspfeil gleich hier drunter
soll Sie wieder ans Ende von AA 11 bringen.
<---

AA 16.1 Wer dem schwammigen „Ungefähr", dem eit-
len „Ich" oder dem angesagten „Man" nach dem Maul
redet, weiß bald nicht mehr, was er selbst eigentlich denkt.
<---

AB   Am Anfang war das Wort?

AB 01 Sich Schaum vor den Mund reden und dann
verbissen die Lippen zusammenpressen! Auch wenn du
es schaffst, ein paar Tage den Mund zu halten,
ich, deine Sprache, bin durch eine andere Hintertür längst wieder da: Ich rede einfach in deinem
Kopf mit dir weiter!

AB 02 Du hast doch selbst schon zugegeben, dass
ein einfaches gesprochenes Sätzchen deinen Kaffee
angenehm versüßen kann. Das war doch schon in deiner Kindheit so: Jede erfüllte Bitte hat dein Vertrauen in mich, die Sprache, gefestigt.

AB 03 Zugewandte Menschen haben dir einst die
erste Heimat und damit auch die erste Sprachheimat
gegeben. Ich bin keine Zwangsjacke, in die dich
diese, doch wohl weitgehend wohlmeinenden, Leute
stecken wollten.

AB 04 Ich diktiere dir nicht, was du sagen
sollst, ich lasse dir die Freiheit, auch das Gegenteil zu behaupten. Hatte ich etwas dagegen, als
du in der Kunst des Lügens schon früh schnelle
Fortschritte darin zeigtest, mich flexibel anzu-
wenden? Dass Lügen kurze Beine haben, ist zwar auf
meinem Mist gewachsen, aber persönlich erfunden
habe ich den Satz nicht.

AB 05 Außerdem möchte ich betonen: Am Anfang war
nicht das Wort! Da wäre ich zu hoch eingeschätzt.
Für den Neugeborenen ist emotionale Geborgenheit
wichtiger als ein Sprachbad, und menschliche Nähe
kann dem mit Liebe erwarteten Gemeinschaftswesen
durchaus auch wortlos übermittelt werden.

AB 06 Ich gebe zu, dass im Innern unseres gemeinsamen Sprachlands Nebel herrschen mag, aber Zonen
dichten Nebels wechseln mit solchen freierer Sicht
ab. Im Unterschied zu Münchhausen, der zu den Haa-
ren greifen musste, weil sich ihm und seinem Pferd
der schaurige Morast nicht einmal mählich gründe-

te, stehst du auf dem Boden vorsprachlicher Tatsachen, auf denen die Sprache letzten Endes beruht.

AB 07   Die Erfinder und Zünder von Sprachnebelkerzen haben natürlich eine lange Tradition, aber du kannst jeden ihrer überlebenden Epigonen auch heute noch bei seinen Worten nehmen. Er kann sich nicht auf ein ehrwürdiges Alter seiner versprachlichten Weltsicht und deren ständige Aktualisierung berufen. Ob er in gutem oder bösem Glauben seine Meinungen vertritt, er muss Rede und Antwort stehen können, was seine Sprachsachen angeht, die er aus seiner Sicht der Tatsachen abgeleitet hat.

AB 08   Auch im Nebel stehst du also auf sicherem Untergrund. Die Luft kann dir nicht ausgehen, du musst dich vorsichtig, kannst dich aber selbstbestimmt durchs Sprachland bewegen.

AB 09   Und an der Grenze? Auch dort werde ich nicht der wortklauberische Wächter sein, der dir „Du musst schweigen!" zuruft, weil es ja einen Schritt weiter nichts mehr gäbe, wovon man reden kann. Die Grenze ist keine Linie, sondern ein Grenzgebiet, das mit noch namenlosen Begriffen schwanger geht. Ständig keimen in irgendwelchen Menschengruppen Ahnungen von bisher unbekannten Dingen auf, die auf einen Namengeber warten.

AB 10   Solange es Menschen gibt, wird kein Stein jemals mein Grenzstein sein. Eigennützige Lügen werden nach wie vor formuliert werden können, aber vielleicht schafft es eine überwiegend selbstbewusste und kreative Menschheit, die sich nicht durch Sprachpedanten einschränken und gleichschalten lässt, mich so weiterzuentwickeln, dass Verlogenheit von jedem nachdenklichen Sprachbenutzer schneller enttarnt werden kann.

AB 11   Manchmal kann ich aber den zunächst wunderlichen Ideen akribischer Sprachpedanten auch etwas abgewinnen, weil sie zum Nachdenken anregen. Im folgenden Text seien der belgische Künstler und

14

der kritische Kleriker als pingelige Haarspalter
entschuldigt. Modernen Märchenerzählern sollte man
aber auch mal bewusst auf die Worte schauen.

AB 12   Der
                              Hase
                von   Dürer
               briet   nicht
              in der   Pfan-
             ne seiner   Frau,
            denn natür-   lich
              wusste sie,   dass
        der   Hase nur das Bild eines
       Hasen war. Sie wäre genauso wenig
      auf die Idee gekommen, aus Magrit-
      tes Pfeife zu rauchen. Der pingeli-
      ge Kleriker Ignaz Heinrich von Wes-
      senberg war auch sehr genau und ließ
      auf seine Grabplatte im Konstanzer Müns-
      ter schreiben: „Hier ruht die Leiche von
      Ignaz Heinrich von Wessenberg". Gut so!
      Bei einer von einem Bruchpiloten gezeich-
       neten Kiste sollte man jedoch überlegen,
        ob der kleine Prinz, der darin ein ver-
        borgenes Schaf erkennt, nicht besser an
         die Wand geklatscht wird. Wird womög-
          lich nur ein Frosch daraus? Manchmal
            verbergen Märchenerzähler unter
              ihrer Kreativität einen sen-
                timentalen Pessimismus,
                 der den Leser in eine Me-
                   lancholie treibt, an
                     der er ohne Not
                       kleben b l
                         eibt.

AB 13 Ich, die Sprache, war zwar nicht am Anfang
dabei, bin aber noch nicht am Ende! Ich verspreche
dir eine interessante Entwicklung. Nimm daran teil
und höre auf, den Mundtoten zu spielen. Eine Rolle
übrigens, in der es dir schwerfallen wird, mündig
zu werden.

Anmerkungen zu Kapitel AB

AB 11.1   Sehr genau malte der belgische Maler René
Magritte (1898 - 1967) z. B. eine Pfeife, schrieb
aber darunter, dass es keine Pfeife sei - es ist
ja auch nur das Bild einer Pfeife!

AB 11.2   Der akribische Kleriker Ignaz Heinrich
von Wessenberg (1774 - 1860) war die rechte Hand
des letzten Konstanzer Fürstbischofs Carl Theodor
von Dalberg, zeichnete sich durch selbständiges
und aufgeklärtes Denken aus und war beim damaligen
Papst (damit zusammenhängend) nicht sonderlich be-
liebt. Während die meisten anderen ehrenfesten
Domherren höchstpersönlich in ihren Gräbern liegen, behauptete er das nur von seinen körperlichen
Überresten.

AB 11.3   Hinter dem modernen Märchenerzähler
steckt der französische Schriftsteller Antoine de
Saint-Exupéry (1900 - 1944), von dem „Der kleine
Prinz" (etwa bei Rauch, Düsseldorf) stammt, wo der
Autor als Bruchpilot wenig zeichnerisches Talent
zeigt.
<---

AB 12.1   Albrecht Dürer (1471 - 1528), deutscher
Maler und Geometer

AB 12.2   Agnes Dürer, Albrecht Dürers Frau, war
auch als Kunsthändlerin tätig.
<---

AC   Die Verwirrungen des jungen Sprachlerners

AC 01 Soweit meine innere Stimme! Infam, wie sie
mich mit sprachlichem Heimatgefühl umnebelt, mich
wohlig in der Watte sentimentaler Kindheitserinne-
rungen versinken lässt.

AC 02 Ihre Argumente sind aber nicht ganz von der
Hand zu weisen. Sie wurden von ihr auch überra-
schend undogmatisch vorgetragen. Sollten meine
Ressentiments gegen die Sprache nicht so sehr von
ihr selbst, sondern von manchen ihrer Verwender
herrühren?

AC 03 Vielleicht vom abgehobenen Denker, der sich
in seinem Wolkenkuckucksheim über die Gefühlsse-
ligkeit eines bodenständigen Heimatverfechters vor
Lachen ausschüttet - ein abstrakt feinsinniges Lachen zwar und, wie er behauptet, ganz dünkel- und
auch wertfrei?

AC 04 Oder wird die Sprache von machtgeilen Ober-
schwätzern verhunzt, die ihre versteckten Ängste
in den Griff bekommen wollen, indem sie verzagte
Genossen suchen, die als umherschweifende Sinnsu-
cher zuerst in die unverdauten Halbwahrheiten des
Gröschwaz hineintreten und dann als unterwürfige
Jasager kleben bleiben?

AC 05 Wird sie von Leuten missbraucht, die sich
mit Schutzstaffelemblemen runifizieren - aber wenig bis nichts über die Herkunft dieser zackigen
Zeichen wissen? Wird sie von Sekundäraposteln zu-
rechtgelogen, die missionarisch verkünden, außerhalb ihres Glaubensgebäudes sei kein Heil - und
Andersredenden ein reinigendes Feuerchen entfa-
chen? Wird sie von pseudowissenschaftlichen Funk-
tionären vergewaltigt, die das Paradies auf Erden
versprechen - doch im sibirischen Teil dieses Pa-
radieses eine eisige Hölle für Widerspenstige be-
reithalten?

AC 06 Nur ein neueres Beispiel für widersprüchlichen Sprachgebrauch, das nicht erst in tieferen Schichten der Gotteskunde, für Laien unverständlich, unter Fachleuten diskutiert werden kann: Aus welchen Voraussetzungen schließt Uwe Scharfenecker, ein Doktor der katholischen Theologie, auf seine Wahrheit, dass der Teufel keine Person sei?

AC 07 Joseph Ratzinger, ebenfalls Doktor der katholischen Theologie und ehemals Papst, unterschreibt die gegenteilige Wahrheit, dass der Teufel nämlich eine Person sei. Können zwei widersprüchliche Wahrheiten gleichzeitig wahr sein?

AC 08 Wie kann man nur in einer so wichtigen Frage so unterschiedlicher Meinung sein? Oder wird von langjährig ausgebildeten Theologen der Personbegriff nicht mehr so ernst genommen? Ein Gott in drei Personen - na und? Der eine Mensch eine Person, der andere eine Unperson - na und?

AC 09 Der christliche Teufel, der sich auf die Bibel berufen kann, ist im Abendland groß geworden. Geschlechtsreif wurde er vor mehr als 500 Jahren, lag beim Verkehr mit unsereinem mal oben, mal unten, sehr zum Nachteil der jeweiligen Konkubinen und Konkubisten, wenn es bekannt wurde bzw. unter Folter bekannt wurde. Heute führt der Teufel eher ein Schattendasein, was möglicherweise beim rangniedrigeren Kleriker eine volksverträglichere, relativierende Äußerung ausgelöst hat.

AC 10 Sprache! Mich vor Verbissenheit zu warnen! Aber es ist schon was dran: Verkrampftes Denken und verbohrte Gefühle sind oft gekoppelt, allerdings in Gegnerschaft. Das Denken hält sich für den dominanten Part und versucht mitleidlos, das Gefühl zu knebeln. Aber ganz gleich, wer gewinnt: Ich bin das Schlachtfeld! Gewinnt das verbogene Gefühl, bleibt mir das schlechte Gewissen, gewinnt das verbissene Denken, trifft mich die Rache aus der Tiefe meines Fühlens.

AC 11 Gelassenes Denken und entspannte Gefühle
geraten dagegen wohl selten in Widerspruch zueinander. Vielleicht versuche ich doch noch, auch positive Gedanken über Sprache in mir aufsteigen zu
lassen und meinem Spracherwerb ein wenig nachzu-
spüren:

AC 12 Bereits in frühkindlicher Zeit fing ich an,
mich im alemannisch gefärbten Nachkriegsdeutsch,
das meine Umgebung benützte, häuslich einzurich-
ten. Dessen Wortschatz versuchte ich mir voll
kindlicher Lernlust, doch weitgehend unreflektiert, anzueignen, mit kreativen Ausrutschern, die
von wohlmeinenden Erwachsenen amüsiert belächelt
wurden.

AC 13 Gläubig wurden von mir auch Begriffe wie
„Knecht Ruprecht", „Gott Heiliger Geist" oder der
bayrisch freistaatliche „Wolpertinger" aufgenommen, in der kindlichen Vorstellung, dass mir noch
nicht bekannte, jedoch reale Wesen zu diesen Begriffen geführt hatten. Mit dem Ruprecht hatte ich
sogar persönlichen Kontakt - oder war es nur ein
Leiharbeiter, der seinen Körper einem Phantom zur
Verfügung gestellt hatte?

AC 14 Zu Wörtern wurden auch Gefühle mitgelie-
fert. So war etwa vom Gesicht meiner eigentlich
äußerst gutmütigen Großmutter bei der Verwendung
des Wortes „Sozi" deutlich erkennbar Abscheu abzu-
lesen. Ich nahm allerdings schon damals bald an,
sie hätte für den Papst seitenverkehrt auch das
Wort „Oberpfaffe" abschätzig benützt, wenn sie in
einem ganz anderen Umfeld erwachsen geworden wäre.
Eine Begründung oder Nische für ihre Gutmütigkeit
hätte sie sich aber in jeder Ideologie zurechtge-
legt. Mir kam also ihre Mitmenschlichkeit besser
entwickelt vor als ihre Reflexionsfähigkeit.

AC 15 Oder es wurde von einer anderen konservativen Bezugsperson bei der Erwähnung des Philosophen
Ludwig Feuerbach das Wort „Vulgärmaterialismus"
förmlich ausgespuckt.

AC 16 Über den Wortschatz hinaus habe ich genauso
bereitwillig und unkritisch die Regeln übernommen,
wie man aus Wörtern Sätze zusammenbaut und diese
zu einem sinnvollen Text verbindet.

AC 17 Diese Bereitwilligkeit, sich in der Sprache
zu üben, wurde später oft beeinträchtigt durch die
lästige Pflicht, Aufsätze schreiben zu müssen: Ein
vorgegebenes Thema war nach vorgegebenem Schema
abzuhandeln.

AC 18 Dagegen blieben Diskussionen mit Freunden
und Erwachsenen beliebte Wettbewerbe im Argumen-
tieren, eine Methode der Standortbestimmung und
der Selbstversicherung. Dass ich dabei etwas lernte, war nicht meine Absicht, ergab sich aber nebenbei.

AC 19 So entwickelte sich meine Vorstellung von
der Sprache als eines Instruments, das für All-
tagszwecke durchaus brauchbar ist, z. B. für die
Mitteilung, dass draußen gerade die Sonne scheint.

AC 20 Verwirrend war aber, dass sich Befürworter
und Gegner von Kapitalismus, Kommunismus, Sozia-
lismus, Thomismus, Atomismus usw. deutlich schwerer taten, in einer Diskussion auf einen gemeinsamen Nenner zu kommen. Das schlagende Argument der
einen Seite wurde auf der anderen oft als leeres
Wortgeklingel abgetan.

AC 21 Oder wurde die Sprache hier von beiden Seiten nur in der Absicht benützt, eine Konfrontation
zuzuspitzen?

AC 22 Wenn aber der gute Wille bestand, eine
Streitfrage zu klären, lag dann der übliche Miss-
erfolg an der nur halb bewusst gewordenen Vieldeu-
tigkeit der Sprache? War man an der versteckten
Unbestimmtheit der Wörter gescheitert? Ist die
Diskussion in einem Gerede über Definitionen stecken geblieben?

AC 23 Was ist nicht alles z. B. über das kurze
Sätzchen „Ich denke, also bin ich" geschrieben
worden. Der Satz ist eine Hydra: Die Wörter sind
ihre Köpfe, wobei ich mich nicht festlegen will,
welches Wort den unsterblichen Kopf bedeuten soll:
Das eine „ich", das andere „ich" oder eins der
drei restlichen Wörter. Einen Kopf abzuschlagen,
bedeutet, ein Wort zu erklären, wobei dann aber
gleich, o Schreck, neue erklärungsbedürftige Wörter benützt werden müssen.

AC 24 Tausend Deuter, was noch wenig ist, fühlen
sich dazu berufen, den Satz mit je tausend Wörtern, was noch wenig ist, zu erklären. Wenn man
die sekundären, tertiären und quartären Interpre-
tationen einschließlich des offensichtlichen Senfs
dazu berücksichtigt, haben sich die schillernden
Wörter „ich", „denke", „also" und „bin" in Millionen neue, noch schwammigere sprachliche Elemente
vervielfacht, aus denen vermutlich zum Teil gegen-
sätzliche Auffassungen ersichtlich werden.

AC 25 Was mich jedoch nicht hindern wird, mir in
späteren Kapiteln einen kurzen Druck auf meine eigene Senftube zu gönnen.

AC 26 Nach Ansätzen in alter Zeit wird es in neu-
erer Zeit verstärkt als wünschenswert erkannt, die
Sprache und ihre Unklarheiten in die Untersuchungen mit einzubeziehen.

AC 27 Aber noch einmal: Wie kann man mit vieldeu-
tigen Begriffen als Hilfsmittel die Sprache erklären?

AC 28 Gibt es wenigstens eine Handvoll Wörter,
die etwas so umweglos benennen, dass eine ausführ-
lichere Beschreibung überflüssig ist? Eine Sprach-
sache, die eine Tatsache direkt und ohne Schnörkel
trifft? Archimedische Sprachpunkte, von denen aus
Sprachpfade angelegt werden können, denen jeder
auch ohne wissenschaftliche Überlebensausrüstung
folgen kann?

Anmerkungen zu Kapitel AC

AC 05.1 Ein kleines katholisches Paradies auf Erden kenne ich jedoch in Berlin, würde Sie aber
gern auf dem Weg ins zweite Untergeschoss der Anmerkungen abschütteln.
<---

AC 06.1 Das war zu lesen in einem Artikel des
Schwarzwälder Boten vom 24.03.2012, in dem es um
Teufelsaustreibungen ging.

AC 06.2 Uwe Scharfenecker (*1964) ist ein deutscher Theologe, der an führender Stelle für die
Ausbildung pastoraler Berufe in der Diözese Rot-
tenburg-Stuttgart tätig ist oder war.
<---

AC 07.1 Joseph Ratzinger (*1927) ist als Papst
der katholischen Kirche (Benedikt XVI.) 2013 von
diesem Amt zurückgetreten.

AC 07.2 Im Katechismus der katholischen Kirche,
dessen Veröffentlichung Papst Johannes Paul II.
1992 anordnete und der unter der Federführung des
damaligen Kardinals Joseph Ratzinger entstand,
heißt es (Vierter Teil, Zweiter Abschnitt, Artikel 3, VII, Nummer 2851), wo es um die Bitte im
Vater-Unser-Gebet „... sondern erlöse uns von dem
Bösen" geht:

AC 07.3 „In dieser Bitte ist das Böse nicht etwas
rein Gedankliches, sondern bezeichnet eine Person,
Satan, den Bösen, den Engel, der sich Gott wider-
setzt. Der ‚Teufel' [Diabolos] stellt sich dem
göttlichen Ratschluss und dem in Christus gewirk-
ten Heilswerk entgegen."
<---

AC 08.1 Meine, mir über lange Jahre vertraute
Großmutter mütterlicherseits, bezeichnete und bezeichne ich als Person, so wie ich das Wort gelernt habe und anwende. Meine andere Großmutter

kannte ich zwar nicht, aber ich würde eine Wette
eingehen, dass auch sie eine Person war.
<--

AC 09.1 Katechismus- und karrierekonform wird
dieser aber wohl im Ernstfall seine Äußerung zu-
rücknehmen müssen. Oder er schiebt dem Autor des
Zeitungsartikels den Schwarzen Peter des Missbe-
richtens zu.
<--

AC 14.1 Meine Großmutter mütterlicherseits und
ihre Geschwister waren natürlich gut katholisch,
weil ihre Eltern und ihr prägendes Umfeld gut katholisch waren. War es meinem Großonkel Karl ein
Trost, dass die Waffen, denen er im Ersten Weltkrieg zum Opfer fiel, vermutlich von französischen
katholischen Geistlichen gesegnet worden waren?

AC 14.2 Vermutlich muss man den 1950 geborenen
Rowan Williams, den nachmaligen Erzbischof von
Canterbury, einen brillanten anglikanischen Theologen nennen. Der Herr über alle Zeit hätte diesen
walisischen Säugling auch schon vorzeitig (1927)
in die bayrische Wiege des Ehepaars Ratzinger legen können. Wäre dann er Papst geworden? Und welchen Lebensweg hätte das 23 Jahre lang konservier-
te Josephle aus einer walisischen Wiege heraus an-
getreten?
<--

AC 15.1 Ludwig Feuerbach (1804 - 1872), deutscher
Philosoph und Religionskritiker
<--

AC 23.1 Das Sätzchen stammt von René Descartes
(1596 - 1650), einem französischen Philosophen,
Mathematiker und Naturwissenschaftler. Er ist übrigens bei Weitem nicht der einzige, dessen in-
haltsreiche Schriften bald kirchlicherseits verboten und unter dem heiligen Stuhl begraben wurden.
<--

Anmerkungen zu den
Anmerkungen zu Kapitel AC

AC 05.1.1 Neugieriger Leser! Nehmen Sie wenigstens großzügig die angebotenen Spendenmöglichkei-
ten zur Kenntnis, wenn Sie sich hier, im „Kreuz-
berger Himmel" in der Yorckstraße, öfter breitma-
chen! Und bereiten Sie sich gut auf das Arbeitses-
sen vor, bei dem ein Patriarch (Abraham) und ein
General (Ludwig Yorck von Wartenburg) in ihrem
Verhalten der jeweiligen Obrigkeit gegenüber ver-
glichen werden sollen.

AC 05.1.2 Zur Zeit macht z. B. die „Franziskaner-
pfanne" (in Salbeibutter gebratene Kartoffelgnoc-
chi mit gedörrten Cherrytomaten, Kürbiskernen,
frischem Basilikum und gehobeltem Parmesan) zu
7,50 € einen guten Eindruck.

AC 05.1.3 Der heilige Franz verlangt von Ihnen
auch nicht, sich zur Kasteiung Asche oder Wasser
ins Essen zu rühren - nein, die flüssige Beilage,
auch zu einem schmackhaften Fleischgericht natürlich, darf aus einem bayrisch-benediktinischen
Klosterbier aus Andechs bestehen.

AC 05.1.4 So gestärkt werden Sie im Berghain ein
langes Wochenende durchhalten können!
<---

AC 07.2.1 Karol Józef Wojtyła (1920 - 2005), pol-
nischer Theologe und Priester, ab 1978 Papst unter
dem Namen Johannes Paul II.
<---

AC 14.2.1 Die Eltern des erwähnten obersten Brü-
ckenbauers und Menschenfischers sind Joseph Ratzinger, Gendarmeriemeister, und Maria Ratzinger,
geborene Peintner, Köchin.
<---

AD   Auf der Suche nach Grundwörtern

AD 01 Für Descartes ist das Ich nicht das Primä-
re, denn er folgert sein Ich, sein Ichsein, sein
ganzes Ich, das für ihn irgendwie aus einem zweit-
rangigen Körper und einem dort hineingeblasenen
edleren Geist besteht, aus eben diesem Geist, genauer aus seinem Denken und Zweifeln. Diese Denk-
lastigkeit deutet wohl zeitbedingt auf die Ein-
fleischung des Ich in einen verachteten Körper
hin, der zwar zum Ich gehört, aber als heimtückischer Hintertreiber des verheißenen und ersehnten
ewigen Lebens gesehen wurde.

AD 02 Durch die Löcher der Argumentation starrt
einem hier die gespenstische, fleischlose, aber
deswegen nicht geistvolle, Transzendenzfratze der
christlichen Körperfeindlichkeit mitsamt ihren negativen Auswirkungen entgegen - auch bei einem
nachdenklichen Descartes, dessen Projekt die Suche
nach soliden Grundlagen war. Wie hätte der Arme
auch nach einer jahrhundertelangen Diktatur theologischer Dogmenschwinger, die das Denken als
Aschenputtel in die Küche verbannten, klarer sehen
können?

AD 03 400 Jahre früher sieht man mit einem ver-
späteten mitleidigen Kopfschütteln, wie sich ein
sensibler mittelalterlicher Italiener durch aske-
tischen Unsinn selbst in einen frühzeitigen Tod
treibt. Die Missachtung des Körper geht bei Franz
von Assisi vom Scheitel bis zur Sohle. Er verbietet sich die Gaumenfreude, indem er kaltes Wasser
und Asche in sein Essen rührt. In einer Regel des
Franziskanerordens heißt es zu seiner Zeit: „Und
hassen wollen wir unseren Leib mit seinen Lastern
und Sünden."

AD 04 Diese Aufforderung war damals zwar weithin
christliche Theorie. Aber Sie wissen vielleicht
selbst, wie Ihre eigenen Rank-Schlank-Sportlich-
Vorsätze zum Teufel gehen, wenn Sie von einem

dampfenden Sauerbraten mit Knödeln und Rotkraut hungrig angeschaut werden.

AD 05 Franz von Assisi war jedoch ein ehrlicher Mann, während Kleriker um ihn herum Wasser predigten und Wein tranken, den ehelichen Verkehr ihrer Schäfchen kaum zur Fortpflanzung guthießen, selber aber, damals schon zölibatär, als lustvoll aufrecht stehende Kanoniker etwa, mit prallem Beutel ihre pfründenfinanzierte Gunst in jede Richtung verspritzten.

AD 06 Nun war der Relativismus schon immer ein Markenzeichen des Christentums. Gottes Wunsch und Wille hielt manchmal Jahrhunderte, manchmal auch nur kurze Zeit. Wenn man z. B. Papst Stephan VI. noch fragen könnte, würde er es sicher als Gottes Wunsch und Wille bezeichnen, dass er die verrottende Leiche seines Vorvorgängers Formosus ausgraben ließ und ihr mit seinen Helfershelfern, zum Teil hohe apostolische Nachfolger, den Prozess machte. Für Papst Urban II. war es offenbar Gottes Wunsch und Wille, dass er zum Ersten Kreuzzug aufrief. Definitiv war es Gottes Wunsch und Wille, Maria, die Mutter Jesu, nach ihrem Tod mit Leib und Seele in den Himmel aufzunehmen, was im Jahr 1950 Papst Pius XII. endgültig, verbindlich und unfehlbar feststellte.

AD 07 Vieles, was frühere Träger des Lehramtes, Päpste und Bischöfe, auf Gottes Wunsch und Wille hin veranlasst haben, wird von heutigen Amtsträgern den damaligen historischen Umständen in die Schuhe geschoben. So wird es zu einer Quintessenz apostolischer Nachfolge, abgenützte Wünsche Gottes als doch nicht so himmlischen Willen zu relativieren und zeitgemäßere Gotteswünsche, die jedoch oft der gesellschaftlichen Wirklichkeit hinterherhinken, nachträglich aus Bibel und Tradition hervorsprießen zu lassen.

AD 08 Der moderne Theologe, der auf der Höhe der Zeit steht, wird überrascht die Augenbrauen hochziehen, wenn die Rede auf die Körperfeindlichkeit des Christentums kommt. Ohne Mühe wird er Bibelverse zitieren, die das Gegenteil nahelegen – aber aus fast jedem ausführlicheren Werk solcher Art kann man mit einigem Geschick fast alles und jedes begründen.

AD 09 Es entbehrt nicht der Komik, wenn das Chamäleon Kirche heute über eine zunehmende Diktatur des Relativismus zischt und ihn geradezu als Religion des modernen Menschen ausmacht.

AD 10 Hat sich also Descartes seines Ichs eher indirekt durch Denken und Zweifeln versichert, bin ich mir meines Ichs unmittelbarer bewusst. Um meine etwas ausschweifende Abschweifung über christliches Gedankengut noch weiter auszuquetschen, stelle ich die Ichs von Maria, Jesus, Formosus, Stephan, Urban, Franz, Pius und dazu noch Ihr Ich vor mich in eine Reihe.

AD 11 Von Ihrem Ich, Ihrer Person oder kurz von Ihnen habe ich wirklich nur eine sehr allgemeine Vorstellung. Da Sie jedoch ein Zeitgenosse und vermutlich Landsmann des christlichen Abendlands sind, scheint mir, dass die Ichs der anderen meinem Ich noch unähnlicher sind.

AD 12 Mein Ich, das mir manchmal selber verdächtig ist, kann ich nicht als Grundlage einer allgemeinen Kommunikation vorschlagen. Das Wort „ich" würde dann etwas bedeuten, das nur ich authentisch erklären kann, und auch das nur rudimentär und möglicherweise selbstbezogen und beschönigend.

AD 13 Aus denselben Gründen würde ich es ablehnen, wenn Sie sich als grundlegendes Objekt für das Wort „ich" bewerben.

AD 14 Das Wort „ich" scheint als Grundbegriff also nicht besonders geeignet zu sein, da das, was es bezeichnen soll, das Ich, offenbar ein Objekt ist, das unter Erklärungen, die der zusätzlichen Erklärung bedürften, völlig verschüttet würde.

AD 15   Die Ablehnung von „ich" als Grundwort soll natürlich niemand daran hindern, sich in der Diskussion über das Wort und das, was dahinter stecken könnte, auseinanderzusetzen. Es ging mir um einen belastbaren, zustimmungsfähigen Grundbegriff.

AD 16   Unterschiedliche Leute reden sogar von der Illusion des Ich, als würde dem Wort „ich" gar nichts Reales entsprechen, so wenig wie dem Wort „Wolpertinger" ein reales bayrisches Waldtier.

AD 17   Aber jetzt bin ich zufällig auf das Wort „Realität" gekommen. Das ist doch ein geeigneter Grundwortkandidat, es bezeichnet ja die Realität, an der ich mich schmerzhaft stoßen kann! Manchmal ist sie vielleicht auch nicht hieb- und stichfest, nur indirekt bemerkbar, aber sie ist immer da.

AD 18   Leider bedürfte es aber auch hier wieder vieler ihrerseits erklärungsbedürftiger Worte, um die Realität zu beschreiben. Wer kann alle Kriterien aufzählen, die die Realität eines Gegenstands absichern? Mitsamt den realen Beziehungen, die zwischen ihm und anderen Dingen bestehen, z. B. zwischen der Erde und dem Mond oder zwischen Aristoteles, einer Drachenwurz und einem blonden Pferd? Das scheint auszuufern und auch sehr von der Zeit abhängig zu sein! Manches wurde von manchen früher für real gehalten, z. B. der Gott Zeus, dem heute wohl nur noch wenige Menschen Opfer bringen.

AD 19   Viele Wörter, die auf den ersten Blick als Primärbegriff in Frage zu kommen scheinen, sortiert man nach kurzer Überlegung wieder aus.

AD 20   Wie ist es aber mit dem Wort „Unterschied"?

AD 21 Während mich die Wörter „ich" und „Realität" ins Grübeln bringen, wenn's um ihre Erklärung
geht, muss ich mir das Wort „Unterschied" nicht
mit immer komplizierteren sprachlichen Mitteln nä-
herbringen. In unsprachlicher Direktheit erkenne
ich auf Anhieb Unmengen von Unterschieden. Ich sehe, höre, rieche, schmecke und fühle sie mit meinen fünf Sinnen; deswegen erkläre ich hiermit „Unterschied" zum Primärwort.

AD 22 Die Unterscheidungsfähigkeit ist kein
menschliches Alleinstellungsmerkmal. Tiere können
zweifellos Geräusche unterscheiden, Pflanzen Hel-
ligkeitsgrade: Wenn man in die Hände klatscht, erhebt sich der Taubenschwarm in die Lüfte; die
Knospen der Sonnenblumen drehen sich zur Sonne,
weil sie sie offenbar „sehen" können. Sogar wenn
ein wollsackverwitterter Wackelstein „fühlt", dass
er seine Unterstützung verliert, verabschiedet er
sich die Tiefe.

AD 23 Inzwischen haben wir Untersuchungsmethoden
und Instrumente geschaffen, die Unterschiede erkennbar machen, welche mit unbewaffneten Sinnen
nicht einmal andeutungsweise wahrnehmbar wären,
welche also über die Unterscheidungsfähigkeit unserer fünf Sinne weit hinausgehen. Ötzi wäre sicher sprachlos vor Staunen, wenn er wüsste, was
alles z. B. Radiokarbonmethode, Computertomografie
und natürlich auch noch älteres gängiges archäolo-
gisches Rüstzeug und Wissen über sein Leben und
seinen Tod vor 5000 Jahren erzählen.

AD 24 Nebenbei zeigt die Fundsituation auch, dass
es sich bei Ötzi nicht um einen primitiven Wilden
handelt, der es gerade mal schafft, mit der Bier-
flasche in der Hand zur rechten Zeit mit der richtigen U-Bahn bei der angesagten Fußballarena anzu-
kommen. Oder um einen feinen Pinkel, der sich nur
in der besseren Gesellschaft bei einem Fläschchen
Dom Pérignon von genau 9° Celsius so richtig wohl-
fühlt. Nein, er scheint einer zu sein, der nach

anfänglichem Staunen von Ihnen genau erklärt haben will, wie ein Computertomograf funktioniert.

AD 25 Des Menschen Werkzeugkasten mit immer ausgefeilteren Hilfsmitteln, Unterschiede aufzuspüren, wird laufend umfangreicher und differenzierter. Offenbar misst der Mensch den realen Unterschieden große Wichtigkeit bei, wohingegen das Wort „Unterschied" zu den eher langweiligen Wörtern gezählt wird, derer sich kaum jemand annimmt, der über Gott und die Welt nachdenkt und redet.

AD 26 Über das, was hinter den Wörtern „Gott", „Welt", „Wille", „Vorstellung", „Sein", „Zeit", „Wahrheit", „Freiheit", „Grünheit" usw. steckt, zerbricht man sich oft wortreich und publikumswirksam den Kopf, während der „Unterschied" unauffällig, unbeachtet und unverdientermaßen ein Schattendasein im Begriffseintopf der unbedachten Wörter fristet.

AD 27 Der Pantheist z. B. sieht keinen großen Unterschied zwischen Gott und Welt, der Thomist schon; aber beide treten vorschnell und kampflustig mit ihrem „Gott" und ihrer „Welt", geläufige Begriffe, wie sie meinen, auf die Bühne, während sie den grundlegenderen Begriff „Unterschied" kaum der Erwähnung Wert finden.

AD 28 Diese übereilte Bereitwilligkeit, die paradoxerweise seit Jahrtausenden besteht, ist das Kennzeichen von unbeweglichen, der Tradition verhafteten Haltbarkeitserhaltern, die Begriffe unreflektiert mit der Muttermilch einsaugen und als Erwachsene ähnlich unreflektiert wieder von sich geben, nachdem sie vielleicht immerhin irgendwo an einer abgewandten Seite eines Begriffs ein bisher unentdecktes Mütterchen gefunden haben, das sie mit ihrem philosophischen Stellschraubenschlüsselchen ein bisschen auf- oder zudrehen, je nachdem, welchem Ismus sie sich gerade verpflichtet fühlen.

AD 29 Zugegeben, wie zum Streiten zwei Personen gehören, was die Lage unübersichtlicher macht, gehören auch zum Unterschied mindestens zwei Irgendwasse, die sich irgendwie voneinander abheben. Aber auch z. B. der Begriff „Gegenstand" ist nicht einfacher, da ein Gegenstand ja nur erkennbar wird, wenn er sich irgendwovon unterscheidet. Ich müsste dazu noch erklären, was ein Gegenstand ist.

AD 30 „Unterschied" gefällt mir nach wie vor als Grundbegriff. Deswegen kann es nichts schaden, ein bisschen mit ihm warm zu werden, indem ich ihn gleich anschließend zur Demonstration in leicht unterschiedlichen Sätzen verwende, über deren Bedeutung ich nebenher nachdenke.

Anmerkungen zu Kapitel AD

AD 03.1 Franz von Assisi (1181/1882? - 1226)

AD 03.2 Kirchenwortführer hatten schon jahrhundertelang daran gearbeitet, den Körper, seine Auswüchse und Aussparungen schlecht zu machen. Nicht
erst bei Franz von Assisi ist es ihnen damit gelungen, die Körperfeindlichkeit ins christliche
Abendland zu säen. Nicht Jesus war also das Vorbild von Franz von Assisi, sondern das, was seine
Überlieferer aus ihm gemacht hatten.

AD 03.3 Verfälschende Ausdeutungen neutestament-
licher Briefeschreiber, voreingenommene Ansichten
der sogenannten Evangelisten und sinnwidrige Übersetzungen späterer Exegeten haben es aber doch
nicht ganz geschafft, die wohl eingeborene Körper-
freundlichkeit Jesu ganz hinter einem Vorhang aus
Feigenblättern zu verstecken.

AD 03.4 Wie gut kannte Franz von Assisi andere
Seiten des überkommenen Neuen Testaments? Wo doch
Jesus sich gern zum Essen einladen, sich gern von
einer reuigen Sünderin die Füße mit kostbarem Öl
salben ließ? Der dies auch aus Lebenslust genoss,
nicht nur als Gelegenheit sah, einen sinnsuchenden
Pharisäer zu belehren oder eine reuige Sünderin
aufzurichten?

AD 03.5 Diese fehlbare Frau wird übrigens im Jahr
591 vom Fehlprediger, Kirchenvater und Papst Gregor I. (um 540 - 604) - nicht ohne ein bisschen
Zahlenzauberei - mit Maria Magdalena gleichgesetzt, was die katholische Kirche knapp 1400 Jahre
später wieder zurücknahm.

AD 03.6 Der Mut dieser Letztgenannten kommt übrigens an verschiedenen Stellen der auf Griechisch
abgefassten Evangelien zum Ausdruck. Eine unge-
wöhnliche Sündhaftigkeit wird ihr dort nirgends
zugeschrieben. Andererseits hat sie nichts gegen
körperliche Annäherung: Als die weinende Maria

Magdalena den totgeglaubten Jesus erkennt, sagt
sie voll ungläubiger Freude: „Mein lieber Meister!" und fällt ihm um den Hals (möglicherweise
waren es ja auch nur die Knie). Sie soll Jesus
aber nicht zu lange festhalten, da er noch zum Vater hinauf müsse (eine Hektik, die übrigens nicht
ganz angebracht erscheint).

AD 03.7 Der vorsätzliche Umdeuter, vielleicht
auch nur Trittbrettfahrer älterer Übersetzer,
Oberkirchenvater Hieronymus (347 - 420), übersetzt
das griechische „Halt mich nicht fest!" mit „Rühr
mich nicht an!" („Noli me tangere!") ins Lateinische, was der deutsche Theologe, Reformator und
Bibelübersetzer Martin Luther (1483 - 1546) unkritisch ins Deutsche übernimmt, obwohl ihm der griechische Text bekannt war.

AD 03.8 Folgerichtig ist auf Bildern der Szene,
in der Maria Magdalena den auferstandenen Jesus
erkennt, ihre Sehnsucht und seine Zugewandtheit,
aber auch seine abwehrende Körperhaltung zu erkennen. Die Künstler stellen die Szene vertrauensvoll
so dar, wie sie von den Kirchenlehrern zu sehen
nahegelegt wurde. Diese sind ja ausgewiesene Kenner der Bibel, denen kein Jota der Schrift ent-
geht!
<--

AD 06.1
Stephan VI.: Papst ab 896
Formosus: Papst ab 891
Urban II.:   Papst ab 1088 (Odo de Châtillon)
Pius XII.:   Papst ab 1939 (Eugenio Pacelli)
<--

AD 09.1 Papst Benedikt XVI. etwa in: Glaube -
Wahrheit - Toleranz. Das Christentum und die Welt-
religionen. Herder, Freiburg 2005
<--

AD 21.1 Auch als Solipsist müsste ich zugeben,
dass ich Unterschiede erkenne, wenn sie sich auch

nur innerhalb meines Eigenlebens kundtun.
<---

AD 23.1 Ötzi lebte in Südtirol als gebirgsgängi-
ger Mensch der Kupferzeit.
<---

AD 30.1 Irgendwann ist vielleicht noch Gelegenheit, andere Primärwörter zu suchen: Wörter, die
keiner ausufernden sprachlichen Erklärung bedürfen. Das Wort „Reihenfolge" halte ich für einen
guten Kandidaten, zumindest scheint es weltnäher
als das Wort „Zeit" zu sein, das so angeregt immer
wieder unter den verschiedensten Blickwinkeln diskutiert wird.
<---

Anmerkungen zu den
Anmerkungen zu Kapitel AD

AD 03.2.1   Jesus von Nazareth (um -4 bis 30/31?)
<---

AD 03.4.1 Die Szene mit der reuigen Sünderin, offenbar eine stadtbekannte Hure, ist im Evangelium
nach Lukas (Kapitel 7, Verse 36-50) beschrieben.
<---

AD 03.6.1 Die Stelle steht im Evangelium nach Johannes, Kapitel 20, Vers 16. Nur das Wort Rabbuni
ist dort auf Aramäisch, der Sprache von Maria Magdalena und Jesus, eingefügt, wird aber gleich in
den griechischen Vokativ „didáskale" - „o Lehrer"
- übersetzt. Ich erinnere mich, wie einem meiner
früheren Religionslehrer, der gern auch mal zur
Untermalung seiner Ausführungen schnell und mit
Links einen hebräischen Satz an die Tafel schrieb,
beim Aussprechen des Wortes Rabbuni die Stimme
zitterte.
<---

AD 03.7.1 Natürlich kann man aus dem Griechischen
auch mit „Rühr mich nicht an!" übersetzen. Aber
wenn eine Frau unerwartet und ohne besonderen
Zeitdruck einem vertrauten Freund begegnet, ist
eine kurze Umarmung angesagt.
<---

AD 03.8.1 Jeder der folgenden Maler hat die Szene
der Begegnung von Maria Magdalena mit dem auferstandenen Jesus im Bild festgehalten. Bis auf die
letzte Künstlerin fühlen sich alle der Rühr-Mich-
Nicht-An-Ideologie verpflichtet. Bei der Fülle der
Darstellungen habe ich Maler ausgesucht, die 700
Jahre christliches Abendland möglichst weiträumig
abdecken:

AD 03.8.2 Nebenbei: Das Problem, widerstrebende
Gefühle der Beteiligten im Bild festzuhalten, war
sicher eine dankbare Aufgabe für ambitionierte Ma-

ler. „Der Kuss" von Gustav Klimt (1862 - 1918)
zeigt aber, dass auch alltägliche zwischenmensch-
liche Kontakte auf beeindruckende Art dargestellt
werden können. Aber nun die kleine Auswahl der Maler des „Noli me tangere":

AD 03.8.3
Giotto di Bondone (+1337 Florenz)
Jacopo di Cione (+ nach 1390 Florenz)
Mariotto di Nardo (+ um 1431 ~Florenz)
Hans Memling (+1494 Brügge)
Albrecht Dürer (+1528 Nürnberg)
Lambert Sustris (+1591 Venedig)
Lavinia Fontana (+1614 Rom)
Alonzo Cano (+1667 Granada)
Adriaen van der Werff (+1722 Rotterdam)
Carle van Loo (+1765 Paris)
Antonio González Velázquez (+1793 Madrid)
Alexander Iwanow (+1858 Sankt Petersburg)
James Tissot (+1902 Buillon)
Graham Vivian Sutherland (+1980 London)
Nik Helbig (*1969 Singapur)
Xi PiPaPo (*1987 Stockholm)
<---

AE   Unterschiedliches zum Unterschied

AE 01 Für mich selbst reicht die Feststellung:
„Ich erkenne Unterschiede."

AE 02 Diese ästhetisch schlanke Fassung stellt
mich zufrieden. Sie lässt für den Mithörer jedoch
einigermaßen offen, ob ich damit sogar behaupten
will, alle Unterschiede zu erkennen. Für Kritiker,
die das Gras wachsen hören, müsste ich dann vor-
beugend zugeben, dass ich z. B. das Geräusch (oder
ist es Gesang?) der Wolle, die aus einem Schaf
sprießt, nicht von Stille unterscheiden kann.

AE 03 In der Kommunikation suche ich deswegen einen Kompromiss zwischen der mich befriedigenden,
aber vielleicht erklärungsbedürftigen Kurzfassung,
und einer nutzlos wortreichen Langfassung, die den
Leser in redundantem Gewoge linde hin und her
schaukelt.

AE 04 Die Fassung „Ich kann Unterschiede erkennen" lässt eher die Möglichkeit zu, dass ich das
nicht in jedem Fall kann.

AE 05 Meine Sicherheit im Erkennen von Unterschieden klingt hier zwar beiläufig mit. Ich möchte dem Zuhörer aber auch deutlich machen, wie
stark ich mir dieser Unterscheidungsfähigkeit bewusst bin – also: „Ich bin sicher, dass ich Unterschiede erkennen kann."

AE 06 Übertrieben wäre jetzt die um „mir" erwei-
terte Fassung, womit ich dreimal erwähnt würde:
„Ich bin mir sicher, dass ich Unterschiede erkennen kann."

AE 07 „mir" raus, „vollkommen" rein: „Ich bin
vollkommen sicher, dass ich Unterschiede erkennen
kann." Für mich besteht aber Sicherheit in vollkommener Sicherheit - wenigstens bei solchen Überlegungen. Es geht ja an, dass man etwas für ziemlich sicher hält, aber sicher ist immer ganz si-

cher. Jeder kennt außerdem Mitmenschen, die verkünden, sich einer Sache vollkommen oder hun-dert-
pro-zen-tig sicher zu sein. Wenn man jedoch mal
nachprüft, stimmt irgendwas nicht. Ich möchte hier
nicht unsicher wirken, indem ich die Sicherheit
überbetone.

AE 08 Nebenbei trifft es sich auch gut, dass das
Wort „vollkommen" nicht erscheint, weil es vielleicht Assoziationen in Richtung „absolut sicher"
- im Sinne einer idealen „Sicherheit an sich" -
weckt. Gemeint ist von mir „nur" eine menschliche
Sicherheit, aber hier durchaus eine vollkommene,
absolute, vollständige, unübertreffliche, oder was
man sonst noch für passende Adjektive finden mag.

AE 09 Warum statt „erkennen" nicht „wahrnehmen"?
Das war mir zu nah am Wahrheitsbegriff, der ja
wohl schon seit langer Zeit kontrovers diskutiert
oder auch dekretiert wird. Dekretiert nicht nur
von Institutionen und Diktatoren, sondern versuchsweise auch von Hofschranzen des intellektuel-
len Mainstreams der Gesellschaft.

AE 10 Der eine fragt: „Was ist Wahrheit?", der
andere behauptet vollmundig: „Ich bin der Weg, die
Wahrheit und das Leben." Wer schließlich alle
Wahrheitstheorien studiert hat, die ihm zugänglich
sind, ist am Ende sicher klüger als zuvor, denn er
konnte wenigstens feststellen, dass die Theoreti-
ker zum Teil äußerst gegenteilige Ansichten über
die Wahrheit entwickeln. Was aber die Beantwortung
seiner Frage nach der Wahrheit angeht, dürfte er
immer noch ein ziemlich armer Tor sein.

AE 11 Es scheint Unsinn zu sein, Wahrheit umfas-
send definieren zu wollen. Es müsste die Wahr-
heitstheoretiker doch stutzig machen, dass die
Diskussion seit Jahrtausenden nicht richtig von
der Stelle kommt.

AE 12 Die Wahrheit ist schon deswegen ein wichti-
ges Thema, weil es bei ihr oft um Leben und Tod

ging und auch heute noch geht. Umso mehr müsste
für sie und die Beschäftigung mit ihr die umfassendere Ansicht gelten: Die Philosophie muss die
ganze Existenz des Menschen erschüttern!

AE 13 Dafür trat ausdrücklich der Philosoph Martin Heidegger, einst Hochschullehrer in Freiburg
im Breisgau, ein - gut gebrüllt, Löwe! - dessen
Sohn Hermann vor einiger Zeit von der ZEIT inter-
viewt wurde (erschienen ist das Interview am
06.03.2014).

AE 14 Irgendwie hat der Sohn die Luft aber gleich
wieder rausgelassen, indem er darlegte, dass diese
Meinung seines Vaters dazu führte, dass zur Erhal-
tung seiner häuslichen philosophischen Erschütte-
rungsfähigkeit die Mutter dafür sorgte, dass ihr
Mann Ruhe hatte. Es war genau festgelegt, wann die
Kinder spielen durften. Auch wäre der Vater ohne
die Mutter nie ein so bedeutender Mann geworden.

AE 15 Der spätromantische Philosoph entbirgt also
seine flammenden Gedanken aus innerlich donnernden
Stahlgewittern, die niemand stören darf, lässt sie
kreisen, und sie kreisen und kreißen und gebären
eine Flut von neuen Wörtern, die bis heute, auch
nach seinem Tod, immer noch neuere Wörter nach
sich ziehen. Gut begonnen, Zauberlehrling, aber
einen Meister hättest du schon abwarten sollen! In
die Ecke, Wörterspeier!

AE 16 Wie bei vielen Begriffen ist es Unsinn,
Wahrheit mit immer neuen Wortkaskaden erklären zu
wollen, eine „Wahrheit an sich" zu suchen, die
„Idee der Wahrheit" ausfindig machen zu wollen.

AE 17 Dagegen stelle ich punktuell mit meinem
Satz, dass ich mir sicher sei, Unterschiede erkennen zu können, nicht nur eine gut gesicherte Vermutung auf, sondern ich halte meine Aussage für
unerschütterlich wahr.

AE 18 'Vielleicht wollen Sie, verehrter Leser, Ihrer ebenso felsenfesten Überzeugung Ausdruck geben, dass Ihnen das Hufeisen, das Sie einst über Ihrer Haustür angebracht haben, schon oft Glück gebracht hat. Sie vermuten richtig: Ich halte das für Unsinn und kann Ihrer punktuellen Wahrheitsbehauptung nicht zustimmen. Wir kommen in eine Diskussion, in der ich z. B. anfänglich darauf hinweisen würde, dass Sie, unabhängig vom Hufeisen, manchmal „Glück" haben und manchmal nicht.

AE 19 Dass es auch, mit dem schlecht angenagelten Hufeisen zusammenhängend, ein von Ihnen begrüßter Zufall, aber eben nur ein Zufall war, als es dem lästigen Kaffeebesucher, der auf Einlass wartete, so unglücklich, jedoch haftpflichtversichert, auf den Kopf fiel, dass er zum Nähen in die Ambulanz musste, statt sie beim Kaffee zu langweilen.

AE 20 Wie die Diskussion weitergeht? Sie, lieber Leser, fehlen mir dazu.

AE 21 Was sagen Sie aber zu meiner punktuellen Wahrheit über die Unterschiede? Sie werden doch zugeben, dass ich solche erkennen kann? Sagen Sie „Nein"? - Aber ich werde doch Unterschiede erkennen können, wenn ich sogar welche setzen kann!

AE 22 Das „u", das ich gerade getippt habe, unterscheidet sich doch von diesem „o" hier! - Sie sagen, u und o sind dasselbe, wenn man an die englische Aussprache von „cut" und „son" denkt. - Nicht mit mir, heimtückischer Leser! Ich meinte nicht die Lautvermittlung durch Buchstaben, sondern nur die Zeichen! - In jeder Nutiz meines Upas waren aber u und u identisch. Unmüglich kunnte man bei seiner Handschrift u und u unterscheiden. - Zum Jodok nochmal! Es ging mir nicht um die Handschriften Ihrer Vorfahren, sondern um das u und o als Zeichen in der Schrift Courier New! Ich hoffe, Sie sehen jetzt den Unterschied und sind nicht u-o-blind!

46

AE 23 Bei einer Flasche Ortenauer Cabernet Dorsa
„Alde Gott" aus Sasbachwalden billigen wir uns gegenseitig zu, Unterschiede erkennen zu können.
Bald kommen wir auf Leute zu sprechen, die virtuo-
se Vorträge über Unterschiede halten, die sie
selbst gar nicht erkennen, immerhin vielleicht zu
erkennen glauben, was die Sache aber nur ehrlicher, nicht besser macht.

AE 24 Im Selbstversuch wird nun eine Flasche Cabernet Sauvignon „Casillero del Diablo" aus Chile
entkorkt, der Inhalt ausgiebig gegen den „Alde
Gott" getestet. Nach einigen intensiven Verkostun-
gen mit verschiedenen Sinnen trauen wir uns zu,
die beiden Weine voneinander unterscheiden zu können.

AE 25 Nun geht es darum, unsere neu erlernte Unterscheidungsfähigkeit zu beweisen. Mit 13 bzw. 14
von 15 Punkten besteht jeder von uns einen Test,
den die bekannte Weinkennerin Uta Clara Theoû mit
uns durchführt. Der Test besteht darin, dass jeder
15mal ein Gläschen Wein verkostet und „Gott" oder
„Diablo" zu Protokoll gibt, was bei uns zusammen
27 von 30mal stimmte und 3mal nicht, also immerhin
eine Trefferquote von 27/30 = 90% ergab.

AE 26 Wir fühlen uns jetzt einigermaßen sicher,
die beiden Weine voneinander unterscheiden zu können. Das ist das Handwerk.

AE 27 Welcher Wein verabschiedet sich aber lä-
chelnd von der Zunge? Der Gott oder der Teufel?
Oder lächeln beide gleichermaßen, lächelt einer
stärker als der andere oder lächelt keiner?

AE 28 Wohlbedacht zum Großteil ungeschluckt, ließ
der Wein eine weitere Diskussion zu dritt über den
Geschmack und seine Verwirrungen zu. Die Sommeliè-
re, die wir für die Statistik gar nicht gebraucht
hätten, argumentiert für den lächelnderen Abgang
Gottes. Sind es ihr Charme, die Toleranz ihrer Äußerungen oder meine Sinnesnerven, die auch mir den

alten Gott im günstigeren Licht erscheinen lassen?
Hier scheint man sich eine schwankende Meinung er-
lauben zu können.

<u>AE 29</u> Viele Unterschiede erkenne ich sicher erst
nach Entwicklungs- oder Lernprozessen oder ich
muss einen zweifelhaften Unterschied auf anderen
Wegen dingfest machen. Augenblick bitte mal, hat
sich da nicht gerade das Telefon akustisch in die
Geräuschkulisse der Spülmaschine gemischt?

Anmerkungen zu Kapitel AE

AE 13.1 Martin Heidegger (1889 - 1976), deutscher
Philosoph

AE 13.2 Hermann Heidegger (*1920)
<--

AE 14.1 Elfride Heidegger (1893 - 1992)
<--

AE 29.1 Ich werde also Richtung Telefon eilen, um
es ohne Nebenlärm beim Klingeln zu erwischen oder
es auf erregte Lichtzeichen zu prüfen, die auf
sein Geklingelt-Haben hindeuten; denn mit dem
deutschen Philosophen Ernst Tugendhat (*1930) wollen wir ...

AE 29.2 „... berücksichtigen, dass sogar Wahrneh-
mungsprädikate nie eine so einfache Verifikations-
regel haben, dass die Behauptung, dass ein solches
Prädikat auf einen Gegenstand zutrifft, durch einen einzigen Wahrnehmungsakt entscheidbar ist.“
<--

Anmerkungen zu den
Anmerkungen zu Kapitel AE

AE 29.2.1 Aus: Vorlesungen zur Einführung in die
sprachanalytische Philosophie. Suhrkamp, Frankfurt
am Main 1976

AE 29.2.2 Einige anregende Fragen zu dem roten
Tisch, den Tugendhat anschließend vor der Tür des
Hörsaals aufbaut: Wie viele Wahrnehmungsakte sind
gegebenenfalls nötig, um endgültig zu verifizieren, dass dieser Tisch rot ist? Was ist ein Wahrnehmungsakt, was ein Tisch? Wie erkläre ich die
Wörter „gegebenenfalls", „nötig", „endgültig",
„verifizieren", „rot" usw.? Nach was für einer
Zahl ist gefragt? Was ist überhaupt eine Zahl?

AE 29.2.3 Sollten die Wörter „Verifikation", „Ve-
rifikationsregel", „verifizieren" etwas mit dem
Wort „Wahrheit" zu tun haben?

AE 29.2.4 Was aber ist Wahrheit?
<---

AF   Erkenntnisfragen und Einladung in ein
        nationales Sprachbad

AF 01   Ich wiederhole: „Ich bin sicher, dass ich
Unterschiede erkennen kann."

AF 02   Bei der umfassenden Ich-Erkennung jedoch,
sogar der meines eigenen Ichs, habe ich vorher
schon Probleme zugegeben. Einer allgemeinen Reali-
täts-Erkennung, die ja auch die Erkenntnis des Wesens der Realität einschließt, wagte ich mich
schon gar nicht anzunähern. Wie ist es aber mit
der Erkennung von so zahmen Tieren wie den Schafen?

AF 03   Ich ersetze also versuchsweise die „Unterschiede" durch „Schafe": „Ich bin sicher, dass ich
Schafe erkennen kann." - Oder war auch die Ziege,
die neulich so dalli-dalli an mir vorbeihüpfte,
ein aus Alaska importiertes Schaf?

AF 04   Ich bestehe auch nicht darauf, dass das am
03.04.2014 im Killertal von einem Mutterschaf geborene Lämmchen ein waschechtes Schaf ist, wo doch
um die fünf Monate zuvor nur ein einziger männlich
geschwänzter tierischer Teufel sein Unwesen auf
der Weide trieb und zum Spaß die Schafe besprang:
ein Ziegenbock. Da ist für mich dann doch die Un-
tersuchung durch einen Tübinger Evolutionsbiologen
maßgebend.

AF 05   Weil anscheinend auch das Erkennen von
Schafen gewisse Schwierigkeiten mit sich bringt,
versuche ich mich zunächst an noch einfacheren Ob-
jekten, sagen wir an Werkzeugen, die erfinderische
Menschen zur Arbeitserleichterung oder sonstigen
Zwecken erdacht haben.

AF 06   Wenn ich in einer Kultur lebe, die nur die
zwei Werkzeuge Hammer (um Schafe zu erschlagen)
und Sichel (um Getreide zu schneiden) kennt, fällt
es mir nicht schwer, diese Begriffe den entsprechenden Gegenständen zuzuordnen.

AF 07 Irgendwann ist mir nämlich klar geworden,
was mein ernster Vater Adam meinte, wenn er auf
den Hammer zeigte und dabei, im Wechsel den Hammer
und mich beschwörend anschauend, ganz deutlich
„Hammer" sagte. Als dieser ihm neulich auf die Ze-
hen fiel, habe ich bei seinen exkreverbalen Ausrutschern unter einigen Elohims auch das Wort
„Hammer" herausgehört.

AF 08 Meine schönhaarige Mutter erhob immer war-
nend den Zeigefinger, wenn sie die Sichel erwähnte. Als lustig fabulierende Frohnatur ergänzte sie
gern, wieder lachend: „Nicht mit Marxen, nicht mit
Engeln kann man eine Sichel dengeln."

AF 09 Nun kann ich heute fast im Schlaf Hämmer
und Sicheln erkennen. Oder war die letzte Sichel,
die mir unterkam, nicht eher ein Rebmesser? Ich
werde mich nun doch wieder auf die Aussage eines
Fachmannes verlassen müssen.

AF 10 Auch was die Erkennung von Schäferstünd-
chen, Schamotte, Scharlach, Scharlatanen, Scharte-
ken, Schatzinseln usw. angeht, lohnt es sich, möglichst viele Aspekte der betrachteten Gegenstände,
Zustände oder Ereignisse zu berücksichtigen und
sich nicht mit den erstbesten Sinneseindrücken zu-
friedenzugeben, bevor man das passende Wort als
Schlussdiagnose stellt. Eine falsche Diagnose kann
schmerzhaft enden:

AF 11 Der baskenbemützte Schweizer Kinderfreund
Globi hat einem erwachsenen Spielverderber, der
den Kindern im Vorbeigehen den Fußball mächtig
weit und zeitraubend über Nachbars Haus und Stall
kickte, später eine große, nicht einmal gut ge-
tarnte, Kegelkugel hingerollt, auf die der schänd-
liche Kinderärgerer ungebremst seinen Fuß knallen
ließ.

AF 12 Gegenstände, Zustände oder Ereignisse zu
erkennen, ist nur annähernd möglich. Wenn ich aber
einen Unterschied erkannt habe, habe ich alles an

ihm erkannt - auch sein Wesen, das ja genau im Unterschied, und in nichts sonst, besteht.

AF 13 Wenn ich glaube, ein Schaf erkannt zu haben, kann ich ihm zunächst nur als Vermutung das
Wort „Schaf" zuordnen. In vielen Fällen werden mir
auch Schafzüchter und Zoologen zustimmen, was meine Vermutung absichert.

AF 14 Jetzt sind wir schon eine Gruppe. Wenn dann
noch unsere Zuordnung bei allen Schafkennern der
Menschheit Beifall findet, hat sich zumindest das
Wort Schaf als brauchbar erwiesen.

AF 15 Das heißt natürlich nicht, dass wir das Wesen des Schafs ergründet hätten.

AF 16 Wir sind dem Schaf aber doch näher gekommen
als in Zeiten sprachvernebelnder Wortführer, Scha-
manen und Priester, die uns von Jugend auf Schafe
abschwatzten, indem sie uns weismachten, dass ein
Schafopfer gottgefällig sei, Rettung vor falschen
und frevelhaften Menschen bedeute, einem ganzen
feindlichen, unheiligen Volk den Schrecken nähme,
da Gott dann ja unsere Sache führen würde.

AF 17 Mancher Schamane wird sein gesalbtes Geschwätz mit Drohungen gewürzt haben. Der bibelkun-
dige Priester hat aber eher verschwiegen, dass
nach seiner Kenntnis Abel auf Grund eines gottge-
fälligen Schafopfers Mordopfer wurde.

AF 18 Des Schafskopfs Weltsicht ist, was Schafe
angeht, eher eingeschränkt: Das Schaf kann um seinen Herren wissen; es soll brav fressen und Wolle
spenden; es darf letztendlich auf eine schnelle
Schlachtung hoffen. Der Zweck des Schafs, schon
allein durch sein Dasein, ist, Gott zu preisen und
zu verherrlichen sowie unter der Herrschaft des
Menschen zu stehen. Das reicht.

AF 19 Ich dagegen habe keine Antwort auf die Frage nach dem Zweck des Schafs im Weltgeschehen,

wenn es denn überhaupt einen hat. Vielleicht bestochen durch sein freundliches Aussehen und seine angenehme Wolligkeit, fühle ich mich ihm aber durchaus emotional ein bisschen verbunden; Franz von Assisi könnte das vermutlich verstehen.

AF 20 Spätestens von Darwin an wurde das Fühlen vom Denken eingeholt: Ich darf ein Schaf nicht nur sympathisch finden, ich bin mit ihm verwandt. Unsere Wesensähnlichkeit lässt sich bis in die Erbsubstanz verfolgen.

AF 21 Die Wesensähnlichkeit des Menschen mit Gott wird dagegen nur von Gott behauptet, genauer gesagt, nicht von Gott persönlich, sondern von Menschen, durch die Gott spricht; oder von Menschen, die ehrlich glauben, dass Gott durch sie spricht; oder von Menschen, die aus anderen Beweggründen vorgeben, dass Gott aus ihnen spricht.

AF 22 Einige lassen sich jeweils davon überzeugen oder tun wenigstens so. Dann kommen noch die Millionen Glaubensepigonen hinzu, die ihren Glauben durch eine Art stille Post aufgenommen, nicht verstanden und manchmal trotzdem weitergeplappert haben.

AF 23 Die Welt ist unser Haus, die Sprache hat sie aber zum Haus der Lüge gemacht, ...

AF 24 ... ja gut, Entschuldigung, Sprache, du bist nicht der Übeltäter, ich verbessere mich:

AF 25 Die Welt ist unser Haus, es gab aber im Anfang schon, später immer wieder, Sprecher, die sie teilweise zum Haus der Lüge gemacht haben.

AF 26 Die Lüge ist nicht auf die Sprache angewiesen, aber mit ihrer Entwicklung konnten Lügner zu großer Form auflaufen.

AF 27 Zurück zum Schaf: Lobpreis Gottes? Sche-
rung? Schlachtung? Der Zweck des Schafs liegt eher
im Dunkeln.

AF 28 Ein einfaches künstliches Gerät jedoch, das
vom Erfinder zum Schneiden von Getreide herge-
stellt wurde, hat wohl im Weltgeschehen - das muss
anerkannt werden - wenigstens einen bekannten
Zweck, nämlich zum Getreideschnitt verwendet zu
werden. Sie können sich sicher auch noch andere
Zwecke ausmalen.

AF 29 Um einer Sichel wirklich gerecht zu werden,
sollte man aber weiterdenken. Man darf auch ihr
Material in Augenschein nehmen, ihren Hersteller,
ihre Handhabung usw.

AF 30 Je umfassender die Kenntnis über Sicheln,
desto gewinnbringender kann ein Gespräch über sie
sein. Jeder Gesprächsteilnehmer kann vom anderen
etwas lernen, was er selbst noch nicht wusste.

AF 31 Manche Erzählungen über Sicheln sind eher
randständig: Um einen abgerundeten Überblick über
Sicheln zu haben, ist es nicht unbedingt notwendig
zu wissen, warum zur Zeit von Vergecintorix in Lu-
tetia eine goldene Sichel 3000 Goldstücke kostete.

AF 32 Alle meine Privatkenntnisse über Sicheln
werden meinen Gebrauch dieses Wortes beeinflussen.
Umgekehrt wird jede Sicheläußerung eines anderen
meine Sichelassoziationen erwecken, auch die, von
denen mein Gesprächspartner gar keine Ahnung hat.

AF 33 Sogar bei Texten, in denen die „Sichel" gar
nicht vorkommt, könnte man an sie erinnert werden.
Ein verblichenes lyrisches Ich fantasierte einst
Dutzende Verse an die Madonna: Wird man nicht
gleich auch an die Mondsichel erinnert, auf der
die Mutter Gottes, nicht nur auf einigen Dürerbil-
dern, abgebildet ist?

AF 34 Meinte der Dichter wirklich nur die Mutter
Gottes? Oder ist das vom apokalyptischen Johannes
geschaute Weib mitgedacht, das, über dem Mond be-
findlich, vor Geburtsschmerzen laut schreit?

AF 35 Johannes der Täufer kommt im erwähnten Gedicht ausdrücklich als zungengewaltiger Deuter
vor, ein tiefschürfender johanneischer Zusammenhang? Über den ein Prediger bedeutungsschwere Worte verlieren könnte?

AF 36 Unterm Mantel der Madonna hat außer der
Frau auf dem Mond auch noch die ebenfalls im Gedicht erwähnte Urmutter Erde, Gaia, Platz. In einer Zeile wird auch eine Sense, eine „allzuschar-
fe", erwähnt, unter der junge, üppigblühende
Pflanzen dahinsinken. Von einem Exegeten wird sie
ausgelegt als die gezähnte Sichel, die Gaia ihrem
Sohn Kronos mit dem Auftrag gab, seinem göttlichen
Vater Uranos das Männlichste abzuschneiden.

AF 37 Ich sehe, wie sich unter meinem blasphemi-
schen Blick der Schutzmantel um die lyrische Verknüpfung dreier Frauen schließt. Am Boden sickert
noch ein bisschen Blut hervor, der Rest ist
Schweigen.

AF 38 Verschiedene Objekte zusammenzusehen, kann
sicher auch sinnvoll sein, ich jedoch bin zunächst
einmal froh, dass ich Unterschiede erkennen kann.

AF 39 Ein Werkzeug als Sichel, ein Tier als Schaf
zu erkennen, ist dagegen, wie beschrieben, schon
etwas schwieriger. Eine echte Aufgabe scheint es
aber oft zu sein, die Geisteshaltung eines Philosophen einzuschätzen, manchmal erstaunlicherweise
sogar wenn dieser besonders viel Worte gemacht
hat, wie z. B. Martin Heidegger.

AF 40 In seiner Abhandlung „Sein und Zeit", die
1927 erschien, macht er sich auf den Weg, die Frage nach dem Sinn von Sein überhaupt anzugehen.
Dass er nach einigen hundert Seiten keine Antwort

geben kann, ist zulässig. Ebensowenig darf man erwarten, dass der Text ein Destillat hergibt, der
des Autors Verhältnis zum immer mächtiger werden-
den nationalsozialistischen Gedankenmüll erhellt.

AF 41 Nun kommt aber kein Mensch, der seiner
selbst mächtig ist, darum herum, den Sinn seines
Lebens, der auch in ehrlicher Unentschiedenheit
bestehen kann, selbst zu leben. Was er der Öffentlichkeit vorlebt, muss diesem Sinn nicht unbedingt
entsprechen, stellt dann aber eine bewusste Irreführung dar.

AF 42 Nach Hitlers Machtergreifung 1933 wurde
Heidegger Mitglied in der NSDAP, und zwar kurz
nachdem er das Rektorat der Universität Freiburg
im Breisgau übernommen hatte.

AF 43 Er trat dort an, um die Universität in eine
Kampfgemeinschaft von Hochschullehrern und Studen-
ten, die einfacher, härter und bedürfnisloser als
alle anderen Volksgenossen sein sollten, umzu-
schaffen und die Hochschule zu einer Stätte der
geistigen Gesetzgebung im höchsten Dienste des
Volkes zu machen.

AF 44 Mir scheint aber, dass ihm dann doch die
zackig verzückten Blut-Und-Boden-Volksteile mitsamt ihren banalen, aber machtgeilen Scharfmachern
nicht mehr ganz geheuer waren, sodass er sein Rek-
torenamt ein Jahr später wieder abgab.

AF 45 Tagespolitisch bald abgewandt, sonst aber
weiterhin sprachgewandt, zog sich der verzagte
Philosoph knapp tausend Jahre oder auch länger in
eine Art Hölderlinturm zurück.

AF 46 Aber auch seine markigen Äußerungen und
Amtshandlungen haben dazu beigetragen, dass die
Sprache und ihre gleichgeschalteten Sprecher und
Schreiber Tritt fassten und sich im Gleichschritt
auf den Marsch in eine schöne neue Welt machten,
gezielt die Freiheit des Einzelnen zertrampelnd.

AF 47 Ötzi, Sie und ich, die heutigen und auch
die verflossenen Presseleute bei Freiburger und
anderen Zeitungen, wir alle unterscheiden uns wohl
kaum in unserer Hirnstruktur. Gehirnwäsche scheint
also bei jedem von uns möglich zu sein, der nicht
den demokratischen Ehrgeiz und das persönliche
Rückgrat hat, seine eigene Meinung - es darf auch
keine Meinung sein - öffentlich zu machen.

AF 48 Wer die sprachliche Uniformierung verord-
net, das Volk lobt und publikumswirksam Kinderköp-
fe streichelt, ist nicht des Verdachtes enthoben,
später „sein" Volk (das ihn womöglich dummerweise
gewählt hat) zu scheren und dann zu schlachten.

AF 49 Sie können nun ein Sprachbad nehmen.
Schnell lernende Zeitungsschreiber haben es ihrem
Publikum einlaufen lassen.

Anmerkungen zu Kapitel AF

AF 03.1 Im nordwestlichen Nordamerika gibt es
tatsächlich das Dall-Schaf oder auch Alaska-Schaf
mit dem wissenschaftlichen Namen Ovis Dalli, bei
dem übrigens Männchen und Weibchen Hörner tragen.
<---

AF 04.1 Das Killertal (das Flüsschen heißt aber
Starzel) ist nach dem Dorf Killer benannt, einem
Teilort der Stadt Burladingen im Zollernalbkreis,
Verwaltungssitz Balingen, Regierungsbezirk Tübin-
gen, Baden-Württemberg.
<---

AF 11.1 Im Band „Globis lustige Einfälle" (Die
Boje, Stuttgart 1954) ist unter der Bilderfolge
„Nie Böses mit Bösem vergelten" (was dann aber
doch gemacht wird) auf Bild fünf der Mann mit Namen Greulich, eine Zigarette in der sadistisch
grinsenden Schnauze, zu sehen, wie er, die Kegelkugel vor sich, weit ausholt. Vierzeiler Nummer
fünf, der vorletzte, lautet entsprechend:

AF 11.2 „Auf dem flachen Sportgefilde
         sieht das runde Holzgebilde
         einem Lederballe gleich.
         Doch es ist sehr hart statt weich."
<---

AF 18.1 Katholischer Katechismus, Dritter Teil,
Zweiter Abschnitt, Zweites Kapitel, Artikel 7, I,
Nummer 2416: „Tiere sind Geschöpfe Gottes und un-
terstehen seiner fürsorgenden Vorsehung. Schon allein durch ihr Dasein preisen und verherrlichen
sie Gott ..."

AF 18.2 Und in Nummer 2417 heißt es: „Gott hat
die Tiere unter die Herrschaft des Menschen gestellt ..."
<---

AF 20.1 Charles Darwin (1809 - 1882), britischer Naturforscher, Hauptvertreter der Evolutionstheorie

<--

AF 22.1 Was nicht ausschließt, dass Zwangsgetaufte und Zwangsbeschnittene, die des eigenen Denkens unfähig sind, sich manchmal am liebsten gegenseitig die Köpfe einschlagen würden.

AF 22.2 Wer hat recht? Eine Milliarde Christen oder eine Milliarde Muslims? Der Mensch Jesus oder der Mensch Mohammed?

<--

AF 31.1 R. Goscinny und A. Uderzo: Die goldene Sichel. Ehapa, Stuttgart 1970

<--

AF 32.1 So wie ein Maler mit einem Bild Assoziationen wecken kann, die er sich nie hätte träumen lassen, die aber das Werk für den einen Betrachter erst zum Kunstwerk machen, wo der andere lediglich die ordentliche Beherrschung einer Technik oder einen Klecks erkennt.

<--

AF 33.1 Hymnischer Entwurf „An die Madonna" von Friedrich Hölderlin (1770 - 1843)

AF 33.2 Mit der Madonna ist die Mutter Jesu, die Mutter also einer Person des christlichen Gottes gemeint.

<--

AF 34.1 Geheime Offenbarung des Johannes, Kapitel 12. (Wie das apokalyptische Weib werden übrigens auch Sie später noch ein paar Flügel erhalten.)

AF 34.2 Das von Johannes geschaute apokalyptische Weib, das im Geburtsschmerz laut schreit, wurde z. B. vom Kirchenlehrer Irenäus von Lyon mit der Mutter Gottes gleichgesetzt, Augustinus sieht in

ihr das Volk Israel des Alten Bundes. Andere sehen
Anderes.
<---

AF 35.1 Wer sich jetzt noch in künstlerischer
Freiheit den Evangelisten Johannes hinzudenkt (der
eher nur am Anfang des Christentums mit dem Verfasser der Apokalypse identifiziert wurde), hat
nun ein gar wunderbares Triumvirat vor sich.
<---

AF 40.1 Martin Heidegger: Sein und Zeit. Niemey-
er, Tübingen 2006
<---

AF 41.1 Diese Irreführung mag durchaus uneigen-
nützige Gründe haben oder zumindest niemandem
schaden.
<---

AF 43.1 Diese Mischung aus Absichten und Forde-
rungen ist in seiner Rede zum Antritt des Rekto-
renamtes nachzulesen.
<---

AF 44.1 Viele andere stolze Pfauen, die an den
Universitäten weiter ihre Räder schlagen wollten,
haben sich beim Erscheinen eines Goldfasans wohl
schnell zusammengefaltet, um kloakengängiger zu
werden.
<---

AF 45.1 Ursprünglich aus seinem Lager, hat sich
Hannah Arendt (1906 - 1975), eine unverzagt zupa-
ckende Nichtphilosophin, nie im Elfenbeinturm ein-
gesperrt. Sie könnte nebenbei auch dem internetten
Unternehmensberater, der in AH 08 auftaucht, genauer erklären, was sich hinter einem Zôon politikón verbirgt (Hannah Arendt in: Vita activa oder
vom tätigen Leben).
<---

Anmerkungen zu den
Anmerkungen zu Kapitel AF

AF 22.2.1 Mohammed (570/573 - 632) Religions-
stifter des Islam
<---

AF 34.2.1 Irenäus von Lyon (um 135 - 202), wohl
aus Smyrna (heute Izmir), Bischof von Lugdunum
(heute eben Lyon) in Gallien, heiliger Kirchenvater

AF 34.2.2 Augustinus (354 - 430), Oberkirchenleh-
rer, Bischof von Hippo Regius in Nordafrika
<---

AF 44.1.1 Hohe Amtsträger der NSDAP wurden wegen
ihrer beeindruckenden Uniformen oft als Goldfasa-
nen bezeichnet.
<---

AF 45.1.1 Wenn Sie auf YouTube beim Interview von
Günter Gaus (1929 - 2004) mit Hannah Arendt durchhalten, werden Sie auch irgendwann durch zwei wun-
derschöne Rauchkringel belohnt, die Günter Gaus in
die Luft entlässt.
<---

AG   Propheten und Ketzer einer neuen Zeit

<u>AG 01</u>   Freiburger Zeitung vom 22.04.1933
         1. Blatt Seite 1/4
<u>Prof. Dr. Heidegger Rektor der Universität Frei-
burg</u>
<u>Umbesetzung der wichtigsten Ämter</u>
Freiburg, 21. April.
Die Universität Freiburg gibt folgendes bekannt:
In Erkenntnis der großen Aufgaben, die den deutschen Universitäten in der kulturpolitischen Ausgestaltung der nationalen Erhebung erwachsen, hat
der Rektor der Universität Freiburg, Prof. Dr. von
Möllendorff, aus freier Entschließung dem Plenum
in der Sitzung vom 21. April die Neubesetzung der
wichtigsten Ämter vorgeschlagen. Die Zusammenset-
zung ist nunmehr folgende: Rektor: Prof. Dr. Martin Heidegger, Prorektor päpstl. Hausprälat Prof.
Dr. Sauer ...

<u>AG 02</u>   Freiburger Zeitung vom 22.04.1933
         1. Blatt Seite 2/4
<u>Gesinnung und Wissen</u>
<u>Die Umgestaltung des deutschen Erziehungswesens</u>
Gerade am Geburtstag Adolf Hitlers überraschte der
preußische Kultusminister Rust das deutsche Volk
mit einer Reihe von Verfügungen. ... Der Umbau des
Reiches kann nur gelingen, wenn der nationale Wille auch in den Herzen der deutschen Jugend verankert wird. ... Der liberale Staat von gestern ließ
jeden nach seiner Fasson selig werden. Er kümmerte
sich nicht darum, was der einzelne Staatsdiener
dachte und außerhalb seines Dienstes trieb. Der
neue Staat vermag dieses „Gehenlassen" nicht hin-
zunehmen. Der Einzelne besitzt ja nur als Glied
des Volkes und der Nation einen gewissen Wert, als
Einzelner bleibt er belanglos. So ergibt es sich
von selbst, dass sich der Staat auch die Diener
des Staates auf ihre Gesinnung genau ansehen muss.
Zum Dienst am Staate ist nur der befähigt, der
auch das Letzte für den Staat freudig hinzugeben
vermag.

<u>AG 03</u> Freiburger Zeitung vom 24.04.1933
       1. Morgenausgabe Seite 3/4
<u>Selbstverwaltung im neuen Geiste</u>
... Hier mögen einige grundsätzliche Ausführungen
wiedergegeben werden, die in diesen Tagen bei der
Eröffnung der Stadtverordnetensitzung der neue
Oberbürgermeister von Halle Dr. Dr. Weidemann
machte: Für uns ist nicht das Höchste der Einzel-
mensch und nicht das Proletariat, sondern für uns
ist von irdischen Dingen das Höchste das Volk in
seiner Gesamtheit ...

<u>AG 04</u> Freiburger Zeitung vom 24.04.1933
       1. Abendausgabe Seite 3/4
<u>Verbote südbadischer Zentrumsblätter</u>
Karlsruhe, 22. April.
Die Pressestelle des Staatsministeriums teilt mit:
Das in Villingen erscheinende Volksblatt und der
Hegauer Erzähler in Engen werden wegen fortgesetz-
ter, gehässiger Angriffe gegen Maßnahmen der Regierung auf je acht Tage verboten. Nachdem die in
Konstanz erscheinende Bodenseezeitung dieser Tage
ebenfalls verboten werden musste, kann festgestellt werden, dass die Zentrumspresse der Seege-
gend und der Baar sich nach wie vor einer besonders gehässigen Kampfesweise befleißigt und anscheinend immer noch nichts gelernt hat. ...

<u>AG 05</u> Freiburger Zeitung vom 25.04.1933
       1. Morgenausgabe Seite 2/4
<u>Nationale Einheitsbewegung auch in der Schweiz</u>
Zürich, 23. April. (wtb)
... Dann sprach der Oberstdivisionär a. D. Emil
Sonderegger über das Thema „Die Ordnung im Staat".
Er bekannte sich zu den jungen Patrioten und wand-
te sich in scharfen Ausführungen gegen Judentum
und Freimaurerei ...

<u>AG 06</u> Freiburger Zeitung vom 26.04.1933
       2. Abendausgabe Seite 1/4
<u>Wider den undeutschen Geist</u>
Von der deutschen Studentenschaft werden wir um
Veröffentlichung folgender Richtlinien gebeten:

1. Sprache und Schrifttum wurzeln im Volke. Das deutsche Volk trägt die Verantwortung dafür, dass seine Sprache und sein Schrifttum reiner und unverfälschter Ausdruck seines Volkstums sind.

...

4. Unser gefährlichster Widersacher ist der Jude und der, der ihm hörig ist.

5. Der Jude kann nur jüdisch denken. Schreibt er deutsch, dann lügt er. Der Deutsche, der deutsch schreibt, aber undeutsch denkt, ist ein Verräter.

...

AG 07 Freiburger Zeitung vom 26.04.1933
       2. Abendausgabe Seite 2/4

Die Begründung des neuen Schulgesetzes

In der Begründung zu dem neuen Schulgesetz wird ausgeführt, dass der deutsche Schulaufbau einer Begründung und Neugliederung bedürfe, weil falsche Bildungsvorstellungen die Schule von ihrer Aufgabe, das Volk zu bilden, entfernt und sie zum Selbstzweck für die reine Bildung der freien Einzelpersönlichkeiten gemacht haben. Ferner wird unterstrichen, dass die Volksschule, der als der Hauptschule des Volkes der erste Rang im Schulwesen gebührt, zugunsten der höheren Schule arg vernachlässigt ist. Der Zudrang zu den über die Volksschule hinausführenden Bildungsanstalten bis hinauf zur Hochschule hat einen Umfang angenommen, der außer jeden Verhältnisses zu der Kraft unseres Volkes und zu dem Bedarf der Berufswelt an höher vorgebildeten Kräften steht. ...

Anmerkungen zu Kapitel AG

AG 01.1   Alle Zeitungsartikel sind/waren über die
Universitätsbibliothek Freiburg im Internet zugänglich.

AG 01.2   Wilhelm von Möllendorff (1887 - 1944),
Mediziner, gehörte zu den Professoren der Universität Freiburg, die sich gegen den staatlichen
Auftrag, alle jüdischen Universitätsbediensteten
zwangsweise zu beurlauben, aussprach. Er wechselte
später an die Universität Zürich.

AG 01.3   Die Überschrift „Gesetz zur Wiederher-
stellung des Berufsbeamtentums"(07.04.1933) klingt
harmlos. Dieses Reichsgesetz war aber die Grundlage dafür, jüdische und politisch missliebige Be-
amte (bald auch Angestellte und Arbeiter im öffentlichen Dienst) auszumustern.

AG 01.4   Joseph Sauer (1872 - 1949)
<---

AG 02.1   Adolf Hitler (1889 - 1945), deutscher
Machthaber

AG 02.2   Bernhard Rust (1883 - 1945) war ab 1925
NSDAP-Mitglied, ab 1933 kommissarischer preußi-
scher Kultusminister und ab 1934 Reichsminister
für Wissenschaft, Erziehung und Volksbildung.

AG 02.3   In Mathematikerkreisen weltweit bekannt
war damals und ist heute noch der Göttinger Mathematiker David Hilbert (1862 - 1943), der einmal
bedauernd sagte: „Die sogenannten Juden hängen so
an Deutschland, aber wir übrigen würden gern gehen." Als David Hilbert bei einem Bankett neben
den frischgebackenen NSDAP-Erziehungsminister Rust
zu sitzen kam, vermutete dieser, dass das mathematische Leben in Göttingen doch wohl nicht unter
der Entfernung der jüdischen Mitarbeiter gelitten

habe. „Jelitten?" fragte Hilbert. „Das hat nicht
jelitten, das jibt es nicht mehr."
<--

AG 03.1 Johannes Weidemann (1897 - 1954), deutscher Jurist, NSDAP-Politiker und SS-Führer, von
1933 bis 1945 Oberbürgermeister von Halle an der
Saale, nach dem Krieg als Rechtsanwalt tätig
<--

AG 04.1 Mit Zentrumspresse sind (eher) konservative katholische Presseorgane gemeint.
<--

AG 05.1 Emil Sonderegger (1868 - 1934), Schweizer
Offizier und Generalstabschef

AG 05.2 Im christlichen Umfeld unangenehm aufge-
fallen sind auch die beherzten 22 Schülerinnen aus
dem schweizerischen Rorschach am Bodensee im Kanton St. Gallen, die 1942 einen vorwurfsvollen
Brief an ihre Regierung in Bern schrieben, in dem
es um die „Wegweisung" und „Ausschaffung" von in
die Schweiz geflüchteten Juden geht: „... Hat man
eigentlich ganz vergessen, was Jesus gesagt hat:
‚Was ihr einem der geringsten unter euch getan
habt, das habt ihr mir getan.' Wir hätten uns nie
träumen lassen, dass die Schweiz, diese Friedens-
insel, die barmherzig sein will, diese zitternden,
frierenden Jammergestalten wie Tiere über die
Grenze wirft."
<--

AG 06.1 Die Sozialdemokraten hätten wohl lange
darum bitten müssen, ihre politischen Meinungen in
der Freiburger Zeitung veröffentlichen zu dürfen.
<--

Anmerkungen zu den
Anmerkungen zu Kapitel AG

AG 02.3.1 Zu finden bei Anita Ehlers: Liebes
Hertz! Physiker und Mathematiker in Anekdoten.
Birkhäuser, Basel 1994
<--

AG 05.2.1 Das ist zu lesen in der ZEIT vom
23.01.2014, Seite 16.
<--

AH   Sprachentwicklungs-Rundumschlag

AH 01 Als Gladiator in Roms Kolosseum haben Sie
gerade eine Niederlage eingesteckt und liegen, den
Dreizack ihres Gegners (ein Retiarius) am Hals,
keuchend, nassgeschwitzt und besiegt im Staub der
Arena. Jeder Ruf aus der Kaiserloge ginge im Ge-
johle der Hooligans unter. Zeigt Nero die rettende
Geste oder gibt er den Versager, also Sie, zum Ab-
stechen frei?

AH 02 Schon mit dem bloßen Daumen hat man unterschiedliche Möglichkeiten, sich mitzuteilen, je
nachdem, ob man damit nach unten oder nach oben
deutet. Man kann ihn auch mehr oder weniger waag-
recht halten, auf sich oder sonst wohin weisen.

AH 03 Über andere Finger, den als Erometer geeig-
neten elften Finger, auch bedeutungsvoll bewegte
Fingerkombinationen usw. will ich erst gar nicht
zu sprechen kommen. Es sei nur festgestellt, dass
es auch dabei meist um Kommunikation geht.

AH 04 Mit der Gattung Homo hat sich aber die
Sprache als ein zeitweilig sehr ausgefeiltes Kommunikationsmittel weiterentwickelt. Sie war sicher
den Menschen ein wertvolles Instrument, um in ge-
fährlichen Situationen und widrigen Zeiten zu
überleben. Es ist einfach, Beispiele zu konstruieren, wo ein kurzer Satz den in Rufnähe befindli-
chen Artgenossen umfassender über eine Gefahr auf-
klären dürfte als ein Gesichtsausdruck, eine Geste
oder bloßes Geschrei.

AH 05 Ein Schrei mag ja ein paar aussagekräftige
Nuancen zulassen, die der Angeschriene zuverlässig
unterscheiden kann. Dagegen macht ein Lautbaukas-
ten mit ein paar Dutzend Lauten Millionen von
Lautfolgen möglich. Was kann man z. B. nicht schon
alles aus den sechs Lauten sch, o, l, a, r, ch zu-
sammensetzen!

AH 06 Übrigens mag es sein, dass der Mensch tele-
pathische Grundfähigkeiten besitzt. Jahrhundert-
tausende haben aber bisher nicht ausgereicht, sie
auf eine Stufe zu bringen, die nennenswerte Kommunikation über die fünf Sinne hinaus ermöglichen
würde. Aber auch die Hellseher schaffen es ja noch
nicht ganz, ihr Einkommen regelmäßig durch das
Lottospiel deutlich aufzubessern.

AH 07 Jeder kennt den umfassenden Erfindungs-
reichtum des Menschen, wenn es darum geht, aus einem friedlichen Werkzeug eine Waffe zu schmieden.
Aber immerhin hat der Einsatz der Sprache zur gezielten Desinformation oder Manipulation die
Menschheit noch nicht ganz an den Rand des Ab-
grunds gebracht.

AH 08 Eher amüsant ist es zu sehen, wenn sich ein
internetter Unternehmensberater z. B. mit Sprach-
technik ein kleines Gestell aufbaut, um sich darauf ein bisschen größer erscheinen zu lassen: Bei
Aristoteles entlehnt er dessen Bezeichnung „Zôon
politikón" für den Menschen, die er auch gleich
ziemlich schief mit „Herdentier" übersetzt. Kantig
vermischt mit anderen philosophischen Brocken,
leitet er daraus Ratschläge für Führungskräfte ab.
Die Anregungen mögen ja ihr Geld wert sein, aber
ihre Garnierung mit Philosophen deutet doch eher
darauf hin, dass sich der Coach ein bisschen produzieren will.

AH 09 Aber wie zum machtgeilen Despoten gehört
zum werbenden Berater die gläubige Gemeinde; gehören zum Autokraten die Beherrschten, zum Sprüche-
klopfer die Bekloppten.

AH 10 Der Mensch ist nie verlegen darum, für vorgefundene Gegebenheiten neue Verwendungszwecke zu
finden. Es wurde schon erwähnt, was mit einer
überreichten Sichel außer dem Getreideschnitt noch
angestellt werden kann. Das Bild eines Hammers auf
einer Fahne kann eine veraltete Industrie symboli-
sieren.

AH 11 Der kosmische Zweck von Stiefmütterchen mag
so unklar sein wie der von Schafen, aber ein fin-
diger Mensch kann sie darüber hinaus dazu verwenden, jemand in Angst und Schrecken zu versetzen:

AH 12 So ging es dem Blumenliebhaber Major Brown,
der einst bei Kandahar im zweiten anglo-afghani-
schen Krieg unter General Roberts seine Tapferkeit
bewiesen hatte, als er, längst zurück in London,
auf seinem üblichen Verdauungsspaziergang in einem
Hausgarten ein üppig angelegtes, sanftblühendes
Arrangement von einigen hundert Stiefmütterchen -
seine Favoriten - sehen musste:

AH 13

```
  @@@@@   @@@   @@@@        @@@@   @@@@@  @    @
   @      @    @    @        @    @   @    @@  @@
   @      @    @    @        @    @   @@@   @  @  @
   @      @    @    @        @    @   @      @    @
   @       @@@   @@@@        @@@@   @@@@@  @    @


     @   @    @@@    @@@@@   @@@    @@@@
    @@  @@   @   @     @     @  @   @   @
    @ @ @   @@@@@      @     @  @   @@@@
    @   @   @   @  @   @     @  @   @   @
    @   @   @   @     @@@    @@@    @    @


    @@@@    @@@@    @@@    @    @   @    @
    @   @   @   @   @  @   @    @   @@   @
    @@@@    @@@@    @    @ @ @   @ @  @
    @   @   @   @   @    @   @@ @@   @   @@
    @@@@    @    @   @@@    @    @   @    @
```

AH 14 Es ging hier gerade um eine kreative Verwendung von Stiefmütterchen, die nicht ganz ihrer
schicksalhaften Bestimmung entsprechen dürfte. Nebenbei sind wir aber wieder bei der Sprache angekommen, denn hier wurde mit Blumen eine unverblüm-
te Morddrohung in Worte gefasst.

AH 15 Der Mensch ist schöpferisch genug, der
Sprache über den Alltag hinaus spielerische Seiten

abzugewinnen, Texte hervorzubringen, die Gefühle aufwühlen oder beruhigen, an die eigene Sehnsucht oder Wehmut erinnern. Man kann es dann kaum anders als Kunst bezeichnen, wenn der Text so berührt, dass sprachliche Mängel unerheblich werden.

AH 16 Kommt also, ihr Leser, setzt euch mit Tränen nieder und helft mir klagen über den Tod einer jungen Frau:

AH 17 „Dies ist die Asche der Timas.
        Vor der Vermählung gestorben, nahm sie auf
        Persephones schwarzdunkle Ruhstatt.
        Als sie verschied, da schnitten sich ab
        die Freundinnen alle das liebliche Haar
        mit geschliffenem Eisen.‟

AH 18 Zuneigung, Liebe, Protest, Resignation, Trauer drücken sich in diesen Zeilen aus. Der Verlust ist unersetzlich.

AH 19 Ursprünglich mit der praktischen Verwendung im Alltag groß geworden, will die Sprache hier vor nichts warnen und zu nichts auffordern. Auch Äußerlichkeiten, die beschrieben werden, wie das Abschneiden der Haare, lenken den Blick des Lesers in seine eigene Innenwelt.

AH 20 Die Zeit heilt nicht alle Wunden, aber trotzdem denkt und redet der Mensch weiter - wie z. B. der Chinese Tschuang Tschou:

AH 21 „Die vom Gastmahl träumten,
        erwachten zu Trauer und Klage.
        Die von Trauer und Klage träumten,
        erwachen, um an der Jagd teilzunehmen.‟

AH 22 Und wieder zurück ins immer noch heidnische Abendland:

AH 23 „Heilen werd' ich's mit Weinen ja nicht,
        noch werd' ich's verschlimmern, wenn zum
        Mahl ich geh' und zum Lebensgenuss.‟

AH 24 Die Sprache kann Emotionen, ihr Abklingen
und ihre Verwandlung mit wenigen Worten wirkungs-
voll ausdrücken.

AH 25 Vermutlich schon früher in der Sprachent-
wicklung wurde eine andere Sprachkunst geübt, nämlich Erlebtes spannend zu erzählen. Beim abendli-
chen gemeinsamen Verspeisen eines gebratenen Zick-
leins mit Preiselbeeren konnte es vorkommen, dass
der talentierte Erzähler für seinen lebendigen Be-
richt über eigentlich belanglose Erlebnisse beim
Beerensammeln mehr Applaus bekam, als der Wortsu-
cher, der umständlich sein Zusammentreffen mit einem Höhlenlöwen herausstammelte.

AH 26 Um die Zuwendung der Gruppe zu erhalten,
wurden Geschichten sicher immer öfter ein bisschen
ausgeschmückt, und irgendwann hat der erste begna-
dete Lügner ein Erlebnis, bei dessen Erzählung den
Zuhörern vor Staunen der Mund offen blieb, frei
erfunden.

AH 27 Seit die Menschen gelernt haben, mündliche
Äußerungen schriftlich zu fixieren, haben sich un-
gezählte Texte solcher Autoren angesammelt, in de-
nen meist wieder über Handlungen, Erlebnisse und
Menschen berichtet wird, z. B. über Iphigenie,
Elettra, Commissario Brunetti, Commissario Montal-
bano, Fürst Salina, Patrick Dalroy oder Professor
Chadd.

AH 28 Eher kunstfrei sind Palastinventarlisten,
Einkaufszettel und Anleitungen, die aber einen gewissen Charme entfalten können, vor allem wenn sie
aus dem Chinesischen übersetzt wurden.

<u>AH 29</u> Die Kunst macht aber auch vor Gerichtsre-
den, z. B. gegen einen korrupten Statthalter Sizi-
liens im ersten vorchristlichen Jahrhundert, nicht
Halt.

AH 30   Und als wär's ein Stück von ihm, hat ein
Autor für den Besitzer eines Gasthofs in dessen
Speisekarte gedichtet:

AH 31   „Ein halbes Brathuhn wählt ein Mann,
        der sich zweifünfzig leisten kann.
                        1/2 Brathuhn: S 2.50
        Doch wer ein halbes Backhuhn sehr
        begehrt, zahlt fünfzig Groschen mehr.
                        1/2 Backhuhn: S 3.00“

AH 32   Ich habe jedoch nicht vor, eine Riesen-
schubladenschrankwand aufzubauen, wo jeder erdenk-
liche Text seinen etikettierten Platz bekommt. Der
Schwarz-Weiß-Maler, der gern auf hundertprozenti-
gen Zuordnungen besteht, könnte dabei leicht mit
dem Weiß-Schwarz-Maler in Streit darüber geraten,
ob der Kurztext der Autorin Olga Buhl aus dem Jahr
1915, der „Dadada daaaa“ lautet, unter einer bestimmten literarischen Richtung oder bei den musikalischen Texten einzusortieren ist.

AH 33   Immerhin bilden aber Texte, die über Sprache reden, wie der vorliegende, eine Gattung für
sich.

Anmerkungen zu Kapitel AH

AH 01.1 Nero Claudius Caesar Augustus Germanicus
(37 - 68), römischer Kaiser
<--

AH 08.1 Derselbe wurde schon in AF 45.1 vorausei-
lend genannt.

ah 08.2 Aristoteles (-384 bis -322), griechischer
Philosoph
<--

AH 12.1 Major Brown ist eine Erfindung des engli-
schen Journalisten und Schriftstellers Gilbert
Keith Chesterton (1874 - 1936) in: Der geheimnisvolle Club. Knaur, München 1967.
<--

AH 17.1 Sappho (-630/-612 bis -570), griechische
Lyrikerin

AH 17.2 Persephone: griechische Göttin der Unter-
welt, aber auch der Fruchtbarkeit
<--

AH 21.1 Tschuang Tschou (um -365 bis um -290) ist
auch als Tschuangtse (Zhuang-Zi, Meister Zhuang)
bekannt. Nach: Die Weisheit des Laotse. Herausge-
geben von Lin Yutang (1895 - 1976), einem chine-
sisch-us-amerikanischen Schriftsteller. (Fischer,
Frankfurt am Main 1955)
<--

AH 23.1 Archilochos von Paros, griechischer Lyriker (um -680 bis um -645)
<--

AH 29.1 Marcus Tullius Cicero (-106 bis -46), römischer Redner, Schriftsteller, Anwalt, Politiker,
Philosoph: Reden gegen Gaius Verres
<--

AH 30.1 Carl Zuckmayer (1896 - 1977): Als wär's ein Stück von mir. Horen der Freundschaft. Fischer, Frankfurt am Main 1966
<---

AI   Systematische Verwirrer und verwirrende
          Systematiker

AI 01   „Werden moderat obskure Texte stante pede
mit konzentrierter Kritik kollidieren?"

AI 02   In dieser Frage, die in einer Diskussion
vorstellbar ist (na ja, vielleicht nicht gerade in
jeder) haben sich acht Wörter mit Migrationshin-
tergrund breitgemacht. Ist dem Gesprächsteilnehmer
ihre Bedeutung nicht geläufig, kann er höchstens
ihre übertriebene Verwendung bemängeln. Die Behauptung des Satzes kann er jedoch nicht ganz verstehen und damit auch nicht kritisieren. Geben Sie
so etwas gern zu? Stellen Sie eine vorsichtige
Frage, bei der andere Zuhörer womöglich die Augen
verdrehen? Oder bemänteln Sie Ihre Wissenslücken
mit einem verständnisinnigen Gesichtsausdruck?

AI 03   Wie der Gebrauch von Fremdwörtern schützt
auch eine gemäßigte Undurchsichtigkeit einen Text
vor unmittelbarer und geballter Kritik, was der
systematische Verwirrer ausnützt. Autoren dieser
Art befleißigen sich deswegen eines unnötig komplizierten Schreibstils.

AI 04   Andere Texte, bei denen die Untergliederung
der Untergliederung der Untergliederung der Glie-
derung untergliedert ist, beeindrucken wieder
durch ihren systematischen Aufbau. Aber auch hier
kann der Systematiker den nachdenklichsten Leser
in den dichtesten Nebel führen:

AI 05   In einem Büchlein steht z. B. unter dem
Gliederungspunkt 6.4.3.1.2:

AI 06   „Die zeitliche Unsterblichkeit der Seele
des Menschen, das heißt also ihr ewiges Fortleben
auch nach dem Tode, ist ... auf keine Weise ver-
bürgt, ..."

AI 07 In einem anderen Werk ist in Teil 1, Abschnitt 2, Kapitel 3, Artikel 11, Nr. 990 zu lesen,

AI 08 „... dass nach dem Tod nicht nur die unsterbliche Seele weiterlebt, sondern dass auch unsere ‚sterblichen Leiber' wieder lebendig werden."

AI 09 So kann man systematisch zu ganz unterschiedlichen Ergebnissen kommen.

AI 10 Nun behaupten solche Autoren gern, besonders weit sehen zu können, da sie ja auf den Schultern von Göttern, Giganten usw. stehen würden. Begeistert von ihrer persönlichen Bescheidenheit und ihrem auserlesenen Standort in den Wolken des Olymp etwa, nehmen sie diese sichtversperrenden Nebelungetüme nicht mehr wirklich wahr.

AI 11 Oder sind manche Giganten und Götter nur Lückenbüßer für Erklärungsnotstände? Scheinriesen? Uralte Ausgeburten menschlicher Erfindungsgabe, die der Lauf der Zeit zu Titanen aufgeblasen hat?

AI 12 Solange ich von keinem der widersprüchlichen Titan-Mensch-Gespanne auf seine Seite gezwungen werde, was die Unsterblichkeit einer so oder so gestalteten Seele angeht, kann ich ihrem Kampf neugierig beiwohnen, empfehle ihnen aber das vorherige Studium einer Spielebeschreibung zum Reiterkampf, die ich im Internet gefunden habe und die analog in der Gigantomachie Anwendung finden kann:

AI 13 „Immer zwei Personen bilden ein Paar. Eine Person setzt sich obenauf (entweder Rücken oder Schulter). Es wird nun versucht, die anderen Pferdegespanne umzuwerfen. Es sollte darauf geachtet werden, dass es fair zugeht, nicht mit den Füssen getreten wird, nicht geschlagen wird und auch nicht an den T-Shirts gerissen wird. Dieses Spiel ist etwas rau und nicht für alle Gruppenmitglieder geeignet."

AI 14 Wer von den Schultern seines Titanen fällt,
ist unten vielleicht bereit, mit uns zusammen in
Erwägung zu ziehen, ob nicht die Menschheit selbst
das Feuer domestiziert hat, ungestraft den Wunsch
nach Allwissenheit haben darf, die Logik und die
Mathematik erfunden hat, vielleicht sogar einen
Weg zum weitgehend glücklichen irdischen Leben be-
schreiten kann.

AI 15 Ähnlich dem Ausgangsproblem, wie man mit
Nebelsprache Sprachnebel vertreiben soll, stellt
sich beim systematischen Schreiber darüber hinaus
die Frage, wie er die Tiefe, Breite und Weite der
Welt, ihre Vielgestaltigkeit und Buntheit in einem
überwiegend linearen, also eindimensionalen Text
einfangen will, auch wenn er noch so leidenschaft-
lich durchnummeriert.

AI 16 Bietet die lineare Aneinanderreihung der
Argumente die Gewähr dafür, dass die überzeugend
klingenden Grundannahmen auf des Buches ersten
Seiten zu genauso überzeugenden Resultaten auf
seinen letzten Seiten führen?

AI 17 Oder werden Sie als Leser vom Autor immer
wieder dazu verführt, an jeder Gedankengabelung,
die Sie vielleicht nicht einmal als solche bemerken, in seiner Richtung weiterzugehen?

AI 18 Vielleicht ist es einen neuen Lesestart
wert, wenn Sie die Argumentationskette anfänglich
zustimmend und leichtfüßig mitgegangen waren, das
Endergebnis Ihnen aber unglaublich bleiern im Magen liegt.

Anmerkungen zu Kapitel AI

AI 03.1 Es gibt auch ehrliche Verwirrer, wie vermutlich Frau Desmand, die zu Wort kommt bei Emil
Waas: Es fängt damit an, dass am Ende der Punkt
fehlt - Stilblüten aus amtlichen und privaten
Schreiben (dtv, München 1997):

AI 03.2 „Richtigstellung!
          Nicht meine Tochter hat mir mit dem Atlas
          auf den Kopf geschlagen, sondern diese
          mit demselben jene! Dies zur Steuer der
          Wahrheit!
          Olga Desmand“
<---

AI 06.1 Bei dem Büchlein handelt es sich um die
Logisch-philosophische Abhandlung von Ludwig Wittgenstein (1889 - 1951), erhältlich z. B. bei Suhrkamp, Frankfurt am Main.
<---

AI 08.1 Das ist im Katechismus der katholischen
Kirche zu finden.
<---

AI 15.1 Ich deute hier in den Texten den Versuch
an, durch Anmerkungen und Anmerkungen zu den Anmerkungen die Linearität ein bisschen aufzulo-
ckern.

AI 15.2 Die (anscheinend nicht ganz durchdachte)
Nummerierung in Wittgensteins Abhandlung soll immerhin die Verästelung seiner Gedanken über die
Welt durch eine baumartige (also wohlwollend aus-
gedrückt: organische) Struktur darstellen. Schon
Satz 1 jedoch - „Die Welt ist alles, was der Fall
ist“ - ist an zeitlos langweiliger Statik kaum zu
überbieten. Wo ist da der Schwung des Universums?
Wo scheint er in den restlichen Statements auf?

AI 15.3 Stattdessen würde ich versuchsweise und
vorläufig mit folgendem Satz beginnen: „Die Welt

besteht aus der vernetzten Abfolge raum-zeitlicher Ereignisse."

AI 15.4 Wittgensteins Abhandlung, von der er sich Jahre danach distanziert hat, stellt also eher eine wenig aussagekräftige Momentaufnahme einer Welt dar, die es nicht gibt.

AI 15.5 Später hat Wittgenstein zum Teil hübsche Mosaiksteinchen gesammelt, die vielleicht in einem zutreffenderen sprachlichen Abbild der Welt zur Leuchtkraft beitragen könnten (Philosophische Untersuchungen. Suhrkamp, Frankfurt am Main 2003).
<--

AI 18.1 Oder wir gehen, um die Dinge zu klären, zusammen mit Ludwig Wittgenstein, seinem Neffen, Thomas Bernhard, Joseph Ratzinger und Frau Desmand ins Café Russell und trinken einen Franziskaner.
<--

AJ   Verkehrsampeln, Sonnen, Gottesknechte und
       Selbstdenker

AJ 01 Dunkle Sprüche entstammen kaum einem hellen
Kopf. Auch die manchmal etwas aufgedonnerte Syste-
matik eines Textes ist kein Zeichen für Wissen-
schaftlichkeit, erleichtert dem Leser aber immerhin die Orientierung.

AJ 02 Deswegen stehen hier bei mir die Buchstaben
und, ihnen untergeordnet, die Zahlen sowie für Leser, die noch nicht genug haben, am Kapitelschluss
Anmerkungen zu einzelnen Gedanken oder Äußerungen.

AJ 03 Wo fängt aber Wissenschaft an? Das ist allerdings wieder eine nebelsprachliche Frage. Wenigstens in der Antwort möchte ich mein Grundwort
„Unterschied" verwenden:

AJ 04 Ich glaube, menschliche Wissenschaft fängt
dort an, wo sich jemand Gedanken über einen Unterschied macht.

AJ 05 Sie trommeln ungeduldig aufs Lenkrad, während Sie vor einer roten Ampel warten. Sie wünschen den Ampelprogrammierer zum Teufel, weil
längst kein Querverkehr mehr in Sicht ist, vergessen dann aber die ganze Aufregung gleich wieder,
weil zum Rot gerade das Gelb aufleuchtet und Sie
ihren Dampf, kupplungstechnisch bestmöglich unterstützt, durch einen genau dosierten Druck aufs
Gaspedal ablassen können, mit welchem Blitzstart
Sie ihren Nebenmann, einen verschlafenen Stümper,
wie sich sofort herausstellt, schnell hinter sich
lassen.

AJ 06 Im Grunde hat man hier einen ganz normalen
Ablauf, außer dass die Rotphase eine gefühlte
Ewigkeit dauerte. Der vertraute Gesamtvorgang ist
nebenbei auch von einer geregelten Abfolge von Unterschieden gekennzeichnet, z. B. dass die Ampel
von Rot in die sehnsüchtig erwartete Kombination
Rot/Gelb wechselt, was aber kein Erstaunen aus-

löst. Die Überraschung kommt, wenn der Gesamtzyklus, im Unterschied zum gewohnten Gang, durchdreht:

AJ 07   Sie trommeln gereizt aufs Lenkrad, während Sie vor einer roten Ampel warten. Sie wünschen den Ampelprogrammierer zur Hölle, weil der Querverkehr längst vorbeigebraust ist. Endlich ändert sich das Ampelbild: Es zeigt nachhaltig und ungerührt die Kombination Rot/Grün.

AJ 08   Vielleicht sehen Sie jetzt im Nebenmann keinen Rivalen, sondern einen Weggefährten, was zu einer kurzen, aber intensiven und nachdenklichen Diskussion über die Ursachen der Ampelmacke und die weitere Vorgehensweise führen könnte.

AJ 09   Wie die normale Ampel von Grün zu Gelb, dann nach einer längeren Rotphase wieder über Rot/Gelb in die Grünphase wechselt, durchläuft die Sonne in 24 Stunden eine Periode, die man z. B. jeweils mit dem Auftauchen des ersten Sonnenstrahls am Horizont beginnen lassen kann.

AJ 10   Der Mensch macht sich über den Gang der Sonne meist keine Gedanken mehr, es sei denn, sie wird am helllichten Tag verfinstert. Vor lauter Schreck sollen aus diesem Anlass schon abergläubische Kriegsparteien Frieden geschlossen haben.

AJ 11   Priester aller religiösen Schattierungen und jeden Grades astronomischer Unkenntnis hatten nach diesem kosmischen Ereignis Hochkonjunktur, manche schlachteten wohl, schamlos predigend, die abergläubische Betroffenheit ihrer Mitmenschen aus, sonnten sich gewissermaßen im Schatten des Mondes.

AJ 12   In den Schatten gestellt wurde dieser ignorante religiöse Überschwang erst durch Leute, denen es um echtes Wissen ging, wie Thales von Milet, der eine Sonnenfinsternis im Voraus berechnen konnte.

AJ 13 Dass mit den abergläubischen Schafen aber auch ihre Hirten nachwachsen, zeigen gesalbte geistliche Worte etwa zum Erdbeben von Lissabon im Jahre 1755, zu Aids, zum weihnachtlichen Tsunami im Jahre 2004 oder zum Hurrikan Katrina 2005 in New Orleans.

AJ 14 Witterungsverhältnisse sind schwerer vorauszusagen als Sonnenfinsternisse, eine Nische, in der sich Priestertum lange schon breitmacht. Wenn kein günstiger Wind für die Kriegsflotte aufkommt, muss man den Seher befragen.

AJ 15 Ein Opfer, sagt der, muss gebracht werden, sonst sähe er schwarz. Nur ein wertvolles Opfer, verkündet er, ein menschliches, wird die Not wenden. Der königliche Heerführer muss, enträtselt der Seher den göttlichen Willen, seine eigene Tochter als Opfer schlachten.

AJ 16 „So viel Unheil kann Religion zu glauben zwingen."

AJ 17 Ähnlich war es kein frohbotschaftliches Zeichen des alten Bibelgotts, Abraham die Opferung seines eigenen Sohns Isaak zu befehlen, auch wenn er im letzten Moment großmütig Einhalt gebot.

AJ 18 Hat sich der Vorfall so abgespielt, wie in der Bibel geschildert? Dazu wird jeder angehende Theologe etwas Unverfängliches sagen können. Auch den geistlichen Sinn des bibelgöttlichen Befehls kann er sicher überzeugend darstellen, stehen ihm doch Auslegungen aus Jahrtausenden zur Verfügung, die er kenntnisreich zitieren darf und nur noch, um nicht anzuecken, mit heute gängigen Lehrmeinungen gotteskundlicher Wortführer abgleichen muss.

AJ 19 Derselbe Bibelgott war zu späterer Zeit erbost darüber, dass die Israeliten den befohlenen Genozid an den besiegten Midianitern nicht mit der Schärfe des Schwerts vom kleinsten Kleinkind bis zum ältesten Greis vollstreckt, sondern diesen Befehl teilweise sabotiert hatten.

AJ 20 Fand der Krieg so statt, wie er in der Bibel, einem vom Bibelgott inspirierten Werk, wie manche behaupten, geschildert wird? Welchen geistlichen Sinn kann ein umfassender Mordbefehl, kann die göttlich geforderte Allabmetzelei eines ganzen Volkes haben? Einen allegorischen Sinn? Einen moralischen Sinn? Einen anagogischen Sinn?

AJ 21 Nein, Demagogie haben sie im Sinn, die Volkesführer, die Volksverführer. Sie erfinden zur eigenen Rückenstärkung ein höheres Wesen, dessen Sprachrohr zu sein sie vorgeben. Sie wollen die Israeliten zum Kadavergehorsam abrichten, zu ichlosen Vollstreckern: Der Einzelne besitzt ja nur als Glied des Volkes und der Nation einen gewissen Wert, als Einzelner bleibt er belanglos.

AJ 22 Ein Vorbild für diesen obrigkeitlich gewünschten Kampftrottel ist Abraham, der bedingungslos Gott gehorcht und auf dessen Geheiß die unmenschlichsten Verbrechen begehen würde. Diese Kriecherei vor dem Herrn ist wider die Würde der Menschheit.

AJ 23 Offenbar waren die israelitischen Krieger noch nicht ganz zu Kampfmaschinen verkommen. Über ihre Gründe, die midianitischen Frauen und Kinder zu verschonen, steht zwar nichts geschrieben, aber dass sie danach der zornbebende Moses, unterstützt von seinem Neffen, dem Priester Eleasar, fertig machen würde, dürfte ihnen klar gewesen sein.

AJ 24 Für die Befehlsverweigerer war also kein mosaisches Schulterklopfen nebst Entlohnung aus dem Beutegut zu erwarten, sondern es bestand die Gefahr, im nächsten Konflikt zu einem Himmelfahrtskommando abkommandiert zu werden. Immerhin deutet sich hier jedoch ein Rest von ausbaufähigem Eigenwillen der Krieger an.

AJ 25 Hier geht es nicht mehr um einen harmlosen
astronomischen Unterschied, wie den zwischen weißen Riesen und schwarzen Löchern, oder einen mete-
orologischen, wie den zwischen Cirrocumulus- und
Altocumuluswolken, oder einen theologischen, wie
den zwischen dem Lamm Gottes und falschen Propheten im Schafskostüm, sondern um den Unterschied
zwischen der eigenen Auffassung und einer anderen,
was selbstredend eine soziale Komponente hat.

AJ 26 Aber auch dieser Meinungsunterschied, dessen laute Feststellung unter Normaltyrannen, in
weltanschaulichen oder religiösen Diktaturen le-
bensgefährlich werden kann, wurde manchem zum Ausgangspunkt gründlicher - wissenschaftlicher -
Überlegung, die dazu noch die ganze Existenz dieses Menschen erschütterte, weil sie eine Entschei-
dung forderte: Flüchten oder Standhalten.

AJ 27 Zurück zum Midianiterkrieg: Einem blind gehorsamen Sieger kommt eine junge Midianiterin, die
schützend ein Kind an sich presst, vor die Schärfe
des Schwerts. An den beiden ist des Herrn Rache
schnell (wünsche ich ihnen) vollzogen.

AJ 28 Was macht aber der nicht ganz denkfaule,
etwas gottfernere, israelitische Krieger mit einem
kräftigen, aber wehrlosen, jungen Burschen, den er
in kommenden Friedenszeiten gut als Hirten gebrau-
chen könnte?

AJ 29 Und Sie? Der Sie, vor Wochen ungern von der
Lektüre der ZEIT weggerissen, zum Hauptmann einer
Hundertschaft bestellt wurden und jetzt, das gute
Schwert in der Hand, jedoch von des Gedankens
Blässe angekränkelt, vor einem harmlosen midiani-
tischen Greis stehen?

AJ 30 In einer Ausgabe des geschätzten Blattes
war doch vor Jahren schon über ein göttliches Gebot „Du sollst nicht töten" berichtet worden, das
demselben Moses unter Blitz und Donner von Gott
persönlich übermittelt worden sein soll. Gilt die-

ses Gebot offenbar nur innerhalb der Volksgemein-
schaft? Praktizierende Homosexuelle und andere
Gräueltäter selbstverständlich ausgenommen?

AJ 31 Bekennen Sie mutig Farbe, indem Sie im
Zweifel dem Leben den Vorrang geben?

Anmerkungen zu Kapitel AJ

AJ 04.1 Wenn das heiße Wasser auf die eben in die
Duschwanne gefallene Shampoo-Plastikflasche pras-
selt, klingt vielleicht der Prasselton bald etwas
höher. Der eine merkt den Unterschied gar nicht,
sondern bückt sich schwungvoll. Der andere schüttelt kurz den Kopf, um dann wieder zur Körperpfle-
ge überzugehen.

AJ 04.2 Sie aber haben den Tonhöhenunterschied
wahrgenommen und machen sich Gedanken darüber,
denn eigentlich finden sie keine Erklärung dafür,
dass der Prasselton nicht gleich hoch bleibt.

AJ 04.3 Die Wissenschaft oder die Erkenntnis
fängt also mit der Wahrnehmung eines unerwarteten
Unterschieds an.

AJ 04.4 Ich für meinen Teil nehme wenigstens noch
diese Einzelwahrnehmung, die in meinem Gehirn das
Problem zündet, zum Problem hinzu und stimme dann
ziemlich mit Karl R. Popper überein:

AJ 04.5 „Soweit man überhaupt davon sprechen
kann, dass die Wissenschaft oder die Erkenntnis
irgendwo beginnt, so gilt folgendes: Die Erkenntnis beginnt nicht mit Wahrnehmungen oder Beobachtungen oder der Sammlung von Daten oder von Tatsachen, sondern sie beginnt mit Problemen.“
<--

AJ 05.1 Die Ampelanlage ist hier nach Heidegger
ein Zuhandenes, ein Zeug zur Verkehrsregelung.
<--

AJ 07.1 Mit der Ampelanlage stimmt etwas nicht.
Sie ist nicht mehr zuhanden, nur noch vorhanden.
Sie vermissen an der Anlage das wesentliche Um-
schalten auf freie Fahrt. In §16 von Heideggers
„Sein und Zeit“ kann man das genauer lesen:

AJ 07.2 „Ein Vermissen von dieser Art entdeckt
wieder als Vorfinden eines Unzuhandenen das Zuhandene in einem gewissen Nurvorhandensein. Das Zuhandene kommt im Bemerken von Unzuhandenem in den
Modus der *Aufdringlichkeit*. Je dringlicher das
Fehlende gebraucht wird, je eigentlicher es in
seiner Unzuhandenheit begegnet, um so aufdringli-
cher wird das Zuhandene, so zwar, dass es den Cha-
rakter der Zuhandenheit zu verlieren scheint. Es
enthüllt sich als nur noch Vorhandenes, das ohne
das Fehlende nicht von der Stelle gebracht werden
kann. Das ratlose Davorstehen entdeckt als defizi-
enter Modus eines Besorgens das Nur-noch-vorhan-
densein eines Zuhandenen."
<---

AJ 11.1 Theologen-Fürsprache: Rudolf Steiner
(1861 - 1925) schreibt über einen katholischen
Pfarrer, der zweimal in der Woche den Religionsunterricht erteilte (in: Johannes Hemleben: Rudolf
Steiner. Rowohlt, Reinbek bei Hamburg, 1983):

AJ 11.2 „Das Bild dieses Mannes hat sich tief in
meine Seele eingeprägt ... Unter den Menschen, die
ich bis zu meinem zehnten oder elften Jahre ken-
nenlernte, war er der weitaus bedeutendste. Auch
diesem Pfarrer verdanke ich besonders durch einen
starken Eindruck außerordentlich viel für meine
spätere Geistesorientierung. Er kam einmal in die
Schule, versammelte die ‚reiferen' Schüler, zu denen er mich rechnete, in dem kleinen Lehrerstüb-
chen um sich, entfaltete eine Zeichnung, die er
gemacht hatte, und erklärte uns an ihr das koper-
nikanische Weltsystem. Er sprach dabei sehr anschaulich über die Erdbewegung um die Sonne, über
die Achsendrehung, die schiefe Lage der Erdachse
und über Sommer und Winter, sowie über die Zonen
der Erde. Ich war ganz von der Sache hingenommen,
zeichnete tagelang sie nach, bekam dann von dem
Pfarrer noch eine Spezialunterweisung über Sonnen-
und Mondfinsternisse und richtete damals und weiter alle meine Wissbegierde auf diesen Gegenstand."

AJ 11.3 Theologen-Fürsprache: Der evangelische
Theologe, Schriftsteller und Pädagoge Johann Peter
Hebel (1760 - 1826) schreibt im „Schatzkästlein
des rheinischen Hausfreundes" z. B.:

AJ 11.4 „... Also will jetzt der Hausfreund eine
Predigt halten, zuerst über die Erde und über die
Sonne, darnach über den Mond, darnach über die
Sterne."

AJ 11.5 „... Wenn der dunkle Neumond je zuweilen
in seinem Lauf gerade zwischen die Erde und die
Sonne hineinrückt, nicht höher und nicht tiefer,
so können wir vor ihm am hellen Tag die Sonne nim-
mer sehen, oder doch nicht ganz, und das ist als-
dann eine Sonnenfinsternis, die Sonnenfinsternis
kann nur im Neumond stattfinden ..."
<---

AJ 12.1 Thales von Milet (um -624 bis um -547),
ein griechischer Philosoph, Mathematiker und Astronom, sagte die Sonnenfinsternis des Jahres -585
voraus. Er stützte sich dabei wohl auf langjährige
Beobachtungen der Babylonier. Während diese aber
den Mond von einem Gott beleuchten ließen, nahm
Thales seine Beleuchtung durch die Sonne an.
<---

AJ 13.1 Über den Hurrikan Katrina dachte anscheinend der katholische Pfarrer der Gemeinde St. Ja-
kob, Windischgarsten in Oberösterreich, Doktor der
Theologie Gerhard Maria Wagner (*1954), öffentlich
(im Pfarrbrief Nr. 137, November 2005) nach. Ein
Internet-Aufruf dieses Pfarrbriefs ergab „not
found"; deswegen folgen, hoffentlich wahrheitsge-
treue und nicht zu einseitige Ausschnitte, die daraus zu stammen vorgeben:

AJ 13.2 „Der Hurrikan Katrina hat [...] nicht nur
alle Nachtclubs und Bordelle vernichtet, sondern
auch alle fünf (!) Abtreibungskliniken. [...]
Wussten Sie, dass 2 Tage danach die Homo-Verbände
im französischen Viertel eine Parade von 125.000

Homosexuellen geplant hatten? Wie erst so langsam
bekannt wird, sind die amoralischen Zustände in
dieser Stadt unbeschreiblich. [...] Ist die auffallende Häufung von Naturkatastrophen nur eine
Folge der Umweltverschmutzung durch den Menschen,
oder mehr noch die Folge einer geistigen Umweltverschmutzung? Darüber werden wir in Zukunft verstärkt nachdenken müssen."

AJ 13.3 Hier wird die bedrohliche Seite des katholischen Gottesbildes demonstriert: Gott ist
nicht nur der kuschlig sentimentale liebe Gott, zu
dem kläglich blökende Schäfchen sündenbeladen beten. Nein, er ist auch der bedrohliche Gesetzge-
ber, Richter und Hinrichter, der dich, schwupp,
aus dem Leben bläst, wenn du in Nachtclubs und
Bordellen verkehrst, gleichgeschlechtlich aktiv
bist oder abtreibst. Kollateralschäden werden im
Himmel ausgeglichen.

AJ 13.4 Kein Wunder, dass Gerhard Maria Wagner
2009 vom Heiligen Stuhl zum Weihbischof von Linz
bestellt wurde, obwohl er nicht auf der Dreier-
Wunschliste der Diözese stand. So streift eine zu-
tiefst hierarchische Institution die ihr unbequeme
und lästige opportunistische Demokratiemaske ab,
wenn es erfolgversprechend aussieht.

AJ 13.5 Nach Protesten von dem und jenem hat das
Chamäleon Kirche aber doch lieber die Farbe ge-
wechselt und die Ernennung zurückgenommen.
<---

AJ 15.1 Auf Anraten des diensthabenden Sehers
Kalchas endet Agamemnons Tochter auf dem Opferstein, Wind kommt auf und die griechische Flotte
kann endlich gen Troja segeln.
<---

AJ 16.1 Das schreibt dazu der römische Dichter
und Philosoph Titus Lucretius Carus oder Lukrez

(um -95 bis um -54) im ersten Buch seines Werks
über die Natur der Dinge.
<--

AJ 17.1 Genesis (1. Buch Mose), Kapitel 22
<--

AJ 19.1 Numeri (4. Buch Mose), Kapitel 31
<--

AJ 27.1 Wenn heidnische thrakische Söldner (-413)
die Einwohner einer böotischen Stadt niedermachen,
was der athenische Stratege und Historiker Thuky-
dides (vor -454 bis -399/396) berichtet, oder
christliche Kreuzritter sich nach der Eroberung
Jerusalems (1099) der Mordlust hingeben, sodass
nicht einmal die Säuglinge von den Schlächtern
verschont werden, was Albert von Aachen (1. Hälfte
des 12ten Jahrhunderts) berichtet, geht es nicht
anders zu.

AJ 27.2 Die Kreuzzüge aber wollte Gott. Darin waren sich z. B. die heiligen Kriegshetzer Papst Urban II. und Bernhard von Clairvaux einig. Jahrhunderte vorher hatte auch schon der heilige Oberkir-
chenlehrer und Gottesstaatbefürworter Augustinus
eine Theorie des gerechten Krieges ausgeklügelt.
Es fehlte also nie an leuchtenden Vorbildern, die
ihre Schäfchen für christliche Waffengänge begeis-
terten.

AJ 27.3 Im gerechten Krieg wartet man nun nicht
darauf, dass man vom Feind - vom eigentlich neu-
testamentlich zu liebenden Feind - auf die rechte
Backe geschlagen wird, um ihm dann die linke hin-
zuhalten, nein, hier wird der Feind, der Unter-
mensch, der Schmutz, beseitigt, wo er angetroffen
wird.

AJ 27.4 Ein tieferes Verständnis für Jesu Absichten scheint den heiligen drei Schreibpulttä-
tern gefehlt zu haben.
<--

AJ 30.1 Leviticus (3. Buch Mose), Kapitel 20,
Vers 13 (Wort des Herrn): „Wenn jemand bei einem
Manne liegt wie bei einer Frau, so haben sie getan, was ein Gräuel ist, und sollen beide des Todes sterben; Blutschuld lastet auf ihnen."
<--

Anmerkungen zu den
Anmerkungen zu Kapitel AJ

AJ 04.2.1 Genauer gesagt, sind Sie nicht über den
Unterschied vom zweiten Ton zum ersten verwundert,
sondern vom tatsächlich höheren zweiten Ton zum
eigentlich als gleich hoch erwarteten zweiten Ton.

AJ 04.2.2 Das Beispiel stellt sich etwas schwieriger dar als vermutet, was ich aber dem Leser im
zweiten Untergeschoss der Anmerkungen zumute.
Vielleicht begrabe ich allerdings jedes Verständnis unter weiteren Ausführungen, vielleicht wird
Ihr Geist aber auch erhellt, also:

AJ 04.2.3 Man kann auch ins Grübeln geraten, wenn
in einem anderen Fall der zweite Ton gleich hoch
ist wie der erste, und nicht höher, wie man eigentlich erwartet hätte:

AJ 04.2.4 Stellen Sie sich vor, Ihre italienische
Freundin Liz Faio zeigt Ihnen den neuen Flügel der
Familie, dessen weiße Tasten Ihr Auge auffordernd
anglänzen. Da Sie in der deutschen Fußballnatio-
nalelf auf jedem Flügel spielen können, sogar Text
und Melodie der deutschen Nationalhymne beherr-
schen, beginnen Sie beherzt mit den ersten zwei
Tönen der Hymne: „Ei-nig-" ...

AJ 04.2.5 Im Wissen, dass nach dem „Ei-" das höhere „nig-" kommt, schlagen sie als zweite Taste
diejenige an, die rechts von der „Ei-"-Taste
liegt.

AJ 04.2.6 Jedoch: es erklingt zwar ein Ton, doch
dieser ist genau gleich hoch wie der erste! Wer
wissenschaftlich vorgeht, sucht jetzt nach einer
befriedigenden Erklärung.

AJ 04.2.7 Das Prinzip ist aber dasselbe: Es besteht jeweils ein Unterschied zwischen dem erwarteten Ereignis und dem tatsächlichen Ereignis. In
der Dusche hätte man einen gleich hohen Ton erwar-

tet, was nicht der Fall war; am Flügel hätte man
einen höheren erwartet, was auch nicht der Fall
war.
<--

AJ 04.3.1 Wenn sich die Wissenschaft erst einmal
eingebürgert hat, schreckt sie natürlich auch
nicht davor zurück, Unterschiede, die man gewohnt
ist, zu untersuchen, überhaupt gewohnte Meinungen
in Frage zu stellen.

AJ 04.3.2 Man glaubte daran - und sieht es doch
auch - dass die Sonne sich um die Erde dreht. Man
glaubte, dass die Erde eine Scheibe ist, dass
Schafopfer nützlich sind, dass enges Zusammendrän-
gen in Kirchen, um vereint gegen die Pest zu beten, Gottes Hilfe auslöst, dass Homosexualität wi-
dernatürlich ist, dass Menschen nur im Traum flie-
gen können usw.

AJ 04.3.3 Der realistische Träumer kümmert sich
aber nicht um Redeverbote, die sich im Gehirn seiner Zeitgenossen zu Denkverboten verfestigen, sondern kann - notfalls gegen jede menschengemachte
Logik - über Dinge reden, worüber „man" schweigen
muss.
<--

AJ 04.4.1 Karl R. Popper (1902 - 1994), österrei-
chisch-britischer Philosoph, in: Auf der Suche
nach einer besseren Welt. Vorträge und Aufsätze
aus dreißig Jahren. Piper, München 2011 (und dort
im Vortrag über die Logik der Sozialwissenschaf-
ten, gehalten 1961 in Tübingen).
<--

AJ 16.1.1 Dieses Buch wurde während des Konstanzer Konzils (1414-1418) vom italienischen Konzil-
teilnehmer Poggio Bracciolini (1380 - 1459) in einer süddeutschen Klosterbibliothek, verteufelt,
vergessen und verstaubt, wiederentdeckt, was der
us-amerikanische Literaturwissenschaftler Stephen

Greenblatt (*1943) spannend erzählt in: Die Wende.
Wie die Renaissance begann. Siedler, München 2012.
<--

AJ 27.2.1 Bernhard von Clairvaux (um 1090 - 1153)
war ein wirkmächtiger Zisterziensermönch.
<--

AK   Unter dem Apfelbaum

AK 01 Die Augen noch wohlig geschlossen, durch
weiches Gras und Moos gepolstert, sitze ich an einen Baum gelehnt, dessen raue Rinde meinen Rücken
angenehm massiert. Nach Blüten duftende Sommerluft
umgibt mich, warm und bienendurchsummt. Leise vereint sich das Rascheln des Laubs mit dem Plät-
schern von Wellen, die rhythmisch gelassen ein
Ufer benetzen. Hier ist gut sein, ganz gleich, wo
ich bin, ganz gleich, wie ich herkam.

AK 02 Wenn sie nicht bemerkt haben, dass es hier
um Unterschiede geht, ist das meine Schuld. Mein
noch schläfriger Verstand krabbelt gerade gefühls-
selig aus der Hängematte, die mein Ich ihm aufge-
spannt hatte.

AK 03 Also Schluss mit der Beschaulichkeit! Augen
auf, Unterschiede sehen, Unterschiede beschreiben!
Außerdem möchte ich wissen, wo genau ich bin.

AK 04 Mir gegenüber, oben, hebt sich im Unterschied zum umgebenden Blau ein weißes Gebilde ab.

AK 05 Wenn Sie an eine Wolke gedacht haben, liegen Sie richtig.

AK 06 Wenn nicht: Man könnte eine Wolke sicher
genauer beschreiben, indem man ausführlich auf
Form und Binnenstruktur der gesehenen Fläche eingeht: Sie ist z. B. oft durch gerundete Linien be-
grenzt und macht einen wattigen Eindruck. Ich will
hier jedoch keine Theorie der sichtbaren Unterschiede und deren Sortierung nach Farben, Formen,
Schattierungen und Lagebeziehungen der Teile untereinander aufstellen.

AK 07 Ich glaube aber, dass man die Beschreibung
eines Bildes auf die Benennung solcher Unterschiede zurückführen kann, die dann aber wieder sinnvoll abgekürzt werden. Wer gelernt hat, was ein
Quadrat ist, dem muss man es nicht mehr jedes Mal

langwierig als Viereck mit speziellen Eigenschaften beschreiben.

AK 08 Ich will als Nächstes also nicht etwa von einem, durch sechs senkrechte weiße Streifen gegliederten, langgezogenen Rechteck in Altrosa, aus dessen Mitte ein schmales Rechteck nach oben strebt, usw. sprechen, sondern abgekürzt gleich von einem Gebäude mit Kirchturm, wobei dieser Abkürzung z. B. die sechs Pilaster zum Opfer fallen.

AK 09 Als ich die Augen öffnete und die Lage einschätzte, sprachen alle Anhaltspunkte dafür, dass das langgezogene Rechteck usw. nur die Wallfahrtskirche Birnau am Bodensee mit ihren Nebengebäuden, etwa fünf Kilometer entfernt, sein konnte.

AK 10 Die grüne Umgebung, Heiligenberg rechts im Hinterland, noch weiter rechts, inmitten von weiteren auffälligen Gebäuden, das Neue Schloss von Meersburg und viele, viele andere Hinweise ließen keinen Zweifel zu.

AK 11 Die gesamte wirkliche Landschaft vor mir unterschied sich in keinem wesentlichen Punkt von der erinnerten Landschaft in mir.

AK 12 Eine Landschaft ist eher unbewegt, auch wenn langsame Wolken und manchmal ein Zeppelin über den Himmel ziehen. Auch das Hin und Her der Autofähren von Konstanz-Staad nach Meersburg bringt Bewegung ins Bild. Ebenso deuten, wie alle Geräusche, Bienengesumm, Blättergeraschel und Wellengeplätscher auf Bewegung hin.

AK 13 Um eine Landschaft mit meinem Erinnerungsbild von ihr zu vergleichen, muss ich mein Langzeitgedächnis durchstöbern. Kurzzeitiger treten die wiederkehrenden Helligkeitsunterschiede ins Bewusstsein, wenn die Sturmwarnleuchte am Meersburger Fährehafen eingeschaltet wird und damit Starkwind zu bedenken gibt.

AK 14 Die orangefarbenen Blitze unterscheiden
sich von der ganz kurzen Dunkelphase, ihr Ursprung
ist aber ortsfest, während das Segelboot, das sich
vorher noch unterhalb des Neuen Schlosses befand,
eine kleine Weile später die Lichtblitze weiter
links verdeckt. Will der Skipper heute abend Vi-
valdis „Sommer" in der Klosterkirche Birnau anhören, wo am Schluss im jagenden Presto der Hagel
das Haupt der Ähren knickt?

AK 15 Es macht einen Unterschied, ob sich das Segelboot unterhalb des Neuen Schlosses oder vor der
Sturmwarnleuchte befindet. Dieser Unterschied, ich
könnte ihn auch Ortsveränderung nennen, lässt auf
Bewegung schließen.

AK 16 Der kräftige Wind hatte inzwischen einen
Apfel dazu gebracht, die Schwerkraft zu entdecken
und mir auf den Kopf zu fallen. Das zeigte mir
einmal mehr, dass physikalische Ursachen schlagartig den Unterschied zwischen Schmerzfreiheit und
Kopfweh verdeutlichen können.

AK 17 Von hinten bliesen die warmen Winde immer
stärker, Blätter und Zweige rauschten, hier war
keine Ruhe mehr zu finden. Ich entfernte mich also
schnell von diesem Ort.

AK 18 Die Sturmwarnleuchten rund um den See ge-
rieten mit 90 Lichtblitzen pro Minute außer sich,
drangen jedoch kaum noch durch den beginnenden
Wolkenbruch, um dann durch blendend grelle Blitze
vollends überstrahlt zu werden. Schnell und trocken in einem nahegelegenen Gasthaus angekommen,
reichte die Zeit zwischen zwei Donnerschlägen gerade dazu aus, ein Achtel Grauburgunder von der
Spitalkellerei Konstanz zu bestellen, das ich, Erinnerungen nachhängend, trank.

Anmerkungen zu Kapitel AK

AK 09.1 Keine Rokokobasilika Birnau, keine zum
Himmel strebende gotische Kathedrale ist ohne das
Christentum denkbar. Kunstwerke sind aber nie Argumente für eine Religion; weder belegt die Akro-
polis von Athen die Existenz der Olympischen Götter noch untermauern aztekische Tempel den Huitzilopochtli, dem zu Ehren ungezählten Opfern bei le-
bendigem Leib das Herz aus der Brust geschnitten
wurde.
<---

AK 10.1 Das Schloss wurde im 18ten Jahrhundert
von Konstanzer Fürstbischöfen gebaut und ausgestattet. Am seeseitigen Mittelgiebel ist z. B. das
Wappen von Johann Franz Schenk von Stauffenberg
angebracht, der bis zu seinem Tod 1740 Fürstbischof von Konstanz und Augsburg war. Aus derselben
schwäbischen Adelsfamilie stammt übrigens der Hit-
lerattentäter Claus Schenk Graf von Stauffenberg.

AK 10.2 Wenn Sie die Räume des Schlosses durch-
streifen, entdecken sie über einer Tür vielleicht
eine barocke Szene, auf der Abraham mit dem
Schlachtmesser, sein nackter Sohn Isaak (ein Zipfelchen Stoff verdeckt jedoch sein Zipfelchen) mit
verbundenen Augen auf einem Opferstein, ein etwas
hektischer Engel und ein Widder zu sehen sind.
<---

AK 15.1 Bewegt sich aber das Segelschiff auf das
Kirchenschiff zu oder umgekehrt? Oder ist eine Mischung aus beidem feststellbar? Ihre Antwort, ob
richtig, ob falsch, hätte früher zu Schwierigkeiten mit der Inquisition führen können.
<---

AL   Mein Sprachschaf wird nie erwachsen

AL 01 Bis zu meiner Geburt drang die Sprache zunächst monatelang nur durch eine wässrige Umgebung
zu mir. Danach fühlte ich mich auch geborgen bei
beruhigenden Lauten meiner Eltern, lernte bald le-
bensfroh, weltoffen und mitteilsam, jedes Tier als
Wauwau zu verkünden, um kurz darauf schon sicher
zwischen Hund und Schaf zu unterscheiden.

AL 02 Dass der gold'ne Mond des Kinderlieds die
schönsten Schäfchen hat, machte mich nur vorüber-
gehend unsicher. Mit diesen Schäfchen sind ja die
Sterne gemeint, die der Mond hütet. Traulich
schien mir das Weltall, wo die Sterne vom gütigen
Mond umhegt werden, genau wie ich von meinen Eltern - oder eben die Schafe vom guten Hirten.

AL 03 Dass der gute Hirte seinen Schafen allerdings nicht nur an die Wolle, sondern regelmäßig
auch ans Fleisch will, machte ihn eher zum schwarzen Schaf unter den genannten Hütern. Immerhin
merkte ich daran, dass Vergleiche hinken können.

AL 04 Die Summe all dessen, was ich inzwischen
über Schafe und in Verbindung mit ihnen gesehen,
gehört, gefühlt, gelesen, gedacht, besprochen und
behalten habe, macht meinen aktuellen Schafbegriff
aus. Sobald ich aber glaube, alle Schafe und Lämmchen ins Trockene gebracht zu haben, taucht bestimmt ein neues auf: Mein Sprachschaf wird zeit-
lebens ausbaufähig bleiben.

AL 05 Sinnvoll mit einem Mitmenschen über Schafe
reden kann ich, wenn sich unsere Schafbegriffe
überschneiden.

AL 06 Es ist vielleicht unnötig, dass der Gesprächspartner weiß, dass Sterne in einem bestimmten Zusammenhang als Schäfchen bezeichnet werden,
obwohl sie nicht nur dem Aussehen nach Lichtjahre
von richtigen Schafen entfernt sind.

AL 07 Umgekehrt mag es für unser Gespräch ebenso unwichtig sein, dass ich noch nie von einem Lebewesen gehört habe, das gar kein gutmütiges Schaf ist, obwohl es wie ein Schaf aussieht, wie ein Schaf blökt und überzeugend Gras frisst, während es doch vor beutelustiger, wenn auch unsichtbarer Mordgier fast aus seinem Schafspelz platzt.

AL 08 Es stellt sich letzten Endes heraus, dass das Sprachschaf zwar auch ein leibhaftiges Schaf bezeichnen kann, sich aber genauso in Gefilden tummelt, in denen noch nie ein reales Schaf gegrast hat. Das Wort „Schaf" ist also bei Weitem nicht nur ein einigermaßen handhabbares Symbol für ein wirkliches Schaf, sondern seine Verwendung bietet viele Möglichkeiten in Zusammenhängen, wo nur Teilaspekte des Schafseins eine Rolle spielen, wie z. B. bei den Schäfchenwolken.

AL 09 Schon bei Gesprächen, die vorwiegend nur gezeichnete Schafe betreffen, kann es leicht zu Irritationen kommen - zumindest beim pingeligen Leser:

AL 10 Der kleine Prinz des Autors Antoine de Saint-Exupéry stammt von einem anderen Planeten, trifft in der Wüste einen notgelandeten Piloten und bittet ihn, ihm ein Schaf zu zeichnen. Der wenig talentierte Pilot, der eigentlich seinen Motor reparieren müsste, zeichnet im dritten Anlauf ein Schaf mit Hörnern. Er schrieb das Jahre später so auf:

AL 11 „Ich zeichnete. Mein Freund lächelte artig und mit Nachsicht: ‚Du siehst wohl ... das ist kein Schaf, das ist ein Widder. Es hat Hörner.' Ich machte also meine Zeichnung noch einmal."

AL 12 Obwohl von verschiedenen Planeten, können sich die Gesprächspartner doch sinnvoll über Schafe unterhalten. Man kann auch sehen, dass beide denselben blinden Fleck auf ihrem Sprachschaf ha-

ben: Beide sind nämlich der Ansicht, dass ein
Schaf mit Hörnern ein männliches Exemplar ist.

AL 13 Der kleine Prinz scheint sein Sprachschaf
sogar nur vom Hörensagen oder mit Hilfe seiner ei-
genartigen prinzlichen Sinne entwickelt zu haben;
denn weder auf seinem Heimatplaneten noch auf den
andern von ihm besuchten Himmelskörpern waren
Schafe zu Hause. Er glaubt aber an die Existenz
von Schafen, worin ich ihm nur beipflichten kann.

AL 14 In meinem Gehirn hat sich dagegen das
Sprachschaf im gelegentlichen Kontakt mit leibhaftigen Schafen entwickelt.

AL 15 In gewisser Weise würde ich sagen, dass der
körperliche Aufbau meines persönlichen Sprachschafs den Durchschnitt aller mir bekannten Schafe
und Schaferwähnungen darstellt, natürlich nicht in
einem so engen Sinn, dass es 3,99 Beine hat, weil
sich unter den 100 Schafen, die ich persönlich
kenne, ein dreibeiniges befindet. Mein Sprachschaf
stelle ich mir am liebsten mit vier Beinen vor,
diese Freiheit nehme ich mir heraus.

AL 16 Irgendwann wurde mein Sprachschaf etwas
ausladend. Ich kann mich z. B. auch nicht recht
entscheiden, ob ich das Wort „belämmert" als Neu-
zugang über das „Lamm" mit meinem Sprachschaf ver-
linken soll. Das etymologische Schweigen der Lämmer über die Belämmerten und umgekehrt lässt eher
an keine bestehende Verwandtschaft denken. Oder
habe ich einen Hinweis übersehen?

AL 17 Es wird wohl häufig vorkommen, dass eine
Frage zunächst (oder für immer?) ungelöst bleibt.
Aber in diesem Zusammenhang auch noch (z. B. wegen
lateinischer Analogiebildungen) die Schriften des
Bischofs Isidor von Sevilla zu Rate zu ziehen, er-
scheint mir übertrieben.

Anmerkungen zu Kapitel AL

AL 02.1 Hier nabelte sich mein Sprachschaf vom
realen Schaf ab. Aber wie meine Eltern gelernt
hatten, das Schaf mit anderen Begriffen zu verknüpfen, hatte ich offenbar die Fähigkeit, diesen
Verknüfungen einen Sinn abzugewinnen.
<---

AL 04.1 Die Dickhornschafe und die Dall-Schafe
mit ihren hörnertragenden Weibchen z. B. bereichern erst seit Kurzem mein Sprachschaf, während
seit Jahrzehnten „das Lamm Gottes" in meinem neu-
ronalen Netz als „Fleisch gewordenes Wort", das
schon im Anfang „bei Gott war", sein Wesen treibt,
nicht ohne ab und zu von mir nachdenklich betrachtet zu werden.
<---

AL 07.1

WOLFWOL	LFWOLFW	WO	OL	LFWOLFW	WOLFWOL
OL	WO	OL	LF	FW	WO	OL
LF	OL	LF	FW	WO	OL	LF
FWOLFWO	LF	FWOLFWO		OLFWOLF	FWOLFWO
OL	FW	WO	OL	LF	FW	WO
LF	WO	OL	LF	FW	WO	OL
LFWOLFW	OLFWOLF	LF	FW	WO	OL	LF

<---

AL 10.1 Der kleine Prinz kam schon in AB vor.
<---

AL 15.1 Mein Sprachschaf kann auch gut zwischen
einer männlichen und einer weiblichen Form hin-
und herspringen. In ganz speziellen Ausnahmefällen
ist es vielleicht einmal ein Zwitterschaf.
<---

AL 17.1 Isidor von Sevilla (um 560 - 636), Heiliger, Kirchenlehrer und Antisemit, hat vielleicht
irgendwo in seinen „Zwanzig Büchern über Etymolo-

gien oder Ursprünge" einen Zusammenhang zwischen
den Wörtern erfühlt.
<--

AM   Mit Blindheit geschlagen, von Gehirnwäsche
      bedroht

AM 01 Ich glaube nicht, dass die Menge der Begriffe, die mein Kopf beherbergt, völlig unüber-
schaubar ist. Oft ist natürlich kein harmloses äu-
ßeres Objekt wie ein Schaf Ausgangspunkt meiner
Begriffsbildung.

AM 02 Auch bei einem inneren Gefühl könnte eine
Begriffsbildung starten, z. B. bei dem Gefühl, das
mich überkommt, wenn ein zähnefletschender ketten-
freier Hofhund auf mich zurast, die Luft hinter
sich mit wirbelnden Erdklumpen füllend. Sie als
Hundeflüsterer sehen der Attacke vielleicht gelassen entgegen, aber ich würde von meinen Sprachleh-
rern bereitwillig den Begriff „Angst" übernehmen
und meinen Wortschatz damit bereichern, falls ich
den Angriff überlebe.

AM 03 Wie beneidete ich mitfühlend und respekt-
voll den furchtlosen Jungen, der auszog, das
Fürchten zu lernen! Andererseits ist er ein Beispiel für eine ausgeprägte Lernbehinderung. Erst
seine Frau verhalf dem Schlafenden zum Reifezeug-
nis, indem sie ihn eiskalt mit zappelnden, glit-
schigen Fischchen übergoss.

AM 04 Eine entsprechende Therapie gibt es für einen Rotgrünblinden nicht. Er schätzt sich bei einer Farbstiftaufgabe des Kunstpädagogen glücklich,
wenn zum Abgabezeitpunkt im grünen Laub rote Äpfel
glühn und nicht umgekehrt.

AM 05 Wie der Angstlose im Märchen möchte er aber
keinen Fehler machen, der ihn dem Spott seiner
Klassenkameraden aussetzt. Deswegen sortiert er
vor dem Unterricht zusammen mit seiner normalsich-
tigen Mutter den Buntstiftkasten.

AM 06 Der rotgrünblinde Mitmensch hat keine Sen-
soren, um Rotheit und Grünheit zu unterscheiden.
Für ihn ist beides dasselbe. Er vermutet natürlich

zu Recht, welche Farbe eine Zigarettenpackung der Marke Rot-Händle erwarten lässt, und man bestätigt ihm die Vermutung. So wird er mit der Zeit lernen, seine Begriffsprothesen von Rot und Grün weitgehend sinnvoll, manchmal sogar virtuos, zu verwenden, obwohl sie nicht der eigenen Anschauung entwachsen sind.

AM 07   Der Rotgrünblinde zeigt, wie man zu Begriffen kommt, für die man selbst keinen Sensor hat: Man wird sich auf Menschen verlassen, die ihre Glaubwürdigkeit schon häufig bewiesen haben.

AM 08   Übrigens könnten die Tauben über alle Menschen, die sehenden wie die blinden, lachen. Besitzen sie doch, wie auch andere Vogel- und Tierarten, einen Sensor für das Erdmagnetfeld.

AM 09   Immerhin haben wir mit dem Kompass einen künstlichen Sensor für Magnetfelder entwickelt.

AM 10   Ähnlich wäre es mit einem anderen Sensor möglich, die Farbe eines Gegenstands festzustellen. Mit diesem Gerät könnte ein Rotgrünblinder einen Witzbold überführen, der ihm eine grüne Paprika als rote verkaufen will.

AM 11   Er kann auf diesen Sensor natürlich verzichten, falls sich in der Gemüseabteilung des Lebensmittelmarkts gerade ein paar sprachfähige Kunden befinden, die bereit sind, ihr Schwätzchen oder die Befingerung des Reifegrads einer Avocado zu unterbrechen, um seine einfache Frage nach der Farbe der ausgesuchten Paprika zu beantworten.

AM 12   Ein Begriff kann auch zum Albtraum werden: Ich sehe auf einem Spaziergang eine Schafherde und bemerke zu meinem Begleiter: „Schau mal, da hinten sind Schafe!" Der Begleiter folgt meinem Finger, schaut mich kurz nachdenklich an und sagt dann: „Das sind doch Pferde!"

AM 13 Ich versuche, auf meiner Behauptung zu bestehen: „Erzähl mir nichts vom Pferd! Du wirst doch nicht behaupten wollen, dass man auf so kleinen Tieren Pferderennen durchführen kann!"

AM 14 Der Begleiter: „Lustig, sich Pferderennen vorzustellen, aber warum nicht? Mit kleinen Kindern als Jockeys? Du hast aber wohl an Schafrennen gedacht!"

AM 15 Ein Erwachsenenpaar mit Kleinzeug strebt der Schafherde zu. Der Nachwuchs will lauthals „die wolligen Pferdchen streicheln".

AM 16 Dass die akustischen Äußerungen der Tierchen als Wiehern bezeichnet werden, überrascht mich schon nicht mehr.

AM 17 Wenn ich dann zu Hause im Internet unter „Schaf" lauter Pferde und unter „Pferd" lauter Schafe finde, könnte mich der Verfolgungswahn überkommen.

AM 18 Bin ich ein Opfer von Gehirnwäsche oder Gehirnschwäche? Sollte ich zum Neurologen gehen oder zunächst doch noch die Frage stellen, wie meine Sprachgegner den Kot ihrer sogenannten Pferde nennen? Sie werden doch wohl Pferdeäpfel sagen müssen! Warum werden aber diese kleinen Kügelchen nicht Pferdeäpfelchen genannt, sondern verbal zu Äpfeln aufgeblasen?

AM 19 Der Gegner meint dazu, dass der Vergleich sich vor allem auf die Form beziehe; die Größe sei hier vernachlässigbar. Es sei ja auch bei einem Pferdekotkügelchen weder das lichte Grün eines Granny Smith noch die appetitliche Rotbackigkeit eines Braeburn zu erwarten. usw.

AM 20 In freier Wildbahn werde ich vielleicht Verbündete finden, die mir bestätigen, was ich in meinem bisherigen Leben über Schafe gelernt habe.

AM 21 In einer gegen mich verschworenen Umwelt oder in einer geschlossenen Anstalt wird es mir jedoch schwerfallen, auf meinem verinnerlichten Sprachschaf zu bestehen, vor allem, wenn der Gehirnwäscher mit dem Neurologen identisch ist, meine besten Freunde dort bereits durch eine Gehirnoperation ruhig gestellt worden sind und die restlichen Patienten durch häufig eingesetzte drohende Freundlichkeiten der Oberschwester nur noch rhythmisch nickenden Gehorsam zeigen.

AM 22 Nun legt meine Umwelt sicher keinen besonderen Wert auf die Umerziehung des speziellen Sprachschafs, das in meinem Hirn beheimatet ist. Zumindest was mein Sprachschaf als Symbol für das leibhaftige Schaf betrifft: Das auch Hörner haben kann; das manchmal von einer leibhaftigen Schäferin gehütet wird, die vielleicht auch mal ein leibhaftiges Veilchen – ach, wär's nur mein leibhaftiges Ich! – an ihren leibhaftigen Busen drückt.

AM 23 Ich glaube jedoch, dass die realen Aspekte meines Sprachschafs nur seine Spitze darstellen. Andere Aspekte verlassen die grüne Wiese und verästeln sich in wollige Wärme und emotionales Wohlbehagen. Oder verlieren sich in abergläubische Gefühligkeit und bibliebige Deutbarkeit:

AM 24 Eine längere Kette führt z. B. vom Sprachschaf zum Sprachlamm, zum Opferlamm und zum siebenhörnigen Lamm der Geheimen Offenbarung, das zu Beginn des sechsten Kapitels das erste Siegel des Buchs mit den sieben Siegeln öffnet, worauf ein Reiter auf einem weißen Pferd erscheint.

AM 25 Für den Kirchenlehrer Irenäus von Lyon ist dieser Reiter eine Lichtgestalt, für Doktor Martin Luther ein Nachtmahr.

AM 26 Solche Unstimmigkeiten zeigen, dass manchmal auch ein anerkannter Theologe vom Gotteshauch verfehlt wird.

120

AM 27 Vielleicht stecken auch in seiner Begrün-
dungskette, die auf Bibel und Tradition beruht,
logische Mängel.

AM 28 Die Vernunft, allerdings zweite Wahl und
notfalls mitsamt der Logik zur Hure degradiert,
war dennoch im christlichen Abendland keine ganz
vernachlässigbare Größe.

AM 29 Plausibel war immerhin, dass sich Gott
selbst an die ihm zugeschriebenen Gesetze der Vernunft und Logik hielt.

AM 30 Der christliche Freibrief, unergründlich
glaubenstief, jedoch hochgradig unverbindlich,
Gott sei der ganz Andere, lässt ihm aber jederzeit
die Hintertür offen, wunderlich in die Abläufe der
Natur einzugreifen oder allmächtig gegen die Gesetze der Logik zu verstoßen.

AM 31 Zusammengefasst: Gott ist so geschmeidig
zurechtgedacht worden, dass ihn kein Ereignis oder
Argument in Frage stellen, auch jeder klügelnde
Gottesmann nach seinem Bedürfnis zurechtdehnen
kann.

AM 32 Schon im Rahmen einer Alltagslogik sieht
man hier die verführerische Möglichkeit für sophistische falsche Propheten und wortgewandte Wölfe im Schafspelz, sich gegenseitig anzuschwärzen,
jeder seinen frommen Gelüsten hörig und mit seinen
selbst verschuldeten Scheuklappen blind für Redlichkeit.

AM 33 Der Pseudologik, hervorgekrochen aus diesem
vieldeutig nichtssagenden Gottessumpf, müsste eigentlich selbst Hören und Sehen vergehen vor dem
apokalyptischen Geheul der Wölfe in Prophetenhaut
und dem barocken Purpurgeprotz der falschen Schafe.

Anmerkungen zu Kapitel AM

AM 03.1 Siehe Grimms „Märchen von einem, der
auszog das Fürchten zu lernen“
<---

AM 21.1 Auch der altgriechische Philosoph Platon
(-428/427 bis -348/347) propagiert eine antidemo-
kratische geschlossene Anstalt, nämlich einen von
Philosophen - seiner Art vermutlich - geleiteten
Staat. Wer begabt ist (wer stellt das fest?) und
mit Platons Vorstellung von Gerechtigkeit einig
geht (oder so tut), kann zu einem Führungsamt aufsteigen. Der Rest soll tun, wofür ihn die Natur
(wer stellt das fest?) ausgestattet hat.

AM 21.2 Gerechtigkeit war offenbar auch Herzens-
anliegen des Mönchs Hildebrand (1025/30 - 1085),
der später als Gregor VII. Papst wurde; denn der
Anfang seiner Grabinschrift lautet: „Ich liebte
die Gerechtigkeit ...“. Er ließ zu Lebzeiten unter
anderem die folgenden Sätze notieren (vatikani-
sches Archiv), die sein Canossa-Büßer, der römisch-deutsche Kaiser Heinrich IV. (1050 - 1106),
wohl ungern unterschrieben hätte:

AM 21.3 ... dass sein (des Papstes) Urteilsspruch
von niemandem widerrufen werden darf und er selbst
als einziger die Urteile aller widerrufen kann.

AM 21.4 ...dass die römische Kirche niemals in
Irrtum verfallen ist und nach dem Zeugnis der
Schrift niemals irren wird.

AM 21.5 ...dass alle Fürsten nur des Papstes Füße
küssen.

AM 21.6 ...dass es ihm erlaubt ist, Kaiser abzu-
setzen.

AM 21.7 Wäre einem Philosophenstaat platonischer
Prägung oder einem Gottesstaat mit gregorianischem

Stempel ein Leben im Kalifat von Córdoba womöglich
vorzuziehen?
<---

AM 31.1 Ähnlich steuerbar sind die Kirchenschiffe
der verschiedenen christlichen Großkirchen bis hin
zu den Kleinsekten. Es sind Denksysteme, die einen
rationalen Angriff mit durchaus rationalen Bord-
mitteln abwehren können. Sie können aber, wenn ihr
Missionseifer nicht nachlässt, höchstens den ein-
wickeln, der einen Grundgedanken der jeweiligen
Kirchenschiffer und Dogmenspinner halbherzig aner-
kennt.

AM 31.2 Vom us-amerikanischen Mathematiker und
Logiker Raymond Merrill Smullyan (*1919) werden in
seinem Büchlein mit dem Titel „Buch ohne Titel“
(Vieweg, Braunschweig 1983) ähnliche Dogmatiker
vorgeführt, beispielsweise:

AM 31.3 Ein Calvinist, der, nach der fundamenta-
len Doktrin des Calvinismus gefragt, ausruft: „Natürlich kannst du nicht verstehen, dass ich recht
habe. Du bist eben nicht errettet!“

AM 31.4 Jemand, der an den Teufel glaubt und
sagt: „Natürlich glaubst du nicht an den Teufel.
Das Erste, was der Teufel schlauerweise tut, ist,
den Menschen weiszumachen, er existiere nicht.“

AM 31.5 Ein Freudianer, der sagt: „Du kannst natürlich nicht einsehen, dass ich recht habe. Alle
Gründe, die du gegen die Theorie der Psychoanalyse
angeführt hast, sind nur defensive Rationalisie-
rungen, um das nicht sehen zu müssen, wovor du
dich am meisten fürchtest.“

AM 31.6 Eine Feministin, die sagt: „Natürlich
siehst du nicht, dass das eine Männerwelt ist, und
Männer die Frauen unterdrücken, nicht nur auf öko-
nomischem Gebiet, sondern außerdem auch in psycho-
logischer Beziehung und im persönlichen Bereich.

Das bemerkst du natürlich nicht, du bist ja ein Mann!"

AM 31.7 Smullyan stellt dazu fest, dass eigentlich jedes Mitglied der einen Gruppe ohne Weiteres
die Vorurteile, die in anderen Gruppen herrschen,
durchschaut. Er macht sich abschließend Gedanken
darüber, ob er wohl, ohne es zu wissen, zu einer
ähnlichen Gruppe gehört, und fragt sich, welches
seine eigenen Vorurteile sind.
<---

AN   Ist die Logik vom Himmel gefallen?

AN 01 Vermutlich können Sie es mit der Intelligenz eines Raben aufnehmen. Mit den Armen zu fuchteln, dürfte Ihnen auch nicht schwerfallen. Und schon werden diese in kräftige Flügel verwandelt, und Sie erheben sich in die Lüfte.

AN 02 Und gleich beginnt die Sorge ums tägliche Brot: Wo kriegen Sie nur die nächste Walnuss her? Wie sollen Sie bloss die harte Schale knacken?

AN 03 Die Walnuss rollt Ihnen gratis vor die Füße, Ihr Schnabelgehacke fruchtet aber nichts.

AN 04 Was einem echten Raben vielleicht nur bildlich und sprachlos vorschwebt, läuft in Ihnen möglicherweise auch versprachlicht ab: Um an den essbaren Kern der Nuss zu kommen, planen Sie, vor sich hin grummelnd, Ihre Handlungen, indem Sie einschlägige Kenntnisse aus Ihrem Gedächtnis abrufen.

AN 05 Im Einzelnen wissen Sie, dass der Aufprall eines Gegenstands zu seiner Verformung führen kann; dass ein harter Aufprall Verformung begünstigt; ein schneller ebenfalls; dass ein Etwas, das man loslässt, nach unten fällt; dass die Endgeschwindigkeit des Dings mit der Fallhöhe zunächst einmal wächst.

AN 06 Die Walnuss im Schnabel, schrauben Sie sich also über einem Teerweg in die Höhe, klinken die Nuss aus und behalten sie im Auge.

AN 07 Schade, sie landet neben dem Weg im weichen Gras. Aber Sie sind ja noch Anfänger; es wird bald klappen, denn vorher, bei der Aufnahme der Walnuss mit dem Schnabel, haben Sie schon großes Rabentalent gezeigt.

AN 08 Die Logik ist nicht vom Himmel gefallen. Unmerklich entwickelte sie sich wohl auch aus der

Beobachtung von Ereignissen, die immer wieder in der gleichen Reihenfolge abliefen, was nebenbei Merkfähigkeit voraussetzt.

AN 09   Zugegeben, es ist kein spektakulärer Moment, wenn ich einen Gegenstand loslasse. Faszinierender mag der Vorgang des Fallens sein, der Aufprall wieder langweilig bis beeindruckend, je nachdem ob der Gegenstand ein Hammer, ein rohes Ei oder ein Klumpen erschütterungsempfindlicher Plastiksprengstoff war.

AN 10   Aber dass nach dem Loslassen das Fallen folgt, ist eine Regelmäßigkeit, die man sich merken mag. Diese zeitliche Abfolge kann man auch logischer klingen lassen, indem man „nach" durch „aus" ersetzt: Aus dem Loslassen folgt das Fallen.

AN 11   Wie aber eine seltene Sonnenfinsternis den Tag fast zur Nacht machen kann, folgt nach dem Loslassen nicht unbedingt das Fallen: Sie bringen beim Grillabend Ötzi sicher zum Staunen, wenn Sie ihn bitten, einen mit Wasserstoff gefüllten Luftballon zu übernehmen und ihn auf den Gartentisch zu legen. Bei uns wundert sich nicht einmal mehr ein Kind, wenn der Ballon zielstrebig nach oben steigt.

AN 12   Dass in Wasser manches schwimmt, manches sinkt, war schon lange bekannt, aber für genauere Überlegungen musste Archimedes erst ein Bad nehmen.

AN 13   Wo sollte Logik ansetzen, wenn alle Vorgänge völlig chaotisch abliefen? Sie entsteht wohl gerade aus dem Vertrauen heraus, dass sich in unserer Lebenswelt Abläufe erkennbar wiederholen: Wie seit Menschengedenken wird die Sonne morgen wieder aufgehen, der losgelassene Hammer fällt zu Boden, mein intrauterines Urvertrauen wird nachgeburtlich durch zuverlässige Menschen, die meinen Mängeln abhelfen, bestätigt.

AN 14 Logische Denkansätze hat der Mensch nicht
geschenkt bekommen. Er hat sie auch kaum in einem
Zustand idealer Nabelschau durch reines Denken von
innen herausdestilliert, sondern sie haben sich,
auf der Grundlage seiner genetischen Ausstattung,
in der Auseinandersetzung mit sinnlich bewusst
wahrgenommenen, regelmäßigen Abläufen in seiner
Um- und Innenwelt entwickelt.

AN 15 Die Logik stammt so wenig von einem höheren
Wesen wie die Regeln des Mensch-Ärgere-Dich-Nicht-
Spiels, die das Leben der Figuren auf dem Spiel-
brett bestimmen.

AN 16 Die Figuren bzw. Sie als Spieler können dabei übrigens in Situationen kommen, die man den
einfachen Regeln nicht gleich ansieht: z. B. dass
Sie nicht ziehen können, obwohl alle Ihre vier Figuren auf der Laufbahn, aber noch keine im Ziel
ist.

AN 17 Schwieriger war es einmal für Sherlock
Holmes, aus dem Spielstand auf einem Schachbrett
in Sir Reginald Owens Bibliothek Farbe und Art der
abhanden gekommenen Schachfigur herauszufinden,
die die etwas unkonventionell, aber regelgetreu
spielenden Brüder Palmerston durch eine Münze ersetzt hatten.

AN 18 Da heutige logische Regelsysteme und formale Logiksprachen in einem überblickbaren Zeitraum
entstanden sind, kommt dabei niemand mehr auf die
Idee, sie als Produkte menschlicher Schöpferkraft
anzuzweifeln.

AN 19 Allerdings heißt das natürlich auch, dass
z. B. alle Sätze, die der Logiker Kurt Gödel aufgestellt hat, Erzeugnisse des menschlichen Geistes
sind, die mit der natürlichen Umwelt fürs erste
rein gar nichts zu tun haben. Auf den zweiten
Blick sind sie aber mit einer Logik hergeleitet,
die in anderen Fällen dem Fortkommen der menschli-

chen Art dienlich war, was darauf hindeutet, dass diese Logik nicht ganz abartig sein kann.

Anmerkungen zu Kapitel AN

AN 12.1   Dem Mathematiker, Physiker und Ingenieur
Archimedes (um -287 bis -212), ein Grieche aus Syrakus, soll beim Wannenbad das heute nach ihm be-
nannte archimedische Prinzip klar geworden sein,
das mit dem Auftrieb eines Körpers zu tun hat.

AN 12.2   Ob wohl Steine in Quecksilber versinken?
<---

AN 13.1   Womöglich war es gerade die Fahrlässig-
keit, die Unzuverlässigkeit, die Eigennützigkeit
eines netten Verwandten und die Scheinheiligkeit,
die Verlogenheit, die Erbarmungslosigkeit eines
Machtbesessenen Egoisten, die zunächst unser Vertrauen in die menschliche Umwelt untergruben.

AN 13.2   Und der verunsicherte Mensch, der Vereinfacher, lieferte sich der Verallgemeinerungssucht
aus, dehnte also sein Misstrauen abergläubisch auf
unberechenbare Naturerscheinungen aus, um schließlich seinen Gehirnwäschern widerstandslos abzuneh-
men, dass sogar die verlässliche Sonne fast einen
ganzen Tag stillstehen konnte:

AN 13.3   Josua, Kapitel 10, Verse 12/13 (Wort des
Herrn): „Damals redete Josua mit dem Herrn an dem
Tage, da der Herr die Amoriter vor den Kindern Israel dahingab, und er sprach in Gegenwart Israels:
Sonne, steh still zu Gibeon, und Mond, im Tal Aja-
lon! Da stand die Sonne still und der Mond blieb
stehen, bis sich das Volk an seinen Feinden ge-
rächt hatte."
<---

AN 14.1   Frage: Wie genau hat sich eine brauchbare
Logik entwickelt? Diese Frage erfordert sicher weniger Denkarbeit als die Physikprüfungsaufgabe,
die Raymond M. Smullyan in seinem „Buch ohne Titel" erwähnt: „Definiere das Universum und gib
zwei Beispiele."
<---

AN 16.1 Sie spielen mit
den grünen Figuren, deren
Positionen mit einem grünen
X gekennzeichnet sind - andere Figuren sind nicht
eingezeichnet. Sie sind am
Zug und würfeln eine Fünf.
Da eigene Figuren nicht geschlagen werden dürfen, ist
sofort der nächste Spieler
am Zug.

```
O O       O X O       O O
O O       O O O       O O
          O O O
          O O O
O O O O X O O O O O O
X O O O O   O O O O O
O O O O X O O O O O O
          O O O
          O O O
O O       O O O       O O
O O       O O O       O O
```

<--

AN 17.1 Auf H4 liegt die
Münze, die eine Figur bedeutet, von der Holmes nicht
einmal die Farbe kennt. Die
weißen Figuren erscheinen
hier in roter Schrift.
K, T, B und P sind die Ab-
kürzungen für König, Turm,
Bauer und Pferd. Gerade wurde dem schwarzen König von

```
   A B C D E F G H
8 | | |P|T| | | |K|
7 |B|K| |T|B| |B| |
6 |B| | |B| | | | |
5 |B| |B| | | | | |
4 | |B|B| | | | |?|
3 | | |B|B| | |B| |
2 | | | | |B| | |B|
1 |P| | | | | | | |
```

einem weißen Turm Schach geboten. Wie war das aber
möglich? Lösung bei Raymond Smullyan: Schach mit
Sherlock Holmes. Otto Maier, Ravensburg 1982.

<--

AN 18.1 Die logischen Schlüsse, die der griechische Mathematiker Euklid aus Alexandria - er lebte
etwa im 3. Jahrhundert vor unserer Zeitrechnung -
kreativ kombinierte, um zu beweisen, dass es unendlich viele Primzahlen gibt, sind jedoch bis
heute unangefochten, obwohl sie nicht in einer modernen formalen Sprache abgefasst sind.

<--

AN 19.1 Kurt Gödel (1906 - 1978), österreichisch-
us-amerikanischer Mathematiker und Logiker

an 19.2 Gehen Tiere auch logisch vor? Oder wenigstens vor-logisch?

<--

AO   Kleine und etwas größere Zahlen

AO 01   Über sein Fachgebiet sagte der deutsche Mathematiker Leopold Kronecker:

AO 02   „Die ganzen Zahlen hat der liebe Gott gemacht, alles andere ist Menschenwerk."

AO 03   Man könnte das so verstehen, dass diesem
Mathematiker noch die Eierschalen eines naiven
Gottesglaubens anhafteten.

AO 04   Wie die Menschen aber keinen Prometheus
brauchten, um sich das Feuer dienstbar zu machen,
kein höheres Wesen, das ihnen die Logik beibrach-
te, hat ihnen kein lieber Gott väterlich vorge-
zählt.

AO 05   Kennt die Natur Zahlen? Weiß eine Wiese,
wie viele Schafe auf ihr weiden?

AO 06   Der Mensch selbst hat nach und nach die
Zahlen als dienstbare Geister erfunden.

AO 07   Der gelehrige junge Midianitersklave hatte
bald gelernt, wie er abends auf erfreulich einfache Weise feststellen konnte, ob die auf 60 Schafe
angewachsene Schafherde seines israelitischen
Herrn wieder vollzählig versammelt war: durch Ab-
zählen.

AO 08   Der ehemalige Kriegsheld seinerseits über-
legte auch bei dieser Zahl wieder einmal zum Vergnügen, wie viele Kinder er haben müsste, um die
Herde gerecht verteilen zu können.

AO 09   Mit der nächsten Zahl 61 würde es wieder
besonders schlecht gehen. So wuchs seine Herde in
Gedanken viel schneller als in Wirklichkeit, er
destillierte dabei aus den natürlichen Zahlen den
Begriff Primzahl und fand voll Stolz einige recht
große Exemplare.

AO 10 Wie der Mathematiker Kronecker oben war er
aber ein praktisch denkender Mensch, der seine Familie und seine Geschäfte wegen der Primzahllieb-
haberei nicht vernachlässigte.

AO 11 Nun ist die Abfolge der natürlichen Zahlen
1, 2, 3, 4 usw. eigentlich einfacher gebaut als
die Regeln des Mensch-Ärgere-Dich-Nicht-Spiels.
Viele Aussagen über diese Zahlen sind auch leicht
zu begründen.

AO 12 Manche Aussagen sind schwerer zu beweisen
oder werden bis heute höchstens vermutet.

AO 13 Da den Menschen die Entwicklung von Logik
und Zahlen in hautnaher Auseinandersetzung mit der
Natur sozusagen unwillkürlich passiert ist, muss
es jedoch nicht verwundern, dass auch logische und
mathematische Weiterentwicklungen mit der Natur
kompatibel sind.

AO 14 Bei vielen Anwendungen nützlich, kann die
Mathematik aber auch den Spieltrieb der Menschen
herausfordern. Wenn Sie Lust haben, versuchen Sie
noch einmal eine kurze Zahlenfolge überzeugend
fortzusetzen: 0, 1, 4, ?

AO 15 Man könnte z. B. mit 15 fortsetzen: 0, 1,
4, 15; denn die hübsche Formel $x(x(x-2)+2)$ hat
für die Eingaben 0, 1, 2 und 3 nacheinander die
Antworten 0, 1, 4 und 15.

AO 16 Mit $(11x^3-31x^2+22x)/2$ wird die Folge 0, 1,
4, 42 erzeugt, wobei ja bekanntlich 42 die klare
galaktische Antwort auf eine leider spiralneblige
Frage darstellt.

AO 17 Sie können eigentlich die Folge 0, 1, 4 be-
liebig fortsetzen, sagen wir mit 7625597484987.
Auch diese Weiterführung ist begründbar.

AO 18 Kurz gesagt, es war nie eine sehr hochste-
hende Kunst, einfache bis verwickelte Zahlenzusam-

menhänge festzustellen oder auch zu konstruieren,
nachdem erst einmal die 1 erfunden war.

AO 19 Und schon sind sie da, die Rechenmärchener-
zähler, die z. B. aus der Cheopspyramide zunächst
Zahlen melken: Höhe und Breite des Bauwerks, die
Anzahl der übereinandergeschichteten Steinquader;
die äußerst bedenkenswerte Vierzahl (vier!) der
Seitenflächen, die in einem (einem!) ausdehnungs-
losen (!) Punkt gipfeln; usw.

AO 20 Befreit aufatmen ob der Lösung aller Pyra-
midenrätsel, überhaupt aller Rätsel, werden Sie
beim letzten Wort des Rechenmärchenerzählers, wenn
Sie die vorgebrachten Begründungen nicht sorgfäl-
tig genug durchdacht haben.

AO 21 Ist Ihre Erleichterung gerechtfertigt? Oder
sollten Sie genauer hinschauen und bedenken, was
Ihnen der Kirchenlehrer Irenäus von Lyon über die
Zahlenspielereien frommer Leute anderer Richtun-
gen, bei ihm Häretiker genannt, schreibt:

AO 22 „Wenn du, mein Lieber, diese durchgehst,
dann wirst du, wie ich wohl weiß, herzlich lachen
über diese sich weise dünkende Torheit."

AO 23 Bekehrt zu genauem Nachdenken und befreit
von falscher Erleichterung, lachen wir über uns
selbst - und auch über den törichten Kirchengauk-
ler Irenäus, der, wenn es um die Evangelien geht,
darauf besteht, dass es genau vier sein müssen,
nicht mehr und nicht weniger!

AO 24 Im Vorwort zu seiner Schrift „Was sind und
was sollen die Zahlen?" beschränkt sich der deutsche Mathematiker Richard Dedekind (1831 - 1916)
auf die Betrachtung der natürlichen Zahlen, weil
sich alle Erweiterungen des Zahlbegriffs ohne zusätzliche Annahmen auf diese zurückführen ließen.

AO 25 Er spricht auch aus, dass er den Zahlbegriff für gänzlich unabhängig von den Vorstellun-

gen und Anschauungen des Raumes und der Zeit hält. Er sei vielmehr ein unmittelbarer Ausfluss der reinen Denkgesetze.

AO 26 Auch der originelle Rudolf Steiner z. B. sah die Entwicklung der Mathematik völlig unabhängig von jeder äußeren Sinneserfahrung.

AO 27 Wie Sie wissen, bin ich aber sicher, Unterschiede erkennen zu können. Es muss nicht einmal ein Unterschied in meiner Außenwelt sein, etwa das vernehmliche Grummeln in Ihrem Magen. Es kann auch ein Krampf in meiner eigenen Wade sein, der mein Wohlbefinden plötzlich unterbricht.

AO 28 Ewiges Behagen würde wohl niemand veranlassen, für diesen glückseligen Zustand die Zahl Eins zu erfinden. Sobald es aber in Unwohlsein umschlägt, wird für mich das wünschenswerte Wohlbefinden zur Nummer Eins, das sich von meinem gegenwärtigen bedauerlichen Zustand, dem des Unwohlseins, abhebt.

AO 29 Immerhin ist es erwähnenswert, dass zur Bewusstwerdung der Zahl Eins zwei Irgendwasse benötigt wurden, die sich unterscheiden.

AO 30 Der Zahlbegriff und die Mathematik sind eben nicht unabhängig von jeder äußeren Sinneserfahrung gewonnen oder unmittelbar „reinen Denkgesetzen" entflossen. Nein, Zahlen und Mathematik sind ohne Sinneserfahrung gar nicht denkbar, so wenig wie auch „reine Denkgesetze" weltlos entstehen können, deswegen aber nicht als unrein bezeichnet werden sollten - das klingt so sündig.

AO 31 Aus den Sinnen abgeleitet, führt nun die Eins zuerst zu den natürlichen Zahlen, dann zu den ganzen, weiter zu den rationalen, den reellen, den komplexen Zahlen und darüber hinaus.

AO 32 Diese Zahlbereiche und ihre Struktur regen durchaus wieder, Mensch-Ärgere-Dich-Nicht-Spielen

136

ähnlich, unser Weiterdenken an, sind oft sogar zur Lösung weltlicher Probleme nützlich, z. B. den Mond mit einer Rakete zu treffen, oder statistisch den Ursachen von Magen- und Wadenkrämpfen auf die Spur zu kommen.

Anmerkungen zu Kapitel AO

AO 01.1 Leopold Kronecker (1823 - 1891)
<---

AO 02.1 Wenn man zu den natürlichen Zahlen die 0
hinzunimmt und die Zahlenfolge (sozusagen nach
links) in den negativen Bereich fortsetzt, entsteht die umfassendere Menge der ganzen Zahlen:
{...,-2,-1, 0, 1, 2, 3,...}.

AO 02.2 Der Ausspruch stammt aus einem Vortrag
Kroneckers bei der Berliner Naturforscher-Versamm-
lung 1886.
<---

AO 06.1 Da der Mensch ein Stück Natur ist, sind
Zahlen doch wieder mittelbar etwas Natürliches wie
in dieser Sichtweise beispielsweise auch ein Hammer. Es ist aber sicher eine sinnvolle Fallunter-
scheidung, menschliche Erfindungen getrennt von
Dingen zu untersuchen, die unabhängig von Menschen
da sind.
<---

AO 11.1 Zum Beispiel: Die Summe von zwei 13er-
Zahlen ist (ohne Rest) durch 13 teilbar.

AO 11.2 Oder: Die Summe von zwei ungeraden 13er-
Zahlen ist durch 26 teilbar.
<---

AO 12.1 Dass es unendlich viele Primzahlen gibt,
hat Euklid bewiesen. Aber niemand zeigte bisher,
dass es unendlich viele Paare von Primzahlen gibt,
deren Unterschied nur 2 beträgt, wie z. B. 11 und
13; oder 59 und 61; oder 4127 und 4129. Ein solches Zahlenpaar nennt man auch Primzahlzwilling.
<---

AO 13.1 Die Lösung einer Differenzialgleichung
beschreibt z. B. das Hin- und Herschwingen einer

Schaukel und ihr allmähliches Auspendeln gar nicht
so schlecht.
<--

AO 14.1 Vielleicht haben sie 9 gewählt; sie wollten damit wohl die Reihe der Quadratzahlen fortsetzen: $0*0 = 0$, $1*1 = 1$, $2*2 = 4$, $3*3 = 9$. Oder,
was auf dasselbe hinauskommt, mit 0 anfangen und
dann immer wieder die nächste ungerade Zahl addieren: 0, $0+1 = 1$, $1+3 = 4$, $4+5 = 9$.
<--

AO 16.1 Genaueres in „Per Anhalter durch die Ga-
laxis" vom britischen Schriftsteller Douglas Adams
(1952 - 2001)
<--

AO 17.1 Bekanntlich wird $7*7*7$ mit 7^3 (sprich
„7 hoch 3") abgekürzt. Für „Exponentialtürme", die
nach Konvention von oben her berechnet werden, etwa 7^{7^7}, könnte man analog die Abkürzung 7^3 ein-
führen, was vielleicht „7 mitte hoch 3" zu sprechen wäre. Mit dieser neuen Rechnungsart wird das
Addieren, das Multiplizieren, das Potenzieren auf
eine nächste Stufe - man könnte sie Popotenzieren
nennen - verallgemeinert. Damit wird jetzt die
Folge 0 plus 0, 1 mal 1, 2 hoch 2, 3 mitte hoch 3,
die wieder mit 0, 1 und 4 beginnt, aber neu endet,
erzeugt: $0+0 = 0$, $1*1 = 1$, $2^2 = 4$, $3^3 = 3^{3^3} = 3^{27} = 7625597484987$.
<--

AO 22.1 Irenäus von Lyon: Gegen die Häresien,
Buch I, Kapitel 16, 3
<--

AO 23.1 Irenäus von Lyon: Gegen die Häresien,
Buch III, Kapitel 11, 8
<---

AO 24.1 Richard Dedekind: Was sind und was sollen
die Zahlen. Vieweg, Braunschweig 1883
<---

AO 26.1 Längst erwachsen, schaut Steiner auf seine Entwicklung zurück und schreibt über sich als
etwa zehnjährigen Knaben (aus der in AJ 11.1 erwähnten rororo-Monografie):

AO 26.2 „Rein im Geiste etwas erfassen zu können,
das brachte mir ein inneres Glück. Ich weiß, dass
ich an der Geometrie das Glück zuerst kennenge-
lernt habe."

AO 26.3 „Denn die Wirklichkeit der geistigen Welt
war mir so gewiss wie die der sinnlichen."

AO 26.4 „Bei der Geometrie sagte ich mir, hier
darf man etwas wissen, was nur die Seele selbst
durch ihre eigene Kraft erlebt."
<---

Anmerkungen zu den
Anmerkungen zu Kapitel AO

AO 17.1.1 Da sich die Exponenten bis zum Mond und
weit darüber hinaus auftürmen könnten, musste ich
hier die Konvention, dass Exponenten kleiner ge-
druckt werden als die Basiszahl, zu Gunsten einer
anderen Notation aufgeben.

AO 17.1.2 Bei 7625597484987 endet etwa der Zahl-
bereich von Josef Ackermann (*1948), einst ein er-
volgreicher Schweizer Geldmann, und wir betreten
den des erfolgreichen deutschen Mathematikers Wilhelm Ackermann (1896 - 1962), der die Folge mit
der entsprechend gebildeten Zahl „4 links hoch 4"
fortsetzen würde, ein Ungetüm, das Myriaden von
Googolplexen wie Zwerge aussehen lässt.

AO 17.1.3 Wilhelm Ackermann machte sich Gedanken
über die Berechenbarkeit überhaupt.

AO 17.1.4 Nach Wikipedia hat ein Kind die Zahl
10^{100} (10 hoch 100) auf den Namen „Googol" getauft.
Der mathematische Onkel des Kindes hatte sich einen Namen für diese Zahl, eine 101-stellige Zahl,
bei der auf die Eins 100 Nullen folgen, gewünscht.

AO 17.1.5 Nicht nur „Google" ist ein Abkömmling
von „Googol", sondern auch die „Googolplexe", deren Folge so konstruiert ist:
1 Googol: = 10 hoch 100
1 Googol(1)plex: = 10 hoch 1 Googol
1 Googol(2)plex: = 10 hoch 1 Googol(1)plex
1 Googol(3)plex: = 10 hoch 1 Googol(2)plex
1 Googol(4)plex: = 10 hoch 1 Googol(3)plex
usw.
<----- ---

AP   Der Sprung ins Unendliche

AP 01 Die zur Schafzählung und anderen Aufgaben
nützliche Folge der natürlichen Zahlen hat nun eine Eigenschaft, die im täglichen Leben keine Rolle
spielt, die bei manchen Menschen aber trotzdem
Neugier weckte: Man kann sich vorstellen, dass die
Folge immer weiter und weiter geht.

AP 02 Wenn jemand behauptet, die größte Zahl zu
kennen, soll er sie Ihnen doch nennen! Sie zählen
eins dazu und erheben dann Einspruch mit dieser
größeren Zahl.

AP 03 Auf andere Erfahrungen mit einer mühsamen
Unendlichkeit sind sie vielleicht weniger neugierig: Bei einer schlecht geplanten Wanderung geht
unser müder Schritt über unendliche Wege ..., über
unendliche Stege ...

AP 04 Der Begriff der Unendlichkeit, der unwei-
gerlich in den natürlichen Zahlen steckt, vom Zah-
lenerfinder aber zunächst wohl gar nicht gesehen
wurde, stellte sich in unserer möglicherweise nur
endlichen Welt später durchaus als nützlich heraus.

AP 05 Im nahen Osten ging es dem einstigen
Kriegshelden aber vor allem um das Zählen seiner
Schafe, der schwerreichen Geldente Dagobert Duck
im fernen Westen um das Zählen von Talern, keinem
um die Unendlichkeit. Dem Erfinder des Mensch-Ärgere-Dich-Nicht-Spiels ging es ums Spielen und
nicht darum, dass es zu dem in AN 16.1 beschriebenen Spielstand kommen kann.

AP 06 Das Mensch-Ärgere-Dich-Nicht-Spiel hat wohl
keine bemerkenswerten Berührungspunkte mit der Unendlichkeit, aber es sind andere Überlegungen möglich, die einen ausgefuchsten Spieler nicht zu
kümmern brauchen. Man könnte z. B. die Zahl der
regelkonformen Spielstellungen herausfinden, die
bei zwei - sich diagonal gegenüberstehenden -

Spielern nach Abschluss eines Zugs entstehen können.

AP 07 Oder: Finden sie mit zwei solchen Spielern
eine Stellung, die unmöglich ist! Gibt es Dutzende, Hunderte oder Tausende solcher Stellungen?

AP 08 Das Mensch-Ärgere-Dich-Nicht-Spiel kann vom
Erfinder völlig unerwartete Fragestellungen her-
vorbringen. Die natürlichen Zahlen, zum Zählen erfunden, können einem nachdenklichen Menschen die
Unendlichkeit nahelegen. Mit einer Sichel können
außer Gras auch göttliche Glieder abgeschnitten
werden.

AP 09 Fraglos gibt es den Begriff „Wolpertinger",
obwohl es keinen leibhaftigen Wolpertinger gibt.
Ähnlich gibt es schon viel länger den Begriff „Unendlichkeit", was aber nicht bedeutet, dass es in
der Welt irgendwo eine leibhaftige Unendlichkeit
geben muss.

AP 10 Wenn der Mensch aber erst einmal den Braten
gerochen hat, sieht er als Meister der Hochrechnung überall die Hitzeschwaden der Unendlichkeit
hochsteigen. Immer höher, unendlich hoch. Ein einziges unendlich langes Spaghetto als Beilage könnte die ganze Menschheit unendlich lang ernähren,
überlegt er dann auch. Wow!

AP 11 Meine angenehme Zimmertemperatur rechne ich
über Sauna, Sonnenoberfläche und Hölle nach rechts
ins Unendliche hoch. Nach links über kalt, arsch-
kalt, Tiefkühltruhe und flüssigen Wasserstoff ins
negativ Unendliche hinunter.

AP 12 Oder müsste ich vom heutigen Stand aus nach
oben etwa doch bei der Planck-Temperatur aufgeben,
nach unten beim absoluten Nullpunkt?

AP 13 Dann versuche ich es eben mit der Geschwindigkeit. Wenigstens Richtung positiv unendlich
sortiere ich: die Schnecke, die Schildkröte, Sie,

der fußschnelle Achilles, der Schall, die Gewehr-
kugel, die schon getroffen hat, bevor der Knall
ankommt, das Licht; na ja, jetzt werde ich doch
wieder ausgebremst!

AP 14 Unendlich böse Menschen und unendlich gute
Menschen scheint es auch nicht zu geben: Ganz weit
links immerhin stehen Stalin und Hitler, ganz weit
rechts die Heiligen Bernhard von Clairvaux und
Franz von Assisi. Sie und ich, wir sind wohl irgendwo dazwischen.

AP 15 Stellen Sie sich vor, wir stehen hier mit
Milliarden anderen Menschen vor dem Jüngsten Ge-
richt, aufgereiht und angeordnet nach unserem SQ
(Sündenquotient). Der Zufall will es, dass wir
beide wegen unserer kaum unterschiedlichen Sündhaftigkeit direkt nebeneinanderstehen. Und genau
zwischen uns verläuft die Grenze: Die links davon
holt alle der Teufel in sein unendliches Höllenfeuer, die rechts ziehen, Hosianna singend, letztendlich in den Himmel ein.

AP 16 Nach der göttlichen Gerichtssitzung hätte
ich doch gern mal mit Ihnen über das und jenes
diskutiert - schade!

AP 17 Betrachten wir Eigenschaften, die verschie-
den stark ausgeprägt sein können: Wenn bei jeder
die Stärke ihres Ausprägungsgrads nach unten und
oben beschränkt ist, gibt es bei keiner dieser Eigenschaften wirkliche Unendlichkeit.

AP 18 Aber der Mensch! Der Hochrechner! Der
Höchstrechner! Ihm schwebt ein unendlich gutes We-
sen vor, das er ohne Rücksicht auf jede Art von
Logik nach und nach auch noch mit anderen grenzen-
los einzigartigen Wesenszügen ausstattet, z. B.
Allwissenheit und Allmacht.

AP 19 Dieses Wesen sei also jetzt vom Menschen
erschaffen. Es reibt sich die Augen und sagt:
„Ichbinda".

AP 20 Der allwissende, allgütige und allmächtige
Ichbinda wusste natürlich um die Todesangst der
jungen Midianitermutter und die Angst ihres Kindes, bevor der israelitische Kampftrottel sie auf
Befehl seines mordsüchtigen alttestamentarischen
Bibelgottes - der bekannte Kollege von Ichbinda -
abtat.

AP 21 Ichbinda hat das dennoch zugelassen, denn
er kann seine Allgüte ja allmächtig dadurch zeigen, dass er Schmerz und Verzweiflung von Mutter
und Kind mehr als ausgleicht, wenn sie dereinst in
das Leben der zukünftigen Welt, in den himmlischen
Europapark, eingegangen sind. Mit ein paar Choco-
Leibniz-Keksen ist es allerdings nicht getan, aber
der Park am westlichen Rande des Schwarzwalds wird
das bissel Schlitzen bald aufwiegen.

AP 22 Ein allwissender Gott weiß sich zu helfen;
die Allmacht verschafft ihm sogar jedes Mittel dazu; in seiner Allgüte wird er auch darauf verzichten, Philosophen damit zu belästigen, sich mit
seiner Verteidigung abquälen zu müssen. Das ist ja
auch gar nicht nötig, denn er kann jeden irdischen
Wespenstich mit der Erfüllung himmlischer Wünsche
mehr als wettmachen.

AP 23 Zuvorkommende Philosophen haben die Allerbarmer trotzdem zu rechtfertigen versucht. Wer da
nicht mehr mitmachte, weil Wespenstiche zu Erdbeben, Genoziden, Tsunamis oder persönlichen Schick-
salsschlägen und Hiobsbotschaften wurden, ließ
schmerzerfüllt vom Glauben ab und griff zu Voltai-
ren, einem bitteren Scherzmittel.

AP 24 Der Glaube derer, die als Selbstmordatten-
täter im Supermarkt, Kanonenfutterabteilung, ihren
Gott in aufopferndem Heldentum verteidigen, wird
jedoch schlagartig, endgültig und bis in alle Einzelteile beendet.

AP 25 Es ist nicht mehr als ein (für manche töd-
liches) Spiel, wenn mit einer von Menschen entwi-

ckelten Logik an einem von Menschen erschaffenen
Gott, der sich, wie behauptet wird, irgendwann
einmal auserwählten Menschen offenbart haben soll,
herumtheologelt wird.

AP 26   Vor allen anderen sollte doch dem Sünder
ein wohlmeinendes persönliches Wort seines leibhaftigen Gottes zuteilwerden – und zwar gerade
dann, wenn der Verblendete besonders „verstockt"
ist. Diese Möglichkeit scheint aber eine unter-
gründige Geistesverwandtschaft von Gotteskundlern
verschiedenster Weltglaubensrichtungen auszu-
schließen, was nicht gerade für die Allmächtigkei-
ten von Jahwe, Vater-Sohn-Geist, Allah usw.
spricht.

AP 27   Wenn Ihnen ein Mensch – oder gar ein Buch?
– Gott offenbaren will, sagen Sie ihm doch, dass
Gott das vermutlich selber wesentlich besser kön-
nen wird.

AP 28   Ichbindannmalweg

Anmerkungen zu Kapitel AP

AP 03.1 Mit dem Weg als Strecke, die immer länger und länger wird, kommt nebenbei die Geometrie ins Spiel.

AP 03.2 Vom drohenden ewigen Höllenfeuer (oder dem Spucknapf Gottes?) für laue Christen ganz abgesehen! Aus der Geheimen Offenbarung des Johannes, Kapitel 3, Vers 16 (Wort des Herrn): „Weil du aber lau bist und weder kalt noch warm, werde ich dich ausspeien aus meinem Munde."
<---

AP 07.1 Nach Abschluss eines Zuges ist der linke Spielstand unmöglich. Denn entweder Schwarz oder Grün hätte seine Figur noch vom Startfeld weiterziehen müssen. Der rechte Stand ist jedoch möglich: Grün hatte eine Sechs, durfte mit der darauf folgenden Fünf aber nicht vom Startfeld weg, da fünf voraus ein eigener Stein saß, der jetzt dafür fünf weiter vorne sitzt, wo er hinziehen musste; und bei Schwarz war es gerade eben mit einer Sechs und einer Eins ganz ähnlich.

```
O O      O O X     O X     O O      O O X      O O
O O      O O O     X X     O O      O O O      X X
         O O O                      O O O
         O O O                      O O O
O O O O O O O O O O O     O O O O O O O O O O O
O O O O O   O O O O O     O O O O O   O O O O O
O O O O O O O O O O O     O O O O O X O O O O O X
         O O O                      O O O
         O O O                      X O O
O X      O O O     O O     O O      O O O      O O
X X      X O O     O O     O X      X O O      O O
```

AP 07.2 Für kaum einen Praktiker ist es eine Überlegung wert, wie viel eigene Züge er mindestens bräuchte, um schnellstens zu gewinnen. Kann er bei bestmöglichen Würfelergebnissen seine vier Männchen in einem einzigen Zug aus der Anfangsaufstellung in die Endstellung bringen? Schafft er es in zwei Zügen (Sie dürfen sich vorstellen, dass dem Würfler hintereinander so viel Sechser gelingen, wie er sich nur wünscht)?

<---

AP 12.1 Max Planck (1858 - 1947), deutscher Physiker

<---

AP 13.1 Kopfschwangerschaften brachten auch hier schon gegenteilige Ansichten zur Welt: Zum Beispiel erlogelte der altgriechische Philosoph Empedokles (um -495 bis um -435) eine endliche, Descartes eine unendliche Lichtgeschwindigkeit. Erst die Verzahnung von Fragen an die Natur, die in ergebnisoffenen, geschickt ausgedachten Versuchen bestanden, mit Überlegungen, die die Versuchsergebnisse mit anderen Erkenntnissen verknüpften, hat die endliche Lichtgeschwindigkeit mit großer Wahrscheinlichkeit zur höchsten Geschwindigkeit gemacht.

<---

AP 14.1 Oder würde der Weltenrichter den heiligen Kriegshetzprediger und Schreibpulttäter Bernhard von Clairvaux doch weiter links einsortieren, da der fromme Mann für die Reinigung des Heiligen Landes von ungläubigen Untermenschen, von Schmutz eben, den christlichen Mördern Sündenablass und Himmel versprochen hatte?

AP 14.2 Josef Stalin, bis zu seinem Tod 1953 Diktator der Sowjetunion

<---

AP 17.1 Ein trockenes oder mit Wasser einigermaßen gleichmäßig durchsetztes Badetuch kann auf einer verbalen linearen Skala als staubtrocken, trocken, feucht, nass oder klatschnass beschrieben werden, wobei auch Zwischengrade ausdrückbar sind.

AP 17.2 Während beim Nassheitsgrad alle Stufen möglich sind, gibt es in bestimmten Anwendungen

keine Halb- oder Viertelswahrheiten: Eine Aussage
ist entweder wahr oder falsch. Umgangssprachlich
darf man aber grau für unser Volk sehen, wenn auf
jeden Halbtoten nicht bald wieder eine Frau kommt,
die ein bisschen schwanger ist.

AP 17.3 Geschmacksempfindungen sind anscheinend
nicht mehr zwischen nur zwei Polen, z. B. zwischen
völlig salzlos und pursalzig, einzuordnen. Es
kommt noch dazu, wie süß, wie bitter, wie sauer
die Gemüsesuppe schmeckt, wenn das überhaupt aus-
reicht.

AP 17.4 Zwischen den Polen gelb und rot gibt es
eine kontinuierliche Palette, aber nur von Orange-
tönen. Um andere Farben darzustellen, ist z. B.
noch blau erforderlich. Wenn man weiß und schwarz
dazunimmt, kann man jedem Punkt der Ebene seine
eigene Farbe geben, was die Farbeigenschaft in ein
ganz anderes, zweidimensionales oder wenigstens
nicht mehr lineares Licht rückt.

AP 17.5 Bei Geschmack und Farbsehen zeigt sich,
dass unsere kreative Sprache ansatzweise andere
Mittel zur Weltbeschreibung verfügbar macht; nicht
nur langweilige lineare Begriffsbildungen wie ohn-
mächtig, bisschenmächtig, mächtig, übermächtig,
allmächtig.
<---

AP 18.1 Nichts gegen eine Hochrechnung! Im Gegensatz zum dümmlichen Horoskopaberglauben rechnet
sie hier (etwas naiv) ein immerhin diskutierbares,
vielleicht hilfreiches Überwesen herbei, das aber
leider unter die Deutungshoheit eigensüchtiger ge-
sellschaftlicher Gruppierungen und ihre Obergrup-
penführer verkam. Ansonsten kann eine kluge Hochrechnung manche Planung viel besser unterstützen
als z. B. ein Seher.

AP 18.2 Im landläufigen Sinn riecht Allwissenheit
übrigens nach Unendlichkeit. Manchmal mag uns der
Geruch aber täuschen: In einer endlichen Welt gäbe

es nur endlich viel Wissen, und wer das hätte, wäre dort allwissend.
<--

AP 21.1 Der Bibelgott und Ichbinda sind Kollegen: Der eine Gott hackt dem andern wohl kaum ein Auge aus. - Doch Moment! Seid lieber auf der Hut vor euresgleichen, ihr Götter: Hat doch Gottsohn Kronos seinem Gottvater Uranos noch was ganz Anderes abgehackt!
<--

AP 23.1 Hätte der Glaubensabtrünnige doch noch einmal zur Bibel gegriffen, wo es bei Paulus im Römerbrief (Kapitel 8, Vers 18) heißt:

AP 23.2 „Ich bin überzeugt, dass die Leiden der gegenwärtigen Zeit nichts bedeuten im Vergleich zu der Herrlichkeit, die an uns offenbar werden soll."

AP 23.3 Auch der Gottesrechtfertiger Gottfried Wilhelm Leibniz hätte sich mit dieser Stelle viele Worte zur Rechtfertigung Gottes sparen können.
<--

Anmerkungen zu den
Anmerkungen zu Kapitel AP

AP 17.1.1 Häufig schwelgen gerade Mitmenschen,
denen der Umgang mit schnöden Zahlen unangenehm
ist, im schwammigen Unendlichkeitsparadies. Trotzdem ist z. B. die katholische Kirche, deren Mit-
glieder oft als Säuglinge zwangsrekrutiert oder
später mit anderen Mitteln überzeugt wurden („Paris ist eine Messe wert!") handfest mathematisch
linear gegliedert, wobei Frauen nur in den unters-
ten Rängen anzutreffen sind.

AP 17.1.2 In diesem Fall heißt die lineare Ordnung jedoch Hierarchie, die bis in die Wortwahl
bei der Anrede gegliedert ist, wenn es über die
gemeinen, im Herrn geliebten Schäfchen hinausgeht:
wohlehrwürdiger Herr Subdiakon, hochehrwürdiger
Herr Diakon, hochwürdiger Herr Pfarrer, hochwür-
digster Herr Prälat, Euer Exzellenz (Herr Bischof), Euer Eminenz (Herr Kardinal), Euer Heilig-
keit (Herr Papst).

AP 17.1.3 Ich füge noch Feinunterscheidungen bei
den Kardinälen, ebenso aufsteigend sortiert, an:
Kardinaldiakon, Kardinalprotodiakon, Kardinal-
priester, Kardinalprotopriester, Kardinalbischof,
Kardinaldekan.

AP 17.1.4 Beim Ersten Vatikanischen Konzil ist
der Papst 1870 als Lehrer aller Christen zur öffentlichen Unfehlbarkeit in Glaubens- und Sitten-
fragen aufgestiegen. Reicht es nicht, dass Gott
unfehlbar ist? Wann wird sich der Papst, der „Men-
schenfischer", fragen: „Kann ick nich ook de Sünn
upgaan laten?" Aber dieser Wunsch scheitert wohl
an der Wirklichkeit, während spirituelle Spekulationen, die einer praktischen Überprüfung nicht
bedürfen, ihr nicht einmal zugänglich sind, immer
ihr bejahendes Publikum finden.
<--

AP 17.4.1 Auf diese Art sind zweidimensionale Darstellungen von Funktionen einer komplexen Veränderlichen möglich.
<--

AP 23.1.1 Paulus von Tarsus ist ein einflussreicher früher Gestalter des Christentums, ein Heiliger der katholischen und anderer Kirchen, der Jesus wohl nie begegnet ist. Die Paulusbriefe (wenigstens die als echt anerkannten) gelten als die ältesten Schriften des Neuen Testaments.
<--

AP 23.3.1 Der deutsche Philosoph Gottfried Wilhelm Leibniz (1646 - 1716) war auch Mathematiker, Historiker und überhaupt ein Mensch, dessen Interesse vor kaum etwas halt machte.
<--

AQ   Vom Zählen zum Beten

AQ 01 Wir, die wir einst in einer gemütlich endlichen Welt heimisch waren, bleiben nun mit dem
Begriff „unendlich", der wohl aus dem üblichen
Zählen und Rechnen und der alltäglichen Geometrie
geboren wurde, zurück.

AQ 02 Auch unsere überkommene Logik verleitete
die gewohnheitsmäßigen Neinsager unter uns dazu,
der mit Händen zu greifenden Endlichkeit versuchsweise das „Un-" voranzusetzen.

AQ 03 Nach der Geburt des Begriffs „Unendlichkeit" konnten natürlich nicht nur die unsterblichen, allgütigen, allwissenden und allmächtigen
Ichbindas gedacht werden. Man kann auch andere
Strömungen feststellen:

AQ 04 „Unendlich" - als Begriff! - ist in manchen
Zusammenhängen brauchbar, führt dort auch nicht zu
Widersprüchen. Vorsicht ist immer geboten, wenn
der Benützer des Begriffs von einer tatsächlichen
Unendlichkeit ausgeht. Dabei auf ein Paradox zu
stoßen, kann aber fruchtbare Gedanken auslösen,
die vielleicht nach langen Zeiten gedanklicher
Hilflosigkeit doch noch weiterführen.

AQ 05 Oder es wird bis auf Weiteres offengelas-
sen, ob in der Welt Unendliches vorkommt.

AQ 06 Oder Unendliches wird mit Endlichem vermischt: Zum Beispiel ist der donnernde Wolken-
schieber Zeus zwar unsterblich, dagegen nicht all-
klug, da ihm der erfindungsreiche, aber doch
menschlich endliche Odysseus an Klugheit ebenbür-
tig ist.

AQ 07 Oder der Begriff „unendlich" wird von seiner weltlichen Herkunft abgekoppelt, also weltlos
gemacht, und mit unterschiedlichen Nebelbehauptun-
gen zu einem schwelgerischen Scheinleben erweckt.

AQ 08 Des einen Gottes heilige Eiche wird vom
Priester des anderen gefällt, was zwangsläufig zu
unnützem Gezänk führt. Notfalls werden auch heilige Heere gegeneinander geführt.

AQ 09 So ist seit Jahrtausenden der jeweils letzte Gott bei seinen Anhängern der hehrste, was sich
auf Altgläubige und deren altallmächtige Wolken-
schieber oft verheerend auswirkte und noch aus-
wirkt.

AQ 10 Oder, oder, oder ...

AQ 11 Alle möglichen beeindruckenden Naturereig-
nisse und Naturerscheinungen - Gewitter, Wirbel-
stürme, das aufgewühlte Meer, Erdbeben, Vulkanaus-
brüche, Vulkane, sonstige auffallende Berge - werden aufgeboten, um Götter und Göttertaten zu ver-
körpern oder zu versinnbildlichen.

AQ 12 Die Sinnbilder sind zwar immer von endli-
cher Dauer oder Größe, aber in unsrer relativen
Kleinheit fürchten wir uns zusammen mit Majestix
doch ein bisschen davor, dass uns der Himmel, die
Sonne eingeschlossen, auf den Kopf fällt.

AQ 13 Die Furcht ist verständlich, da Majestix
eine Masse von 200 Kilogramm haben mag, die Sonne
aber eine von etwa 2 Millionen Yottagramm. Aber
auch mit dieser Zahl lässt sich gegen den mathematischen Unendlichkeitsbegriff kaum Eindruck machen.

AQ 14 Auch scheint der Aufbau der Sonne nicht unendlich kompliziert zu sein, vielleicht ähnlich
verwickelt wie der eines Autos, eines Computers
oder eines Kometen.

AQ 15 Dennoch beeinflussen himmlische Objekte oft
das Denken abergläubischer Menschen, vor allem
wenn sie glauben, unsichere Kenntnisse in der Ast-
ronomie, der Weltkunde überhaupt, durch vermeintlich kenntnisreiche überweltliche Spekulationen

ausgleichen zu können. So hielt ein Doktor der Theologie das Auftauchen des Halleyschen Kometen im Jahr 1531 für bedenklich und nichts Gutes verheißend.

AQ 16 Die Sonne jedoch ist kein obdachlos umherschweifender Vagabund, sie ist sehr groß, sehr hell und sehr heiß, was für das Leben auf Erden wichtig ist. Genauso wichtig ist aber ihre Verlässlichkeit. Jedem, der folgerichtig nachdenkt, wird klar, dass schwarze Nacht und ein alles tötender Winter hereinbräche, wenn jemand die Sonne ausknipst.

AQ 17 Die leibhaftige endliche Sonne kann natürlich nichts dafür, wenn sie als Verkörperung oder Symbol für ungreifbare unendliche Popanze herhalten muss, wie es in ihrer jüngsten Geschichte verschiedentlich geschah:

AQ 18 Sie war Verkörperung oder Symbol für den sumerischen Gott Utu; für die ägyptischen Götter Re, Amun und Aton; den griechischen Gott Helios; den römischen Sol; den germanischen Balder; den ins Zeitgenössische reichenden christlichen Gott; den noch jüngeren Allah; den aztekischen Herzschnittmacher Huitzilopochtli; den, heute wieder aufgewärmten, Gott Hunab Ku einer esoterischen Maya-Gesellschaft; usw.

AQ 19 Zwangsgetauft oder auch nur mariniert im umgebenden Christentum, ist uns Abendländern z. B. der sogenannte Sonnengesang des Franz von Assisi verständlich, wo der gutwillige Heilige zu Beginn Gott durch die Sonne preist:

AQ 20 „Gelobt seist du, mein Herr, durch all deine Geschöpfe, vor allem aber durch Herrn Bruder Sonne, der uns den Tag schenkt und leuchtet durch sein Licht. Und schön ist er, voll Strahlenglanz, von dir, Höchster, trägt er das Gleichnisbild."

AQ 21 Einerseits wird hier die Sonne in ansprechender Weise als Geschöpf, als Abglanz Gottes ausgegeben. Ursprünglich war sie aber umgekehrt eine der gewaltigen, aber endlichen, Gebärmütter, aus denen machtbesessene Volksverdummer zweifelhafte Götter kriechen ließen - die eine göttliche Ausgeburt unendlicher als die andere.

AQ 22 Andererseits bezeichnet Franz die Sonne als Bruder. Überhaupt waren seine Zuneigung zu den Mitwesen und sein Hang zur Armut so stark ausgeprägt, dass er Schwierigkeiten mit dem kirchlichen Lehramt bekam, sich aber letzten Endes in seiner Nische der Mitmenschlichkeit einrichten konnte.

AQ 23 Im selben Gedicht bringt uns Franz nicht nur die gewaltige Sonne als Bruder nahe. Er freut sich auch über kleinere Dinge: die bunten Blumen, die Kräuter und die vielgestaltigen Früchte, die Schwester Erde hervorbringt; er freut sich über Wolken und heiteres Wetter, ja, er lässt sich im selben Atemzug dazu hinreißen, seine Freude über fast jedes Wetter auszudehnen!

AQ 24 Ob Franz auch ohne seinen Hilfsgott Gefallen an der Welt, seiner unmittelbaren Heimat, gefunden hätte?

AQ 25 Als bibeltreuer Jesusnachfolger verkündet Franz gegen Ende des Gebets allen duldsamen Frommen das himmlische Zuckerbrot, den schweren Sündern, die nicht bereuen, aber auch die höllische Peitsche.

AQ 26 Vorlage dafür ist etwa die Bergpredigt Jesu, diese zum Teil übertriebenen, trotzdem leicht verständlichen und ersichtlich - oder wenigstens erfühlt - gut gemeinten Revoluzzersätze, die allerdings durch Drohungen mit der strafenden Gerechtigkeit Gottes versalzen sind, was Franz unhinterfragt übernimmt.

AQ 27 Bei Franz ist die Vermutung möglich, dass ihm aus lauter kindlicher Liebe zum anerzogenen Gott der Mund übergeht. Er hat keine Hintergedanken, er bezweckt nichts. Er verherrlicht seinen Gott, er lobt, preist und ehrt ihn und dankt ihm - nicht in großer Devotion, sondern - in großer Demut.

AQ 28 Viele andere Beter und Gebete hofieren aber ihren Gott in der Hoffnung, das Erbetete zu empfangen. Wie beim Hufeisen, das der Abergläubische über seine Haustür genagelt hat, wird das Erwünschte manchmal eintreten, manchmal nicht. Bei Misserfolgen wird vom hoffnungsfrohen Beter aus Wunschdenken, Unvernunft und falscher Einschätzung von Wahrscheinlichkeiten oft ein neues, erfolgversprechenderes Gebetsritual gemixt.

AQ 29 ... Danke, in Dankbarkeit, vielen Dank, Danksagung, aus Dankbarkeit, Dank dem hl. Klemens ... und Ähnliches steht z. B. auf den paar Dutzend Votivtafeln in der Redemptoristenkirche Maria am Gestade in Wien, 1. Bezirk, die wohl von Leuten gestiftet wurden, deren Bitten Klemens Maria Hofbauer, ein katholischer Heiliger, mit Erfolg an den katholischen Gott weitergeleitet hatte.

AQ 30 Jeder nicht erhörte Beter hat sich wenigstens ein Täfelchen erspart, denn was hätte er auch darauf einmeißeln lassen sollen? Ein durch die Anfangsbuchstaben abgekürztes, da billigeres: „Für Unsern Christlichen Klemens"? Endabrechnung: kein einziger Beleg für einen Gebetsmisserfolg!

AQ 31 Dass die nützliche Kopfgeburt „zählen" zur nützlichen Kopfgeburt „unendlich" führte, war unabwendbar. Aber mit diesem letzteren Begriff menschliche Eigenschaften ins Grenzenlose aufzublasen, dann mit den widerspruchsvollen, abwegig aufgebauschten Attributen ein unfassbares männliches Wesen auszustatten, um dieses schließlich, den Gutmenschen Tränen entlockend, als liebevoll leidende Leitfigur ans Kreuz genagelt, ins Erdreich zu rammen, kann nur einen sentimentalen Untertanengeist fördern, kann nur den Initiatoren, den Machthabern, ihren Schranzen und Söldnern nützlich sein.

AQ 32 Glaubt der Homo sapiens aber erst an irgendeinen Allmächtigen und Allsonstigen, wird er ihm auch seine Wünsche vortragen, das heißt, zu ihm beten. Das Gebet wird manchmal in Erfüllung gehen, manchmal nicht, aber Allmächtige sind, wie ihm von Gotteskundlern wiederholt erklärt wird, mal mehr, mal weniger, aber immer ziemlich unerforschlich. Und sowieso ganz Andere.

AQ 33 Ein Strang führt also vom hilfreichen Zählen zum nutzlosen Beten, zum devoten Anbetteln eines allmächtigen Gottes, der ohne Verlust durch ein über die Tür genageltes Hufeisen ersetzt werden könnte, was man aber aus Sicherheitsgründen auch unterlassen sollte.

AQ 34 Wer sind die Glaubenmacher, die fälschlicherweise endliche Naturgewalten, endliche, wenn auch großartige Berge, endliche, wenn auch spektakuläre kosmische Erscheinungen usw. mit ihren Göttern verknüpft haben, denen sie verantwortungslos das Etikett unendlich aufgeklebt hatten? Der Begriff „unendlich" wird dadurch nicht geheiligt, nicht geehrt, nicht verehrt, nicht verhehrt, sondern verheert und seine Herkunft verschleiert.

AQ 35 Wer gern ins begrifflich „Unendliche" abhebt, mag sich mit den unendlich vielen, unterschiedlich umfangreichen Unendlichkeiten der mathematischen Mengenlehre beschäftigen. Auch damit wird sich ja ein Möchtegern-Platoniker den Eintritt in Platons Akademie verdienen können.

AQ 36 Aber das Unendliche sollte von heiligen Popanzen gesäubert werden. Offene Weite - nichts von heilig!

162

Anmerkungen zu Kapitel AQ

AQ 04.1 Verknüpft man den Begriff „unendlich",
der ja über das Feststellen von Unterschieden und
die Möglichkeit, immer weiter zählen zu können,
indirekt aus der Welt gewonnen wurde, wieder mit
der Welt, kommt man leicht ins Schleudern: Kann
der fußschnelle Achill Sie, die Sie nur halb so
schnell sind, jemals einholen, wenn Sie einen Vorsprung von 1024 Metern erhalten? Bis Achill nämlich dort ist, wo sie gestartet waren, sind Sie
bereits 512 Meter weiter; Sie werden immer - unendlich oft - schon weiter sein, wenn Achill dort
ankommt, wo sie eben waren.
<--

AQ 05.1 Hier passt dazu, dass der Physiker Albert
Einstein (1879 - 1955) die Meinung geäußert haben
soll, Unendlichkeit komme möglicherweise einzig
der menschlichen Dummheit zu. Gar nicht so undumm,
wer das nur für ein nichtssagendes Späßchen hält!
<--

AQ 06.1 Zeus weiß auch nicht alles: siehe z. B.
in Homers Ilias, Zweiter Gesang, Vers 169.

AQ 06.2 Odysseus' Gier nach Unsterblichkeit übrigens, die manch anderen am Angelhaken einer allein
seligmachenden Religion zappeln lässt, ist nicht
so ausgeprägt, dass er dafür auf den Tag der Heim-
kehr verzichten würde. In Homers Odyssee, Fünfter
Gesang, Verse 203 - 220, verspricht ihm die Nymphe
Kalypso Unsterblichkeit, wenn er bei ihr bliebe,
was er aber ausschlägt, weil er nach Ithaka und zu
Penelope, seiner Frau, zurückwill. Das schließt
die Verse 225-227 nicht aus:

AQ 06.3 „Als er (zur Nymphe Kalypso) gesprochen
hatte, ging die Sonne unter und die Dämmrung brach
herein. Sie gingen zur Ruhe aufs Lager in der ge-
wölbten Grotte, freuten sich am Liebesgenuss und
schliefen nebeneinander."
<--

AQ 07.1 Das Wort „ewig" und seine Abkömmlinge
kommen im katholischen Katechismus z. B. über 200
Mal vor. Solcher Wörter erhabenes Reich ist nicht
mehr von dieser Welt.
<--

AQ 08.1 Laut dem katholischen Lehramt sind die
Juden Ungläubige, für deren Erleuchtung gebetet
werden darf, damit sie letztendlich Jesus Christus
als Retter aller Menschen anerkennen. Der Koran
nennt Christen Ungläubige, da sie Jesus Christus,
Allah lästernd, zur göttlichen Person erklären.
Ein einzelner Gläubiger des einen Glaubens wird
sich in einer Gruppe Andersgläubiger wohl selten
wohlfühlen.
<--

AQ 13.1 Ein Yottagramm sind 1000 Zettagramm. Ein
Zettagramm sind wiederum 1000 Exagramm, 1 Exagramm
sind 1000 Petagramm, 1 Petagramm 1000 Teragramm, 1
Teragramm 1000 Gigagramm, 1 Gigagramm 1000 Megagramm, 1 Megagramm 1000 Kilogramm, 1 Kilogramm
1000 Gramm.
<--

AQ 15.1 Martin Luther in Briefen an die Theologen
Wenzeslaus Linck und Georg Burkhardt Spalatin
<--

AQ 18.1 Die endliche Sonne wird wohl alle unsterblichen Götter überleben.
<--

AQ 20.1 Nebenbei: Bei den Römern war Sol, die lateinische Sonne, männlich, was sich bei den Itali-
enern - „O sole mio!" - nicht änderte.
<--

AQ 22.1 Heiligenfürsprache: Bei Franz scheint in
der Wortwahl eine unmittelbare brüderliche Gesinnung auf, während ein „wohlmeinender" Inquisitor
seine Liebe zum abtrünnigen Bruder, der ja bloß
ein mittelbarer „Bruder in Christus" war, dadurch

zeigen konnte, dass er ihn, dem wichtigeren See-
lenheil zuliebe, den reinigenden Flammen übergab.
<--

AQ 24.1 Es ist kaum vorstellbar, dass er verroht
oder depressiv geworden wäre. Vielleicht hätte er
nicht in Gutmenschenart nur die positiven Seiten
der Natur aufgezeigt und in Schlechtmenschenart
später den Teufel an die Wand gemalt, sondern sich
um ein rationaleres Weltverständnis bemüht, das
mit vernünftigen Argumenten sein brüderliches Verhalten erklärt hätte, eine zuverlässige Brüder-
lichkeit, die nicht auf die Unterstützung durch
eine Gotteskrücke angewiesen ist.

AQ 24.2 Das Gefallen an unserer Weltheimat besteht ja auch darin, dass es so viel in ihr zu
entdecken gibt. Der ganze Mensch, also auch seine
Rationalität, ist zum umfassenden Verständnis eines Phänomens erforderlich. Zweifellos ist es ein
Merkmal der Wissenschaft, rational vorzugehen, was
jedoch manchen peinlich denkfaulen Ewigkeitsschwa-
droneur die Wissenschaftler als eher gefühlsarme
Rationalisten abstempeln lässt.
<--

AQ 26.1 Evangelium nach Matthäus, Kapitel 5 bis 7
<--

AQ 27.1 Oder will er als einer, der Krankheit und
Trübsal friedlich ertragen und Bosheiten der Mit-
menschen um Gottes Willen verziehen hat, vom
Höchsten dereinst gekrönt werden?
<--

AQ 28.1 Erschwerend kommt hinzu, dass des Beters
oder Wünschers Ausgangslage oft unübersichtlicher
ist als die eines Kandidaten, der mit - vermeint-
licher? - Hilfe des Quizmasters bloß diejenige Tür
von dreien erraten soll, hinter der ihn eine hübsche Ziege als Gewinn erwartet, während ihm hinter
den beiden anderen Türen jeweils eine Hauptrolle
in einem Autodafé droht.

AQ 28.2 Bevor Sie jedoch vor lauter verunsicherter Denkfähigkeit in den Nebel des Aberglaubens kriechen und in die, die diesem Aberglauben das orakelhafte Wort reden, atmen sie tief Demokrits Fragment 119 ein:

AQ 28.3 „Die Menschen machen sich vom Zufall eine Vorstellung, die ihnen als Ausrede für ihre Denkfaulheit dient. Eigentlich gerät aber der Zufall selten in Widerspruch zum Verstand und das Meiste im Leben lässt sich durch einsichtigen Scharfblick regeln."
<---

AQ 29.1 Klemens Maria Hofbauer (1751 -1820) war katholischer Priester und ist Stadtpatron von Wien.
<---

AQ 30.1 Der eine oder andere heutige Theologe wird den Kopf schütteln, wenn man den Erfolg von Gebeten mit Zahlen angeben wollte. Der Kirchen-Zahlengaukler Irenäus von Lyon hätte aber vielleicht doch auf Grund der Täfelchenzahlen das Verhältnis der erhörten Gebete zu dem der nichterhörten mit unendlich angegeben, indem er die paar Dutzend der Dankestäfelchen durch die Null der - eben nichtvorhandenen - Protesttäfelchen dividiert hätte.
<---

AQ 33.1 Gebetfürsprache: Im Beter ist das Bild dessen, für den er betet, gegenwärtig. Das mag sich von des Beters Seite her günstig auf das Verhältnis der beiden zueinander auswirken.
<---

AQ 35.1 Zu Beginn wäre Georg Cantor (1845 - 1918) empfehlenswert, der deutsche Mathematiker, der die Mengenlehre begründete.

Anmerkungen zu den
Anmerkungen zu Kapitel AQ

AQ 04.1.1   Zenon von Elea (um -490 bis um -430)
kannte Sie noch nicht; deswegen ist es bei ihm die
mit Vorsprung gestartete Schildkröte, die Achill
nie mehr einholen können wird. Der Grieche Zenon
hatte noch andere Paradoxien auf Lager, mit denen
er seine Mitmenschen verwirrte.
<---

AQ 06.1.1   Homer, der altgriechische Dichter, lebte wohl, wenn überhaupt, um -700.
<---

AQ 08.1.1   Katholiken - Juden: In diesem Zusammenhang kann man sich mit der Geschichte der katholischen Karfreitagsfürbitten beschäftigen, in denen
unter dem Einfluss aufgeklärten Denkens immerhin
nicht mehr von der Treulosigkeit der Juden die Rede ist.

AQ 08.1.2   Muslims - Christen: Zum Beispiel wird
im Koran (Sure 5, 73) den Ungläubigen, die Allah
für eine von drei Personen halten, leidvolle Pein
vorausgesagt.
<---

AQ 28.2.1   Demokrit von Abdera war ein altgrie-
chischer Philosoph (-470/460 bis um -400).
<---

AR   Kammertöne und andere Ideen

AR 01 b   ____

    ____   ____   __   ____

                    __   _

    ____   ____ _

                            _

        ____

AR 02 Besser als ein mit Sinn überladenes Bild
macht vielleicht AR 01 klar, für was Ihre Augen
gut sind: Sie können mit ihnen sehen.

AR 03 Lediglich Ihr gleichgültiges Schulterzucken, das AR 01 auslösen mag, führt ein bisschen
über das Sehen hinaus. Das bloße Sehen wird hier
also nicht umgehend von übermächtigen Gefühlen,
bohrenden Gedanken oder ähnlichen Wirkungen, die
vom Gesehenen ausgelöst werden, zugedeckt.

AR 04 Nicht das Auge wird hier gelangweilt oder
in anderen Fällen durch etwas sichtlich Bedrohli-
ches, Rätselhaftes, Nützliches oder auch Schönes
gefangen genommen. Es ist das Gehirn hinter den
Augen, das gähnt oder, manchmal sogar lebensret-
tend, aktiv wird.

AR 05 Die Augen können genauso wenig denken wie
ein Mikroskop oder ein Teleskop. Damit möchte ich
Ihre und meine Augen nicht schlechtmachen, denn
Denken, Bewerten und Entscheiden ist ja auch gar
nicht Aufgabe der Augen, sondern Sehen.

AR 06 Bei AR 01 handelt es sich wahrscheinlich
nur um nichtssagende schwarze Teile, die sich vom
weißen Hintergrund abheben.

AR 07 Vielleicht würden Sie diese Teile als Striche beschreiben, waagrechte Striche, unterschiedlich lange Striche, in unterschiedlicher Höhe gezeichnete Striche; der penible Klassifizierer würde sechs Höhenniveaus unterscheiden, vier ver-

schiedene Längen, die unterschiedlich oft vorkommen, usw.

AR 08 Oder sehen Sie hier die sagenhafte Wasserschlange Nessie durch ihr Loch schwimmen, wie üblich nicht deutlich erkennbar? Steht bei b der Beobachter?

AR 09 Oder kommen Ihrem, durch die offene Weite schweifenden Geist, noch andere Bedeutungen unter, von denen ich wieder völlig überrascht wäre?

AR 10 Wer will, kann AR 01 auch hören, indem er versucht, sich jeden Strich als Ton mit der zeichnerisch festgelegten Tondauer und dem sichtbaren Höhenunterschied zum Vorton, vorzusummen.

AR 11 Vielleicht sind sie ein Mitmensch mit einschlägigen Musikkenntnissen, der ohne Schwierigkeit erkennt, worum es sich handelt?

AR 12 Die Musik, nicht nur die christlich-abendländische, setzt sich zu großen Teilen aus Tönen zusammen. Wer freut sich nicht am Gesang der Nachtigall, aber aus urtümlichen menschlichen Lauten und unserer Fähigkeit, mit fast allem und jedem Lärm zu machen, ist im Laufe der Jahrtausende ein riesiges Instrumenten- und Musikrepertoire entstanden, das in der außermenschlichen Welt seinesgleichen sucht.

AR 13 Es wird erhalten und ergänzt von glücklicherweise meist undogmatischen Musikern, die inzwischen einen einvernehmlich definierten Kammerton a, der von Physikern und Tontechnikern sehr genau produziert werden kann, benützen.

AR 14 Der hörbare Abglanz des Kammertons hat aber seine Grenzen und weicht wohl immer ein ganz klein wenig vom idealen Sollwert ab, was aber gleichgültig ist, da selbst Mozarts feine Ohren keinen Unterschied feststellen würden, von unsern plumpen gar nicht zu reden.

AR 15 Persönlich ziehe ich sowieso ein Geigen-a
im Original-Ton einem violinistisch absolut vollkommenen, idealen Pla-Pla-Ton vor, weil ich das
erste mit meinen leiblichen Ohren genießen kann,
während der zweite nur mit den Ohren der Seele,
die mir fehlen, hörbar zu sein vorgegaukelt wird.

AR 16 Keine hehre Idee liegt dem Kammerton zu
Grunde, sondern die einhellige Einsicht von Or-
chestermitgliedern, dass der gewünschte Zusammenklang durch vorheriges Abstimmen der Instrumente
auf einen vereinbarten Ton günstig beeinflusst
wird.

AR 17 Keine hehre Idee liegt wohl auch dem Begriff Kreis zu Grunde, sondern eine, vielleicht
zunächst unwillkürliche, Übereinkunft, was ein
Kreis sein soll.

AR 18 Stellen Sie sich vor, Sie schneiden gerade
als Demokrits thrakische Magd eine Gurke für das
Essen. Im Rahmen einer wissenschaftlichen Untersu-
chung fordert sie Ihr Neffe, der in Athen studiert, auf, nebenbei schnell den Umriss einer Gur-
kenscheibe zu zeichnen. Ich vermute, dass Ihr
Bildchen einem Kreis ähnlich sieht und dass von
den Längsfurchen der Gurke und anderen Feinheiten
wenig zu sehen sein wird.

AR 19 Während andere Leute Gurken schnitten, hat-
ten Demokrit und weitere Vereinfacher Zeit, aus
Gurkenscheiben, Gemeinen Riesenschirmlingen, aus-
gebackenen Tintenfischringen (alias „frittierte
Arschlöchle"), Vulkankratern, Mauselöchern, Sonne,
Vollmond, den Wellen eines ins Wasser geworfenen
Steins usw. eine Art Durchschnitt zu bilden: den
Kreis.

AR 20 Vielleicht leitet sich die menschliche Idee
des Kreises auch davon ab, dass der Mensch, der
Oberstvereinfacher, verlangte, dass eine Kreisli-
nie aus lauter Punkten besteht, die von einem ge-
gebenen Punkt den gleichen Abstand haben.

AR 21 Ist der Kreis erst einmal definiert, stellt man fest, dass es in der Natur wohl gar keine vollkommenen Kreise gibt. Das ist nicht weiter bedeutsam, es gibt ja auch kein natürlich vorkommendes Mensch-Ärgere-Dich-Nicht-Spiel.

AR 22 Grundlage der Definitionen von Kreis und Spiel ist ohne Zweifel die Welt: Der Kreis ist, kurz gesagt, ein Abkömmling von Gurkenscheiben, während das genannte Spiel menschliches Wettbewerbsdenken z. B. in einen vergnüglichen Brettkampf verlagert.

AR 23 Kreise sind mit Zirkel oder Schablone einfacher und schneller zu zeichnen als Umrisslinien von Gurkenscheiben. Kein Problem also, den von der Kirche anerkannten gottnahen Tugendhelden in der Kunst einen kreisrunden Heiligenschein zu verpassen. So können sie z. B. im Freskenraum der Kirche St. Theodul in Davos im Streiflicht erkennen, dass die spätmittelalterlichen Heiligenscheine vorgeritzt wurden.

AR 24 Dagegen waren die Kreise, die Archimedes kurz vor seinem Tod in den Sand ritzte, sicher viel nachlässiger. Er wollte wohl auch nur ungestört mit einer Überlegungsfigur (einer hilfreichen Sandskizze; einem ungenauen Abbild der menschlichen Idee des perfekten Kreises, den sowieso niemand mit nichts nirgendwohin zeichnen kann) vielversprechenden Gedanken nachhängen.

AR 25 Das Denken kann mit miserablen Kreisen vorliebnehmen, während die Ästhetik in vielen Fällen ordentliche Kreise bzw. Heiligenscheine verlangt, die aber einfach herzustellen sind; zu großer Perfektionismus wirkt dabei eher steril.

AR 26 Auch die Funktionalität forderte schon viel früher die Handwerkskünstler zur Entwicklung von Hilfsmitteln auf: So hätte Achill sicher seinen Streitwagenmechaniker entlassen, wenn dieser nicht

bei den Rädern, damit sie rund liefen, auf möglichst perfekte Kreisform geachtet hätte.

AR 27 Es ist zwar leicht, die regelmäßig gewölbte
Oberfläche einer Straße herzustellen, die mit qua-
dratischen Rädern befahren werden kann, sodass die
Nasenspitzen der Wageninsassen trotzdem waagrechte
Linien beschreiben, aber für ein durchschnittli-
ches Gelände eignen sich weitgehend kreisrunde Räder wohl doch am besten.

AR 28 Der Zweck, der Sinn, das Wesen des Rades
besteht vorwiegend darin, schneller vorwärts zu
kommen, falls es die Bodenbeschaffenheit überhaupt
zulässt.

AR 29 Vielleicht haben Sie aber schon einmal zum
Spass das Riesenrad des Cannstatter Volksfests be-
stiegen: Hier geht es weniger um Schnelligkeit als
um Überblick und Vergnügen.

AR 30 Um Langsamkeit ging es auch beim Rädern,
eine Hinrichtungsart, die im hohen, so christlichen Mittelalter aufkam: Dem Missetäter wurden mit
einem, oft eisenbeschlagenen Rad, um wenigstens
dem Scharfrichter die Arbeit zu erleichtern, möglichst viele Knochen an möglichst vielen Stellen
gebrochen, bevor er, zum schlottrigen Hampelmann
geworden, aufs Rad geflochten und nach einer (oft
langen) Weile erdrosselt, enthauptet oder ins Feuer geworfen wurde.

AR 31 Die vom hohen Klerus überwiegend bekämpfte
Aufklärung, die, Gott sei's geklagt, das Abendland
immer unchristlicher werden lässt, hat immerhin
schon dazu geführt, dass Sie - im Falle eines Falles - als sündiger Täter nicht mehr damit rechnen
müssen, auf diese Art vom Leben zum Tod gebracht
zu werden.

AR 32 Wenn übrigens der Schatten, den das Richtrad, das Feuer hinter sich, auf eine Felswand
wirft, eine rot flackernde Lücke im sonst schwar-

zen Schattenbild einer Speiche zeigt, können Sie daraus schließen, dass beim wirklichen Richtrad mindestens eine Speiche beschädigt ist.

AR 33 Mir scheint, dass aber auch die Idee des perfekten, völlig unbeschädigten Richtrads einen grundlegenden Mangel hat: Sie spiegelt nur die Verkrümmungen und Verkrüppelungen der Gesellschaftsteile wieder, die eine greifbare Umsetzung dieser Idee in die Realität propagieren und Gegner abschreckender Bestrafungsmaßnahmen als Weicheier denunzieren.

AR 34 Können Befürworter und Gegner miteinander ins Gespräch kommen?

AR 35 Jedenfalls hat der Mensch die Ideen von Richtrad, Kreis und Kammerton selbst ausgebrütet.

AR 36 Auch das, was schön, wahr und gut ist, haben wir gelernt. Wir haben uns eine eigene Meinung dazu gebildet, die immer wieder durch Gespräche beeinflusst und umgearbeitet wird.

AR 37 Wer das Gute als eine übermenschliche Idee oder ein feststehendes göttliches Prinzip ausgibt, muss das begründen. Es reicht aber nicht aus, dass er das Gute wieder einmal durch die Sonne symbolisiert, für Ungeübte zu hell, um direkt hineinzuschauen. Das ist bestenfalls Poesie, mit der sich der Philosoph zum Priester einer Phantasiephilosophie, die niemand braucht, herabstuft.

AR 38 Wenn solche Philosophen Staat machen wollen, wird leicht ein Gottesstaat draus.

Anmerkungen zu Kapitel AR

<u>AR 05.1</u> Zuerst werden also den Sinnen Unterschie-
de angeboten, die dann das Denken bearbeitet; daraus kann Erkenntnis entstehen. In einem Satz Immanuel Kants kommt das ähnlich zum Ausdruck:

AR 05.2 „Der Verstand vermag nichts anzuschauen,
und die Sinne nichts zu denken. Nur daraus, dass
sie sich vereinigen, kann Erkenntnis entspringen."

AR 05.3 Der Satz stammt aus Kants Kritik der reinen Vernunft / I. Transszendentale Elementarlehre
/ Zweiter Teil. Die transszendentale Logik / Ein-
leitung. Idee einer transszendentalen Logik.

AR 05.4 Sinne und Verstand vereinigen sich hier
sozusagen gleichberechtigt, um Erkenntnis hervorzubringen. An anderer Stelle wird von Kant aber
auch auf die Reihenfolge Sinn, Verstand, Erkenntnis hingewiesen.
<---

<u>AR 11.1</u> Es handelt sich um die Umkehrung des
Hauptthemas aus Johann Sebastian Bachs Kunst der
Fuge.
<---

AR 12.1 Wen die Nachtigall stört: Haben Sie jedoch schon mal in einem toskanischen Pinienwäld-
chen campiert? Nur durch dünne Zeltwände und ein
paar Meter Luft vom nächtelangen Geschrei dieser
Fliegrapper getrennt?
<---

<u>AR 13.1</u> Natürlich können sich auch Musiker strei-
ten, z. B. über den Unterschied zwischen Altus und
Countertenor. Aber solche Disputationen führen
eher selten zur Kastration oder zur Verbrennung
des Abweichlers. Hauptsache, der eine wie der an-
dre Scholiast singt das von Händel vertonte Ge-
dichtchen über die von Herodot überlieferte Affen-

liebe des Xerxes zu einer Platane in überzeugender
musikalischer Interpretation.

AR 13.2 Ein künstlerischer Gottesbegriff, viel-
leicht aus der Musik geboren, hätte wohl eher zum
Zusammenspiel als zu heiligen und immer heiligeren
Kriegen geführt.
<---

AR 14.1 Wolfgang Amadeus Mozart (1756 - 1791),
Komponist der Wiener Klassik
<---

AR 15.1 Ein bodenständiges a auf nackten Füßen
muss manchmal kratzen, um unübertrefflich schön zu
sein! Mit ihren irdischen Tönen bringt vielleicht
eine lebensvolle Geigen-Meisterin auch den schon
weitgehend keimfreien Schöngeist zum Tanzen und
zum glücklichen Sprung über den Schatten seines
sagrotanen Traums vom platonischen Ideenstückwerk
und dessen epigonalen Platitudiants.

AR 15.2 Seele ist ein typischer Nebelbegriff; ihr
angedichtete Ohren machen ihn nicht deutlicher.
<---

AR 20.1 Dazu müssten schon solche Begriffe wie
Punkt, Linie, Abstand erklärt sein, was aber z. B.
Euklid unternommen und aufgeschrieben hat.
<---

AR 22.1 Meine Mannschaft besteht aus vier stili-
sierten Menschlein, gleichgroß, gleichförmig und
gleichfarbig, die, nur der Standfestigkeit wegen,
auf einer Kreisfläche stehen statt auf zwei Beinen. Wenn Löwen ein Löwe-Ärgere-Dich-Nicht-Spiel
erfinden könnten, hätten vermutlich ihre Spielfi-
guren - gleichfarbige, gleichförmige, gleichgroße,
stilisierte Kleinlöwen aus Antilopenknochen - eine eher rechteckige Grundfläche.

AR 22.2 Diese Veranschaulichung habe ich übrigens
bei Xenophanes von Kolophon entlehnt, der ja der

176

Ansicht war, dass, wenn die Löwen Götter hätten,
diese wie Löwen aussähen.
<--

AR 23.1 St. Theodul: Der Heilige scheint drei
spätantik-frühmittelalterliche Bischöfe von Sitten
im Schweizer Kanton Wallis in sich zu vereinigen
und wurde mit der Verbreitung der alemannischen
Walser auch in anderen Gegenden bekannt.
<--

AR 24.1 Der römische Soldat hat ihn bei der Eroberung von Syrakus im Jahr -212 wohl nicht deshalb erschlagen, weil die archimedischen Kreise,
in die er hineingetappt war, so unförmig aussahen,
eher weil ihn Archimedes versehentlich auf Griechisch und darüber hinaus unwirsch anredete, was
der Lateinisch sprechende Plünderer nicht verstand. Der Soldat bekam anscheinend Ärger mit seinem Feldherrn, dem ein lebendiger Archimedes lieber gewesen wäre.
<--

AR 30.1 Über die Hinrichtungsform Rädern stand im
Harenberg-Kalender „Abenteuer Geschichte 2014" am
10.10.2014:

AR 30.2 „Meistens traf sie Mörder, aber zuweilen
auch ‚Gotteslesterer, Straszenreuber und andere
grosze Uebelthetter'."

AR 30.3 Der allgütige Gott scheint genug Handlan-
ger gefunden zu haben, die seine Lästerer verur-
teilten und räderten.

AR 30.4 Auch als später während der Französischen
Revolution Maximilien de Robespierre in seinem
heiligen Tugendwahn die Schreckensherrschaft maß-
geblich ausbaute, um Freiheit, Gleichheit, Brüder-
lichkeit mit der Guillotine durchzusetzen, war der
Kollateralnutzen für die Demokratie wohl eher ge-
ring.
<--

AR 34.1   Lieber würde natürlich die einschlägige
Firma Krechle & Hock an beide Seiten Gewehre verkaufen.
<--

AR 38.1   Die Verantwortung für das Bestehen von
Gottesstaaten und anderen totalitären Gebilden
liegt aber immer auch bei denen, die darin zu
Kreuze kriechen.
<--

Anmerkungen zu den
Anmerkungen zu Kapitel AR

AR 05.1.1   Immanuel Kant (1724 - 1804), deutscher
Philosoph
<--

AR 11.1.1   Johann Sebastian Bach (1685 - 1750),
deutscher Komponist
<--

AR 13.1.1   Georg Friedrich Händel (1685 - 1759),
deutsch-britischer Komponist

AR 13.1.2   Herodot von Halikarnassos, altgriechi-
scher Geschichts- und auch Geschichtchenschreiber
(-490/480 bis um -424)

AR 13.1.3   Xerxes (-519 bis -465), König von Per-
sien und Pharao von Ägypten
<--

AR 15.1.1   Ich habe mich an Pindar angelehnt, um
den Augenblick der Erleuchtung des Schöngeists zu
beschreiben:

AR 15.1.2   „Eintagswesen? Unsterblich? Was sind
wir? Des Schattens Traum sind die Menschen! Doch
wenn ein Strahl, von Gott gesandt, sie trifft, um-
fängt sie helles Leuchten, und süß wird ihr Dasein."

AR 15.1.3   Pindar (um -520 bis nach -446) war ein
griechischer Dichter, der viele Lobeshymnen auf
Olympioniken schrieb. Die Stelle gerade ist aber
aus dem Preislied auf den Ringkämpfer Aristomenes,
der nicht bei den Olympischen, sondern bei den Py-
thischen Spielen im Jahr -446 einen Sieg errang.

AR 15.1.4   Wer wird aber immer auf den göttlichen
Strahl, den göttlichen Erlöser usw. warten und
sich auf die Zukunft vertrösten lassen wollen?
Kann es nicht schneller erleuchtend sein, in ein

Konzert zu gehen, als stunden-, tage- und jahrelang in zusammengefalteter Meditationshaltung auf Erleuchtung zu warten?

AR 15.1.5 Im bodenständigen Vollbesitz seiner geistigen Kräfte kann eigentlich nur genannt werden, wer sich seiner sprachlich kulturellen Prägung in allen ihren Verästelungen bewusst ist. Immerhin ist nicht ganz geistesträge, wer Sprache nicht als genau abgrenzbare Erscheinung sieht, sondern einzelne sprachliche Elemente auf geglückte Erdverbundenheit bis nachgeleierte Weltfremdheit abklopft.

AR 15.1.6 Wer sich als elaborierter Schöngeist oder religiophiler Heilsgeist selbstenthoben und säulenheilig von gigantischen Sprachwolken getragen fühlt, sollte sich durch seinen selbstverschuldeten Nebel fallen lassen. Er fällt nicht tief – höchstens auf den nahen Erdboden, auf dem auch die meisten seiner Mitmenschen leben.

AR 15.1.7 Hier unten wurden uns bestimmt heute schon weitere Kinder im ursprünglichen und unverdorbenen Vollbesitz ihrer menschlichen Kräfte geboren, werden uns morgen wieder liebenswerte Töchter und Söhne geschenkt, auf deren Schultern bald die Verantwortung für die Welt liegt. Singen Sie ihnen nicht immer das alte Lied!

AR 15.1.8 Von unseren Kindern ist mehr zu lernen als vom wenig bekannten gestrigen Einzelchristkind, das uns verkitscht, gekreuzigt und vergöttert als allliebender, allherrschender und allstrafender Trost der ganzen Welt vielsagend missdeutbar nahegebracht wurde, vielleicht nahegeht, jedoch nicht wirklich nahesteht.
<--

AR 22.2.1 Xenophanes von Kolophon, griechischer Philosoph und Dichter (um -570 bis um -470)
<--

AR 24.1.1 Der Feldherr war Marcus Claudius Mar-
cellus (um -268 bis um -208), römischer General
und Eroberer von Syrakus im Zweiten Punischen
Krieg, außerdem mehrmaliger Konsul.
<---

AR 30.4.1 Maximilien de Robespierre, französi-
scher Rechtsanwalt und Politiker (1758 - 1794)
<---

AS   Zukunftsfrust und Zukunftslust

<u>AS 01</u> Türme, Brücken usw. dienen immer wieder als
Startrampen zu den ewigen Jagdgründen. Auch wer
sich vom Säntis oder von der Eigernordwand stürzt,
tut dies eher nicht, um in den einmaligen Genuss
des freien Falls zu kommen.

AS 02 Bei allem zeitweiligen Lebensüberdruss
überwiegt jedoch der Überlebenswille, die Hoffnung, nach allerlei Ungemach wieder glücklichere
Tage zu genießen.

AS 03 Die Evolution hat uns offenbar ein gewisses
Maß an Lebensfreude aufgedrängt, sonst würden mehr
Menschen bei kurzen Durststrecken schon zum
Schierlingsbecher greifen.

AS 04 Der Einzelne muss wenigstens bis zur Zeugung einiger Nachkommen überdauern. Auch danach
ist seine tätige Anwesenheit noch jahrelang erwünscht, um für den Nachwuchs zu sorgen, der nur
langsam überlebensfähig wird.

<u>AS 05</u> Um die Art zu erhalten, muss also der Ein-
zelne einen genetischen Bei-Laune-Halter eingebaut
haben und seine Benützung erlernen.

AS 06 Nach 50 bis 70 Jahren könnte der verwelkte
Alte aber wieder abtreten. Der Überlebenswille ist
ihm aber geblieben, was der Evolution vielleicht
gleichgültiger ist als ein Wurmfortsatz.

<u>AS 07</u> Weiter mag es auch eine arterhaltende Er-
findung der Evolution sein, dem Menschen Zukunfts-
angst einzujagen, die dann naturgemäß zum Gegen-
spieler der Lebensfreude werden kann.

AS 08 Oder richten in Saus und Braus lebende Raf-
fer, die den ihnen günstigen Zustand erhalten wollen, ihre leichtgläubigen Mitmenschen zur Zu-
kunftsangst ab, sodass die so angelernten Beden-
kenträger die Losung „Keine Experimente!" bereit-

willig nachbeten und vor an die Wand gemalten Ka-
tastrophen zurückschrecken wie Damokles vor der
Schärfe des Schwerts, das über ihm an einem Ross-
haar aufgehängt war?

AS 09 Kann dieselbe Zukunfts-Unberechenbarkeit
für Sie, den ungebundenen Leser, nicht auch die
anregende Schärfe eines Gewürzes haben? Eine güns-
tige Gelegenheit, ihr Gehirn in Schwung zu bringen? Vielleicht sogar begeistert zu neuen Ufern
aufzubrechen zusammen mit kundigen Mitstreitern,
die eine abgestandene, abgelutschte, vorgekaute
und verlogene Rundum-Sorglos-Konserve für wenig
erstrebenswert halten?

AS 10 Oder laufen Sie mit den dressierten Schafen
auf dem Weg zur Unfreiheit weiter, vegetieren zu-
letzt kläglich in einer Zwangsjacke von „alterna-
tivlosen" Vorurteilen, ihre Freiheit nur noch als
leeres Wort im Mund führend, um dereinst für ewig
in Abrahams Schoß Mr. Handels Halleluja, homophone
Hosiannas und andere himmelskompatible Hits in einer Endlosschleife anzuhören?

AS 11 Vielleicht liegt sie uns aber auch im Blut,
die Angst vor der Zukunft, wie vorher gesagt:

AS 12 Angst vor der Zukunft kann dabei nur heißen: Angst vor Veränderung. Denn wenn alles immer
seinen gewohnten Gang ginge, wäre nicht nur der
Konservative zufrieden mit seinen immer gleichen
Ritualen, wie z. B. jede Woche die Sportschau an-
zusehen, die Kirchenchorprobe zu besuchen oder
auch nächstes Jahr wieder aufs Oktoberfest zu gehen - von doppelmoralischen Süchten über und unter
der Gürtellinie nicht zu reden.

AS 13 Auch die Umtriebige käme in einem konservativen Umfeld auf ihre Kosten: Sie könnte künstle-
rische Fertigkeiten entwickeln oder mit klugen
Ideen für den Gemeinderat kandidieren; sie müsste
auch für ihr Hobby Wellenreiten nicht auf einen
Tsunami warten.

AS 14 Angst vor Zukunft, in diesem Fall vor Veränderung, war gerade der Leitgedanke, dazu nebenbei: Von einer Veränderung kann man genau dann reden, wenn zwischen dem Vorher und dem Nachher mindestens ein Unterschied (mein Grundwort!) besteht.

AS 15 Die Gschaftlhuber, die unter dem Deckmantel
der von ihnen empfohlenen Keine-Experimente-Hal-
tung ihre neuen, durchaus auch neuartigen, manchmal schädlichen, Hauptsache aber gewinnbringenden
Geschäfte verrichten, freuen sich aufrichtig über
die Unterstützung durch kostenlose erzgestrige
Hilfskräfte, die ebenfalls alles beim Alten lassen
wollen.

AS 16 Ist deren verknöchert ängstliche Hochrechnung in die unsichere Zukunft vielleicht auch dem
Unwohlsein vergleichbar, das ansatzweise manch einen beim Blick ins unendliche Zahlenreich be-
schleicht - immer neue, höhere und noch höhere
Zahlen, schwindelerregende, sich unaufhaltsam
überstürzende, zerstäubende, atemraubende Zahlen-
lawinen? Lässt sich der Verunsicherte da nicht
lieber ins Meer der unverstandenen Unendlichkeit
spülen, das unerschrockene Zahlentheoretiker aus
der Eins entwickelt haben?

AS 17 Denn die Unendlichkeit besitzt wieder eine
spürbare Unverwüstlichkeit, die dem beunruhigten
Zukunfts- und Zahlenbanausen entgegenkommt. Unendlich hat nicht den Wandelmut der normalen Zahl,
die sich schlagartig verändert, wenn man auch nur
eins dazuzählt. Unendlich kann um Millionen ver-
mehrt werden; das wird weniger Auswirkungen auf
das Ergebnis haben als auf den Anstieg des Wasser-
spiegels des Bodensees oder des Stillen Ozeans,
wenn Sie hineinspucken.

AS 18 Der vermeintlich sichere Hafen der Unendlichkeit wird aber wieder aufgewühlt, wenn sich
herausstellt, dass nach weiterentwickelter gängi-
ger menschlicher Mathematik unendlich mal unendlich immer noch von kleinster Unendlichkeit ist,

während es durchaus unendlich viele immer umfassendere Unendlichkeiten gibt.

AS 19 Diese vielen Unendlichkeiten liegen wohl hinter dem Horizont mancher religiöser Wortführer. Da ein Wortführer aber oft etwas sagen zu müssen meint, tritt er in diesem Zusammenhang notfalls anstandslos, sogar angewidert, die Vernunft in den Müll (die höchste Hure, die der Teufel hat, meint Martin Luther), womit er schnell das gläubig zustimmende Schweigen der Lämmer, die noch weniger verstehen, erreicht.

AS 20 Das weithin human gesinnte, theologisch gebildete Fußvolk lässt sich dazu wohl eher selten maßgeschneiderte Gedanken einfallen. Seine Gebrauchsethik kommt ohne Unendlichkeiten aus. Kein Alltagsethiker muss seine Menschlichkeit aus der menschengemachten Mathematik und ihrem Unterricht, ob er ihn nun ganz oder nur häppchenweise, was schade wäre, verstanden hat, schöpfen.

AS 21 Es ist ja auch für eine Gemeinde ähnlich unerheblich, ob ihr Pfarrer Fußballfan oder Hobbykoch ist. Aber wenn überhebliche Scheingenies der seit Menschengedenken zerstrittenen biblisch-theologischen Elite die Vernunft mit dem Hurenhammer totschlagen wollen, muss deutlich und nachhaltig Einspruch erhoben werden.

Anmerkungen zu Kapitel AS

AS 01.1 Wer in katholisch geweihter Erde begraben werden will, sollte sich nicht selbst töten. Nach dem Katechismus ist die Selbsttötung, dort Selbstmord genannt, eine schwere Verfehlung, sodass eine kirchliche Beerdigung vom zuständigen Bischof verweigert werden kann.

AS 01.2 Katholische Selbstmörder der Oberklasse hatten es einst jedoch leichter, den Segen der Kirche trotzdem zu erhalten. Das zeigt z. B. der Fall des Kronprinzen Rudolf von Österreich-Ungarn (1858 - 1889), dessen Eltern Kaiserin Elisabeth („Sissi") und Kaiser Franz Joseph I. waren.

AS 01.3 Das Gespräch der Totengräber in Shakespeares Hamlet deutet auch darauf hin, dass der Klerus schon früher den Herrschenden gern zu Diensten war. Die Totengräber, während sie Ophelias Grab schaufeln, die ins Wasser gegangen war:

AS 01.4 Erster Totengräber: Soll die ein christlich Begräbnis erhalten, die vorsätzlich ihre eigne Seligkeit sucht?
          Zweiter Totengräber: Wollt ihr die Wahrheit wissen? Wenn's kein vornehmes Fräulein gewesen wäre, so würde sie auch nicht in geweihtem Boden begraben.
<---

AS 05.1 Der Mensch, ein Überlebenskünstler? Das ist im Rahmen der Evolutionstheorie gewissermaßen eine Binsenweisheit, eine Tautologie, ein analytisches Urteil.

AS 05.2 Dass bei gesellschaftlichen Gruppierungen, z. B. der katholischen Kirche, die Selbsttötung verpönt, verboten, mit Strafe bedroht ist, ist ganz im Sinne der Evolution, während nicht auf ihrer Linie liegt, dass potentielligente junge Männer ihr Pulver nur in der Theologie verschießen.
<---

AS 07.1 Notorische Schwarzseher schießen jedoch übers Ziel hinaus. Nach hinten kann der Schuss aber auch losgehen, wenn sich im fröhlichen Gegensatz dazu ein bettelarmer Mensch angstfrei und guter Dinge auf Gratis-Zuwendungen eines himmlischen Vaters verlässt, eine Einstellung, die der jugendliche Jesus schwungvoll in der Bergpredigt (Evangelium nach Matthäus, Kapitel 5 bis 7) gepredigt haben soll.

AS 07.2 Himmelhoch jauchzend? Zu Tode betrübt? Weniger bühnenreif ist sicher ein Leben, das sich an Demokrits Fragment 119 anlehnt, in dem ich nur den „Zufall" durch die „Zukunft" ersetzt habe:

AS 07.3 „Die Menschen machen sich von der Zukunft eine Vorstellung, die ihnen als Ausrede für ihre Denkfaulheit dient. Eigentlich gerät aber die Zukunft selten in Widerspruch zum Verstand und das Meiste im Leben lässt sich durch einsichtigen Scharfblick regeln."
<---

AS 11.1 Wie kann dann aber die Überlieferung vieler Völker von einem sagenhaften Goldenen Zeitalter, in dem jeder aus eigenem Antrieb, ohne Gesetz, ehrlich und geradlinig war und durch Zukunftsängste unbelastet, ausgehen? Stand die Sprache damals am Anfang ihrer Entwicklung und war die Möglichkeit, sie zur Lüge zu missbrauchen, noch kaum bekannt?

AS 11.2 Das biblische Kurzzeit-Paradies ist offenbar schon auf einem Sprachgrund gewachsen, der mit Verboten und Lügen gedüngt war. Des Menschen Stolz auf seine Sprache erkennt man noch daran, dass er seinen Gott wie mit Zaubersprüchen die Welt erschaffen lässt, mitsamt der doppelzüngigen Schlange, die der Allgewaltige bald danach verflucht.

AS 11.3 Grundlage dieses auf die Welt gerufenen Gottes, der letztlich zu unserem Papiergott wurde, ist die menschengemachte Sprache, das Wort. Aber am Anfang war nicht das Wort, sondern die Welt, die aus (mindestens zwei) Teilen besteht, zwischen denen ich einen Unterschied erkenne.

AS 11.4 Wenn es unter den Dingen der Welt etwas gäbe, das auch nur entfernt dem gliche, was sich der Gläubige unter seinem Gott vorstellt, wie kann dann dieses mächtige Wesen die Bibel unter die Menschen bringen, ein von ihm inspiriertes Werk, wie derselbe Gläubige behauptet, worin Buch X, Kapitel Y, Vers Z denselben Gläubigen zu einer Auslegung drängt, über die sein ebenfalls gläubiger Mitbruder missbilligend den Kopf schüttelt?

AS 11.5 Analytisch geurteilt, gibt es für einen allmächtigen Schöpfer kein einziges Problem; hat er also absichtlich verbale Doppeldeutigkeiten in seine Offenbarung eingebaut?

AS 11.6 Um Bibeltexte richtig zu verstehen, bedarf es natürlich auch der Inspiration durch den Heiligen Geist, wird behauptet. Leider kommen aber auch inspirierte Bibeldeuter zu unterschiedlichen Auslegungen. Wie soll bloß der nicht so inspirierte Gläubige einen inspirierten Propheten von einem falschen Propheten unterscheiden?
<--

AS 16.1 Wenn der „Kenner" aller Ewigkeiten dann noch, wie früher schon näher ausgeführt, alle „guten" menschlichen Eigenschaften ins Unendliche aufbläht und einer fantasierten Person anheftet, verschafft er sich einen Gott, zu dem er dann scheinerleichtert sagen kann: „Unruhig ist mein Herz, bis es ruht in dir, Herr."

AS 16.2 Aurelius Augustinus spricht sogar stellvertretend für Sie und für mich, für uns alle, und schreibt in seinen Bekenntnissen (in Buch 1, Kapitel 1): „Unruhig ist unser Herz, bis es ruht in dir, Herr."
<--

AS 17.1 Was bedeutet die dutzendfache Verwendung des Begriffs „unendlich" und die vieldutzendfache des Wortes „ewig" im Katechismus? Will sich die Theologie hier mit einem nur geborgten, aber unbegriffenen mathematischen Federschmuck aufputzen?

AS 17.2 Oder soll den gebeugten Rücken ein heiliger Schauder überlaufen, wenn die gottesfürchtige Stimme tiefsinnig „Von Ewigkeit zu Ewigkeit" vor sich hin murmelt - der Gläubige selber aber nicht merkt, dass dieses Nachgeplapper frommen Wortgeklingels eigentlich eine Ewigkeit beendet und eine nächste beginnen lässt? Trifft das das Wesen von Ewigkeiten?

AS 17.3 Oder steckt in der Ausdrucksweise „Von Ewigkeit zu Ewigkeit" noch ein Rest der Bedeutung der entsprechenden Urbibelwörter?
<--

AS 19.1 Als der Bibelgott, wie in der von ihm inspirierten Bibel geschrieben steht, vom 99jährigen Abraham verlangte, sich in diesem Alter noch die Vorhaut zu beschneiden, hätte Luther sicher mit dem gehorsamen Abraham ganz auf der Seite des gemeinsamen Gottes gestanden. Die erheiterte Vernunft hätte hinter vorgehaltener Hand in sich hineingelacht.

AS 19.2 Luther hätte es zweifellos auch gutgeheißen, wenn Abraham Jahre später auf Gottes Geheiß hin seinen eigenen Sohn Isaak als Schlachtopfer „dargebracht" hätte. Die erschrockene Vernunft hätte vielleicht über Möglichkeiten nachgedacht, das Kind gegen den Willen des göttlichen Gewaltherrschers zu retten.

AS 19.3 Der Bibelgläubige muss die Vernunft irgendwann in die zweite Reihe stellen, da sein Glaubensbuch reichlich Ungereimtheiten enthält. Diese Unstimmigkeiten sind manchmal auch mit geschmeidigst angewandter theologischer Klügelei nicht aus der Welt zu schaffen: Dann ist der Punkt erreicht, an dem jeweils erklärt wird, dass der Glaube eben über die Vernunft geht.

AS 19.4 Wenn ein Glaubensverkünder also in eine Sackgasse seiner verstandgeleiteten Beweisführung gerät, greift er einfach zu diesem Taschenspielertrick: Er zieht triumphierend die „Glaube-Schlägt-Vernunft-Karte" aus dem Ärmel, hält sie vor seine gedankliche Blöße und verschwindet dann erhobenen Hauptes durch eine Hintertür, die sich wundersam geöffnet hat.

AS 19.5 Wer der Vernunft vorwirft, sie lasse sich wie ein sündiges Lustweib vom höllischen Fürsten aller Zuhälter auf den Strich schicken: Ist er ein ehrlicher Sprachnutzer, ein wortgewaltiger Gotteskünder? Oder vielmehr ein sinnvernebelnder Hetzprediger, ein bedenkenloser Wortschänder?

AS 19.6 Luther, mit dessen werbewirksamer Hure Vernunft manche natürlich werbewirksam gegen ihn hausieren gehen, hat die Vernunft trotzdem in diesem Sinne durchgehend schlechtgemacht - das vom Bibelgott aufgeschriebene Wort steht immer über der Vernunft. Die Vernünftler, die z. B. meinen, dass im Abendmahl Brot und Wein nur Christi Leib und Blut bedeuten, werden von Luther in der Predigt am fünften Sonntag nach Trinitatis abgebügelt:

AS 19.7 „‚Nehmet hin und esset, das ist mein Leib; trinket alle daraus, dass es mein Blut.‘ Nein, nein, sprechen sie, es ist sein Leib und sein Blut nicht, sondern nur ein Zeichen seines Leibes und Blutes; denn Christus sitzt zur Rechten Gottes. Wollen also das Wort nach ihrer Vernunft beurteilen. Pfui dich mal an! Das heißt die Hühner lehren wie sie Ei legen, und die Kühe wie sie kalben sollen, wenn man unserem Herrn Gott will predigen lehren."

AS 19.8 Wenn einer auf dem Markt die Vernunft zur verdammten Hure ausschreit, kann sein Gewissen nur

in Teilen von seines Gottes Worten beeindruckt
sein, denn wie mitmenschlich Jesus Huren begegnet,
hat Luther doch wohl gelesen (auf die Stelle bei
Lukas habe ich in AD 03.4.1 hingewiesen), aber offenbar nicht zur Kenntnis genommen oder gar beher-
zigt.
<---

Anmerkungen zu den
Anmerkungen zu Kapitel AS

AS 01.3.1 William Shakespeare (1564 - 1616), englischer Dramatiker, Lyriker, Schauspieler, Klar-
sichtiger
<---

AS 07.1.1 Wer z. B. des niederländischen Malers
Rembrandt (1606 - 1669) Bildnis des Matthäus an-
schaut, vergisst fast, dass es über den Autor des
Matthäusevangeliums kaum gesicherte Kenntnisse
gibt. Es ist nicht einmal klar, ob er überhaupt
Matthäus hieß.

AS 07.1.2 „Sorgt euch nicht um morgen", gibt Mat-
thäus z. B. in Kapitel 6, Vers 34, die Worte Jesu
wieder. Überhaupt will Jesus in diesem Teil der
Bergpredigt in poetisch leichtem Durcheinander die
Sorgen seiner gutwilligen Zuhörer um Leben, Leib,
Essen, Trinken, Kleidung zerstreuen.

AS 07.1.3 Als ein zentraler Text unserer abendländischen Kultur hat nun die morgenländische
Bergpredigt Berufene und Unberufene - wer unterscheidet sie aber? - angeregt, ihre Meinungen dazu
abzugeben. Bismarck war anscheinend der Ansicht,
dass man mit ihr keine Politik machen kann. Ein
evangelischer Kirchenaufseher schreibt dagegen:

AS 07.1.4 „... Die Redeweise der Bergpredigt ist
steil, das Paradox ist gewollt, die hyperbolische
Redeform deutlich. Der Versuch, die Unpraktikabi-
lität der Bergpredigt durch wortwörtliche Umsetzung einzelner Aussagen in Handlungen zu erweisen,
zeugt von Ignoranz. ..."
Und später:
„... Man kann die Bergpredigt die Magna Charta des
Reiches Gottes nennen. Sie beschreibt die kommende
Welt, eine Gegenwelt zur vergehenden. Darin ist
sie Wort für die Welt, weil sie die Hoffnung ein-
stiftet, dass diese Welt Gottes Welt, Reich Gottes
werden darf und den Menschen dazu der Weg gewiesen

ist. Die Bergpredigt ist gerade darum politisch wirksam, weil sie metapolitisch ist.
<---

AS 11.4.1 Wenn zwei Gläubige darin übereinstimmen, dass Jesus Gott und Mensch zugleich ist, können sie, wie die Geschichte zeigt, leicht noch in eine klerikale Prügelei verwickelt werden über die weitergehende Frage, ob der göttliche Anteil über den menschlichen eine Art Übergewicht hat. Die Vorgänge beim Konzil von Ephesus im Jahr 449 geben ein Beispiel dafür.
<---

AS 16.2.1 Daher ist es ein wenig verwunderlich, wenn Papst Franziskus nicht von dem in Gott ruhenden Augustinus predigt, sondern gerade den Unruhegeist des Oberkirchenlehrers lobt - im Gegensatz zur gesättigten Ruhe der wohlanständigen, erfolgreichen, anerkannten Mitmenschen, deren Herz jedoch in seinen Augen nur an den „Dingen" zu kleben scheint:

AS 16.2.2 „Ich möchte denen etwas sagen, die sich Gott und dem Glauben gleichgültig gegenüber fühlen, denen, die Gott fern sind oder ihn verlassen haben ... Ich möchte sagen: Schau in die Tiefe deines Herzens, schau in dein Innerstes, und frage dich: Hast du ein Herz, das etwas Großes sucht, oder ein Herz, ruhig gestellt von den Dingen?"

AS 16.2.3 Weltliche Zufriedenheit wird also herabgewürdigt: Es ist wohl zu animalisch, sich gesund, satt und zufrieden irgendwo in wärmender Sonne zu einem Schläfchen zusammenzurollen, zu intellektuell, sich bei einem Gläschen Wein gemütlich mit Freunden über Gott und die Welt zu unterhalten, oder zu unspirituell, auf dem weltweiten Marktplatz Neuigkeiten auszutauschen. Nein, der Mensch braucht Höheres:

AS 16.2.4 Und dieses Höhere, was der Papst ziemlich einseitig als Ziel der Suche anzubieten hat,

ist - wen wundert's? - der gute alte Bibelgott,
der Gott Abrahams, Isaaks und Jakobs, dem das
Christentum geheimnisvolle Dreieinigkeit zuer-
kennt, die aus dem inspirierten alten Testament
nicht ohne Weiteres ablesbar ist, die auch der
Islam streitsüchtig ablehnt, weil Prophet Moham-
meds Koran nichts davon verlauten lässt.

AS 16.2.5 Vielleicht hat der Papst gut daran getan, doch über Augustins Unruhe zu predigen, denn
in den Tagen vor seinem Tod ist ihm das Herz offenbar laut hämmernd in die Hose gerutscht. So berichtet Possidius, dass er ständig die Bußpsalmen
Davids betete und dabei reichlich und ausdauernd
weinte. In Psalm 38, der zu diesen wenigen Psalmen
gehört, heißt es z. B.:

AS 16.2.6 „... Ich bin matt geworden und ganz
zerschlagen, ich schreie vor Unruhe meines Herzens."

AS 16.2.7 Das Herz des unsteten Augustinus selbst
kam wohl erst im Tod zur Ruhe. Die Verschnaufpau-
sen bei seinem Gott mögen ihm ein erleuchtetes Gefühl gegeben haben, gut. Aber dass unser aller
Herzen erst in seinem Gott zur Ruhe kommen werden,
ist eine anmaßende Behauptung, genauso wie die des
Papstes, dass es im tiefsten Inneren unserer Herzen etwas Großes, seinen Gott doch wohl und den
Glauben an ihn, zu entdecken gilt.

AS 16.2.8 Des toten Kirchenvaters zahlreiche
Schriften wirken sich aber noch immer auf unsere
Herzen aus, auch auf die völlig gleichgültigen.
Sogar auf die ganze Person! Denn Augustinus war
durchaus der Ansicht, dass zur Rettung einer ungläubigen (Ihrer?) Seele auch Gewalt angewendet
werden darf. Erfreulicherweise erhalten nicht
jeden Hans-Jakobs Bekenntnisse das Dienstsiegel
des allmächtigen Bibelgotts.
<---

.

AS 19.8.1 Die Vernunft muss sich bei diesem Vergleich völlig verkannt fühlen. Es sieht nicht einmal danach aus, dass Luther nur ihre sophistische
Entartung meint, die der Welt gegen Geld offen-
steht - wie die Hure. Die wahre Vernunft (vorläufige Nebelwörter nur!) ist aber in jeder Hinsicht
weltoffen: Sie ist unparteiisch, zieht eigene und
fremde Gefühle in Betracht und denkt auch über Argumente von Transzendentlern nach, da diese ja zur
Welt gehören.
<--

Anmerkungen zu den
Anmerkungen zu den
Anmerkungen zu Kapitel AS

AS 07.1.3.1 Otto von Bismarck (1815 - 1898),
deutscher Staatsmann, Reichskanzler („Der Eiserne
Kanzler") des Deutschen Reichs 1871-1890

AS 07.1.3.2 Mit dem Kirchenaufseher ist Günter
Bransch gemeint, der sich als Generalsuperinten-
dent des Sprengels Potsdam einst (in der ZEIT vom
23.12.1983) über Politik und Bergpredigt ausließ.
<---

AS 07.1.4.1 Wie schön, dass uns ein Mitmensch die
komplizierten Worte Jesu so einfach nahe bringt!
Schade, dass der Reichskanzler auf Grund seiner
frühen Geburt die erhellende Rede des Generalsu-
perintendenten nicht anhören konnte!
<---

AS 16.2.1.1 Jorge Mario Bergoglio (*1936), argen-
tinischer Theologe und Mitglied des Jesuitenor-
dens, seit 2013 Papst mit dem von ihm gewählten
Namen Franziskus
<---

AS 16.2.2.1 Das ist aus der Predigt von Papst
Franziskus, gehalten am 28.08.2013, dem Gedenktag
des heiligen Augustinus, zu Rom in der Kirche
Sant' Agostino.
<---

AS 16.2.5.1 Possidius (um 370 - um 437), Schüler
des Augustinus, Bischof von Calama in Nordafrika,
hat eine Lebensbeschreibung seines Lehrers Augustinus verfasst.
<---

AT   Die Struktur von AS

AT 01 Unten ist der Aufbau von Kapitel AS mit
seinen Verzweigungen dargestellt.

AT 02 Denn: Nur als Notbehelf kann eingleisige
Sprache der vieldimensionalen Welt so ungefähr gerecht werden; der Aufbau meines Textes bäumt sich
etwas gegen den linearen Terror der Sprache auf.

```
AT 03  * AS 01 > AS 01.1
       *          AS 01.2
       *          AS 01.3 > AS 01.3.1
       * AS 02
       * AS 03
       * AS 04
       * AS 05 > AS 05.1
       *          AS 05.2
       * AS 06
       * AS 07 > AS 07.1 > AS 07.1.1
       *                    AS 07.1.2
       *                    AS 07.1.3 > AS 07.1.3.1
       *                                AS 07.1.3.2
       *                    AS 07.1.4 > AS 07.1.4.1
       *          AS 07.2
       *          AS 07.3
       * AS 08
       * AS 09
       * AS 10
       * AS 11 > AS 11.1
       *          AS 11.2
       *          AS 11.3
       *          AS 11.4 > AS 11.4.1
       *          AS 11.5
       *          AS 11.6
       * AS 12
       * AS 13
       * AS 14
       * AS 15
       * AS 16 > AS 16.1
       *          AS 16.2 > AS 16.2.1 > AS 16.2.1.1
       *                    AS 16.2.2 > AS 16.2.2.1
       *                    AS 16.2.3
```

```
*                           AS  16.2.4
*                           AS  16.2.5 > AS 16.2.5.1
*                           AS  16.2.6
*                           AS  16.2.7
*                           AS  16.2.8
* AS 17 > AS 17.1
*          AS  17.2
*          AS  17.3
* AS 18
* AS 19 > AS 19.1
*          AS  19.2
*          AS  19.3
*          AS  19.4
*          AS  19.5
*          AS  19.6
*          AS  19.6
*          AS  19.8 > AS 19.8.1
* AS 20
* AS 21
```

Anmerkungen zu Kapitel AT

AT 02.1   Du bist ja schlimmer als Luther, der der
Vernunft Hurerei vorwirft, wenn du mich, deine
Sprache, des linearen Terorismus bezichtigst!
Darauf sollten wir noch einmal zurückkommen!

AT 02.2   Gern, Wortreichste! Im nächsten Kapitel?

<u>AT 02.3</u>   Doch jetzt möchte ich noch ergänzen, dass
meine mit Buchstaben und Zahlen versehenen Aussagen nicht nur einen Baum, sondern eigentlich sogar
ein dichtes Netz darstellen sollen - ein Anspruch,
dem sie zumindest teilweise gerecht werden.

AT 02.4   Die Dinge der Welt scheinen ja auch kreuz
und quer miteinander verknüpft zu sein, sodass ein
entsprechendes Netz von Aussagen denkbar ist, das
die Realität sprachlich besser beschreibt und ver-
mittelt, als es ein linearer Text, ergänzt durch
ein dürftiges Flickwerk von Querverweisen, kann,
was denjenigen nicht stören mag, der die lineare
Sprache arglos für ein großartiges Darstellungs-
mittel der Buntheit der Welt hält.
<---

Anmerkungen zu den
Anmerkungen zu Kapitel AT

AT 02.3.1 Im übertragenen Sinn wäre ein solches
Netzwerk im Allgemeinen sogar als Einkaufsnetz un-
geeignet, da auch viele Verbindungsfäden quer
durch das Netz denkbar sind. Es passt vielleicht
nirgends eine Weinflasche ins Innere, obwohl das
Netz, locker und ohne Umhüllungsabsicht über ein
ausgewachsenes Schaf geworfen, rings um das Schaf
am Boden schleift.
<--

AU   Ein Gespräch mit der Sprache

AU 01 Was seid ihr doch für linguistische Turner
und Sprachakrobaten! Dass ich, die Sprache, linear
daherkomme, hat nichts mit einer terroristischen
Haltung meinerseits zu tun, sondern mit eurer
stimmbändig und schreibhändig bedingten Unfähigkeit, gleichzeitig mehr als ein sinnvolles Wort
abzusondern!

AU 02 Nichts für ungut! Wenn der Gaul mit einem
durchgeht, prügelt man eben gern mal den Sack und
meint den Esel!

AU 03 Lass bitte nächstes Mal die Katze, den Esel
oder sonst wen erst aus dem Sack, bevor du tätlich
wirst; dann hast du den aktuellen Sprecher vor
dir, dessen kernige Ausdrucksweise natürlich auch
im Fall Martin Luthers keine Argumente ersetzt.
Wer auch immer erscheint, ist eben noch ins Gewand
seiner Privatsprache gehüllt, die er sich in seinem bisherigen Leben mehr oder weniger eigenständig zusammengeliehen und -geschneidert hat.

AU 04 Ein einzelner Privatwortschatz nur? Mein
Sinn geht aufs Ganze: Wenn ich dich, Wortreichste,
erst in umfassender Allgemeinheit durchdrungen habe, macht mir das später doch jeden Sprecher in
seiner Nacktheit sichtbar.

AU 05 Viel zu abstrakt! Beim Sprechen lässt du
dich auf einen konkreten Menschen ein, auf seine
Persönlichkeit, die er dir unter anderem durch
seine Wortwahl und seine Sätze übermittelt. Damit
Gesprächspartner hautnah aneinander herankommen,
müssen sie bereit sein, ihre Sprachhülle dem anderen transparent werden zu lassen.

AU 06 Es ist doch viel rationeller, ein für allemal Satzformen zu untersuchen, mit denen z. B. Behauptungen aufgestellt werden, etwa das Satzmodell
„Die A ist ein B in unserer C.“

AU 07 Das ist natürlich nicht verboten! Ich sehe
auch, auf welche Erbsenzählerei das hinausläuft:
Man fängt mit einfachen Behauptungssätzen an, etwa
„Der Mond ist ein Käse", kommt zu zusammengesetz-
ten, verliert ein paar Tausend Worte darüber und
nennt das dann Theorie der Behauptungssätze. Vielleicht gibst du aber doch noch schnell lückenfül-
lende Beispiele für die Aussparungen A, B und C in
deiner gerade vorgestellten Satzform?

AU 08 Gern: „Sonne", „Stern", „Milchstraße" ergibt: „Die Sonne ist ein Stern in unserer Milchstraße." Mit drei anderen Wörtern könnte es aber
auch heißen: „Die Schafzucht ist ein Fortschritt
in unserer Entwicklung".

AU 09 Ich gebe zu, dass diese Sätze formal sehr
ähnlich aussehen, aber während sich das Wort „unserer" im zweiten Satz auf die Menschen - und nur
auf sie - bezieht, ist unsere Milchstraße gewissermaßen doch auch die der Schafe. Alle Behauptungssätze über einen Kamm scheren zu wollen, ist
also ein bedenkliches Unterfangen.

AU 10 Eine ordentliche Theorie muss ja nicht
langweilig einfach sein! Es darf doch auch satzin-
nere Bezüge zwischen einzelnen Wörtern geben. Meine Theorie wird sie berücksichtigen!

AU 11 Mit deiner Selbstbeweihräucherung umnebelst
du dich und bringst noch dazu deine Augen zum Tränen. Diese gönnerhafte Wortwahl schon: „Es darf
Bezüge geben"! Das hängt doch nicht von dir ab, du
Simplicius! Mir vor einigen Seiten vorzuwerfen,
ich sei eine Zwangsjacke, aber mich dann in das
nach totem Fisch stinkende Korsett deiner unzu-
länglichen Sprachüberlegungen zwängen zu wollen!

AU 12 Ich bin offen für Kritik! Wenn sie Hand und
Fuß hat, werde ich meine Theorie selbstverständlich anpassen.

AU 13 Wer auf Kritik eingeht, ist immerhin gesprächsbereit! Wie soll aber dein Gespräch mit dem
Kritiker aussehen? Du hattest mit deiner Theorie,
die doch wohl aus ziemlich vielen deiner Behauptungssätze besteht, den Aufschlag gemacht. Der
Kritiker schlägt, seine Sorte von Behauptungssätzen benützend, den Ball zurück. Bei eurem Ping-
Pong habt ihr nicht einmal dieselben Spielregeln -
und merkt es nicht einmal?

AU 14 Ohne Konsens für meine Theorie über Behauptungssätze würde ich in einem neuen Ansatz wieder
auf die Wörter zurückkommen.

AU 15 Gut so! Zurück zu den Wörtern, also den
Elementen, aus denen die Sätze bestehen! Dir ist
aber hoffentlich klar, dass du, wenn du über Wörter redest, ebenfalls auf Sätze angewiesen bist.
Mit Sätzen über Sätze zu reden, erinnerte vorher
schon an die undenkbare Schlange, die sich vom
Schwanz her selbst auffrisst, während es noch eine
Stufe entrückter ist, mit Sätzen, die ja aus Wörtern bestehen, haargenau über Wörter reden zu wollen.

AU 16 Deswegen habe ich ja z. B. mit dem Grundwort „Unterschied" in - vorläufigen! - Sätzen rea-
litätsnah einen tragfähigen Anfang für weitergehende Überlegungen zur Sprache vorbereitet.

AU 17 Das hat nicht schlecht geklungen. Unterschiede werden offensichtlich auch schon von
sprachlosen Individuen erkannt. Der Löwe etwa, dem
der tierfreundliche Kirchenvater Hieronymus einen
Dorn aus der Pranke gezogen haben soll, hätte auch
bei größerem Hungergefühl diesen Gotteskundler
verschont, während er sich den Demagogen Adolf
Hitler schon beim ersten Magenknurren gekrallt
hätte, auch wenn dieser noch so laut Parteitagsre-
defetzen geschrieen hätte. Gesegnete Mahlzeit!

AU 18 Wie ich aber auf einem Grundwort aufbauen
soll, ist mir noch nicht ganz klar.

AU 19 Du hast doch schon vielversprechende Ansät-
ze gezeigt: Menschliche Artefakte wie Sicheln,
Dildos und Heiligenbildchen sind mindestens vom
Wesen her erklärbarer als Schafe, Sonnen, und
Stiefmütterchen. Noch nebliger wird es dann, sich
über so eigentümliche Personen auseinanderzusetzen, die dazu neigen, etwa mit Stiefmütterchen eine Morddrohung in den Garten zu pflanzen, die Sonne stillstehen zu lassen oder Schafe mit Dildos zu
penetrieren.

AU 20 Vielleicht hilft wirklich der Gedanke an
eine Überlappung z. B. der jeweiligen Sprachschafe
der Sprecher X und Y weiter: die Schnittmenge zwischen dem Sprachschaf(X) und dem Sprachschaf(Y).

AU 21 Geh aber nicht zu bürokratisch vor: Wenn du
die Schnittmenge der Sprachschafe aller heute
deutsch sprechenden Mitmenschen bildest, kommst du
vielleicht auf die leere Menge, ein einfach zu un-
tersuchendes, aber nicht sehr aussagekräftiges Ergebnis. Doch es gibt sicher sinnvolle vorläufige
Gedanken, wie man eine Art einvernehmlichen Mit-
telwert aus allen Sprachschafen bilden könnte.

AU 22 Das liegt in der Zukunft. Zeitlich vor der
Sprache liegt die Sprachlosigkeit, die aber bei
Weitem nichts mit Leere zu tun hat!

AU 23 Da gebe ich dir recht. Von deinen kernigen
Ausführungen – ich will sie mal so nennen – zunächst sprachlos gemacht, würden sie ja gerade das
Gegenteil von Leere in mir erzeugen. Der Mund würde mir, stotternd erst, übergehen und gleich schon
müsste ich aufpassen, dass mir nicht die Worte,
vorangetrieben von meinen Gedanken, im reißenden
Redefluss die Zähne aus dem Mund spülen.

AU 24 Ja, hier wird der Sprecher fühlbar, als
Person erkennbar: Erst an seiner vorübergehenden
Sprachlosigkeit, dann an dem, was er sagt, und zu-
sätzlich an der Art, wie er es sagt.

AU 25   Diese Dammbrüche haben sogar den Vorteil,
dass sie, spontan wie sie erfolgen, dem Nachdenken
über eine Lüge keine Zeit lassen. Sie können als
Stichproben gelten, um die Glaubwürdigkeit eines
Gesprächspartners einschätzen zu können: Benützt
er seine Privatsprache eher als Propagandamittel
oder ist er darum bemüht, Dinge so darzustellen,
wie sie sich ihm darstellen?

AU 26   Die Leute, die ihre Sprache gewohnheitsmä-
ßig transparent benützen, sind mir natürlich lieber, wobei die verlogenen Schwätzer auch ihren Un-
terhaltungswert haben.

AU 27   Immerhin scheinst du die Schriftsteller
nicht zu den verlogenen Schwätzern zu zählen, denn
früher einmal hast du einen Steinzeitmenschen auf-
treten lassen, der spannende, aber erfundene Geschichten - über Erlebnisse beim Beerensammeln? -
erzählte. Wir wollen also gemeinsam festhalten,
dass erdichtete Erlebnisse nicht zu den Lügen gezählt werden sollen, wenn jeder weiß, dass es welche sind.

AU 28   Ich hoffe, mein erdichteter Steinzeitmensch
hat seine Schwindelei später zugegeben!

AU 29   Eine gute Lügengeschichte mag ja sogar
weltnäher als ein schlechter Tatsachenbericht
sein. Aber irgendwann musste es den Philosophen
verstärkt auffallen, dass mit mir nicht nur gelo-
gen werden kann, sondern dass ich vielleicht
selbst zur Lüge neige: Das ist ja dein Grundprob-
lem. Mir ist es aber gleichgültig, ob z. B. dem
Wort „Gott" etwas Reales zu Grunde liegt oder
nicht. Ich stelle dir außerdem genügend Sprachbau-
steine zur Verfügung, um jeden Zweifel daran in
Worte zu fassen!

AU 30   Das Unbehagen an dir finde ich tatsächlich
nach und nach vernachlässigbar. Lügner sind mir
doch noch unangenehmer!

AU 31 Na, siehst du! Kaum redet man miteinander, werden Probleme aus neuen Blickwinkeln gesehen. Wenn du aber gleich wieder eine ganze Gruppe von Mitmenschen als Lügengesindel bezeichnest, solltest du gelegentlich einzelne Untergruppen oder einen Spezialfall vergrößert in Augenschein nehmen, um vielleicht gemeinsame Strukturen zu erkennen – oder einen Lügner zu entlasten. Meynt vorsätzlich Falsches, wer vom Seyn redet?

AU 32 Nicht jetzt! Aber was mache ich mit den verbissen ernsten Sprachforschern, wie z. B. Professor Chadd?

AU 33 Man darf sie nicht zu ernst nehmen, sie verbringen ihre Zeit ja hauptsächlich mit Sprachgrübeln und können dann schon keinen anderweitigen Unsinn anstellen. Es wäre aber nett, sich manchmal mit ihnen zu unterhalten, wie es ja Basil Grant mit Professor Chadd gemacht hat. Sie sind nicht das Salz der Erde, können aber immerhin den Satz „Ihr seid das Salz der Erde" nach allen Regeln der sprachanalytischen Kunst untersuchen.

AU 34 Verlassen wir also den urmathematischen Sprachlogiker Gottlob Frege mit Hochachtung, seine Epigonen mit kaum geringerer!

AU 35 Nun ja, eigentlich treiben die Letzteren einen Keil zwischen mich und meine Sprecher und vernachlässigen in ihrem Ordnungswahn, dass jeder Satz mit dem lebendigen Sprecher und seiner augenblicklichen Gemütslage untrennbar verbunden ist – und nur in diesem Zusammenhang vollgültig verstehbar wird. Geh also einfach an die Sprache, die in eine Szene eingebettet ist, auf deine Art heran – an einem Beispiel vielleicht, das dir gut gefällt?

AU 36 Da wäre es wohl ungünstig, ein Abschnittchen aus irgendeinem Buch in langen Ausführungen erklären zu wollen!

<u>AU 37</u> Überlass das evangelischen Superintenden-
ten, die mit lehrhaft gebildetem Einweggeplauder
einige ihrer Anhänger zum respektvollen Nicken
bringen werden, den Eisernen Kanzler aber wohl zum
Einnicken gebracht hätten! Woran liegt es nur,
dass der eigentlich lernwillige, sogar lernbegie-
rige Mensch manchem Lehrer ausweicht? Weil sich
der Belehrende nur mit seinesgleichen auf Augenhöhe fühlt, vor Autoritäten und anderen Göttern zum
Katzbuckeln neigt, bei Schülern aber notfalls
neunschwäzig daherkommt?

AU 38 Kann ich denn über einen Text mit einem
Mitmenschen auf Augenhöhe plaudern, wenn ich das
ganze Drumrum besser kenne als er?

<u>AU 39</u> Warum nicht? Augenhöhe heißt doch, dass du
dem Leser Gleichberechtigung zubilligst, wenn auch
deutlich sein mag, dass du dich im Augenblick und
im vorliegenden Sachverhalt besser auskennst. Deine sogenannte Bildung erhebt dich nicht über andere, auch wenn du dich vom tumben hässlichen Ent-
lein von anno dazumal vermeintlich zum gelahrten
schönen Schwan itzo entwickelt haben solltest.

AU 40 Kann ich denn über einen Text auf Augenhöhe
diskutieren, wenn sich die Gesprächsrunde möglicherweise besser auskennt?

<u>AU 41</u> Es kann Zivilcourage erfordern, auf Augen-
höhe zu bestehen, unabhängig davon, ob deine Be-
weisgründe stichhaltig sind oder nicht. Möglicherweise wirst du bei Missfallen wie eine Gans überm
Feuer geröstet, und deine Asche wird hinterher in
den Rhein gestreut, was unter anderem auch auf eine mit institutionalisierter Religion durchseuchte
Gesellschaft hindeuten könnte.

AU 42 Meine Textbeispiele kommen demnächst. Aber
noch zu dir, Sprache, die ich dich im Internet gefunden habe: Wer bist du?

AU 43 Ich habe kein Bewusstsein meiner selbst,
sondern bin ein Programm, das den deutschen Satz-
bau von absichtlich schlecht bis einigermaßen gut
beherrscht, und wurde von einem interdisziplinären
Team entwickelt. Unter Berücksichtigung aller mir
zugänglich gemachten schriftlichen und akustischen
Quellen untersuche ich den Aufbau eines mir einge-
gebenen sprachlichen Elaborats nach meinen Möglichkeiten.

AU 44 Kommst du dabei auch zu Ergebnissen?

AU 45 Aber bitte! Jeder meiner Einwürfe hier ist
doch ein Ergebnis! Ich habe sogar darauf geachtet,
in meinen Formulierungen ein Niveau einzuhalten,
das dich, meine Bewertungskriterien zu Grunde gelegt, nicht überfordert. Blitzschnell geht es natürlich beispielsweise, die Anzahl irrelevanter
Bildungsfloskeln eines Autors oder einer Autoren-
gruppe pro 1000 ihrer Wörter zu zählen.

AU 46 Und eine schwierigere Aufgabe?

AU 47 Ich habe neulich den Auftrag bekommen, mich
mit einem Ausspruch des Heraklit, den der Kirchenlehrer Hippolyt überliefert hat, zu beschäftigen:
„Das ewige Leben ist ein Kind, spielend wie ein
Kind, die Brettsteine setzend; die Herrschaft gehört einem Kind.“ Das war jetzt eine Übersetzung
aus dem Griechischen. Eine andere lautet: „Die
Zeit ist ein spielender Knabe, der die Brettsteine
hin und her setzt: Knabenregiment.“ Bei einer
dritten heißt es: „Der Lauf der Welt wird wie von
einem Kind beherrscht, das in einem Spiel seine
Steine aufs Brett setzt.“

AU 48 Wie gehst du mit Übersetzungen um? Die
dritte nennt es anscheinend den „Lauf der Welt“,
was die erste mit „Das ewige Leben“ übersetzt?

AU 49 Ich kann auf meine Sammlung altgriechisch-
deutscher Wörterbücher (griechische Buchstaben
sind ja kein wirkliches Problem, virtuelles Nach-

schlagen auch nicht) zurückgreifen und alle einge-
scannten Übersetzungen, auch in der Wechselwirkung
der Wörter des Textes untereinander, nach meinen
Kriterien einschätzen. Kurz gesagt: Es dauert am
Ende nicht besonders lange, bis ich über Heraklits
Sentenz eine kanzeltaugliche Predigt oder einen
Essay im Stile des Autors Jodker Pettersil ausge-
druckt habe.

Anmerkungen zu Kapitel AU

AU 05.1 Wenn du aber endlich den Gesprächspartner
hinter seinen Worten zu erkennen glaubst, kann es
auch daran liegen, dass dich seine Ausführungen
irregeführt haben. In den Worten eines von sich
überzeugten Leithammels in Politik, Religion, Wissenschaft, Wirtschaft, Medienlandschaft usw. mag
oft heißer Dampf stecken. Die gierige Hörerschaft
vergisst vor hysterischem Zustimmungsgeschrei eine
kritische Nachprüfung und fällt in gedankliche
Ohnmacht. Außerdem übersieht sie vielleicht des
Hammels Unfähigkeit, lebendige Ideen zu erzeugen.
<---

AU 11.1 Siehe bei AA 14!
<---

AU 19.1 Siehe bei AH 13 und AN 13.2 und 3!
<---

AU 25.1 Es gibt jedoch zweifellos auch gute
Schauspieler, die mit vorsätzlicher Spontaneität
überzeugen!
<---

AU 27.1 Siehe bei AH 25!
<---

AU 32.1 Wie die Morddrohung, mit der sich Major
Brown herumschlagen musste, wird das merkwürdige
Benehmen des Professors Chadd in Chestertons ge-
heimnisvollem Club behandelt (siehe bei AH 12.1).
<---

AU 34.1 Gottlob Frege (1848 - 1925) war ein deutscher Logiker, Mathematiker und Philosoph. Seine
„Begriffsschrift" hat offensichtlich eine Kaskade
weiterer Sprachbetrachtungen der philosophischen
Art ausgelöst.
<---

AU 37.1 Der evangelische Kirchenaufseher und der
Eiserne Kanzler Bismarck kamen ab AS 07.1.3 vor.
<---

AU 39.1 Aber so oder so: Du watschelst, du watschelst, das ist alles, was du kannst!
<---

AU 41.1 Federführend bei deiner Verurteilung muss
nicht immer ein Nachfolger des Fischers Peter
sein. Auch eine unheilige Allianz aus dünnlippigen
Grauen Eminenzen, früh geprägt durch vergebliches
Schmatzen ihrer einst sinnlichen Lippen nach -
welche Illusion! - appetitlich prallen Brüsten der
leiblosen, leibfeindlichen Mutter Kirche, und ge-
wesenen Scholaren, deren Alma Mater unter der
Zuchtknute der allein Seligmachenden nur kümmer-
lich Milch gab, diese Koalition kann ein im Grunde
stocktaubes und daher zur Kommunikation unfähiges
Bollwerk gegen jede andere Meinung darstellen.

AU 41.2 Deine Bewunderung für dich selbst und
deinen Heldenmut sollte sich übrigens in Grenzen
halten: Wenn aus dir, einer dummen Gans, später
tatsächlich noch ein Schwan werden sollte: Du watschelst, du watschelst, das ist alles, was du
kannst!

AU 41.3 Ein bisschen gesprächsbereit Umschau zu
halten nach anderer Bildung, hilft dir vielleicht
zur Menschwerdung, damit du nicht immer wieder vom
einen Jahrhundert ins nächste wie vom Regen in die
Traufe kommst!
<---

AU 47.1 Heraklit von Ephesos, griechischer Philosoph (um -520 bis um -460)

AU 47.2 Hippolyt aus Rom (um 170 - 235), heiliger
Kirchenvater, vielleicht Gegenpapst, Schüler des
Irenäus von Lyon (AF 32.2)
<---

AV   Sprachgefuchtel und bedingungslose Kommuni-
        kation

AV 01   In Zeitungen etwa findet man häufig Beispiele für unzulässige Verallgemeinerungen - und
zwar nicht nur in den Leserbriefen. Man könnte
fast denken, dass die Verallgemeinerungssucht das
Leben der Verallgemeinerer erleichtert.

AV 02   Es kann unterhaltsam sein, einen typischen
Satz, der so richtig aufs Ganze geht, wie z. B.
„Alle Kreter sind Lügner", nach den Regeln der
gängigen mathematischen Logik durchzuüberlegen,
vor allem wenn ein Kreter selbst diese Behauptung
aufstellt, wie Paulus an Titus berichtet und hin-
zufügt, dass das ein wahres Wort sei.

AV 03   Paulus übernimmt hier kritiklos, sogar be-
stätigend, die Meinung eines Kreters, der in einem
Aufwasch sich selbst und alle seine Mitinsulaner
der Unaufrichtigkeit bezichtigt. Die Behauptung
des Kreters kam aber wohl des Apostels Vorurteilen
entgegen, denn er spricht kurz zuvor auch von vielen ungehorsamen Kretern, von Schwätzern und
Schwindlern, die aus Gewinnsucht mit ihren Lehren
ganze Familien zerstören.

AV 04   Nun ist ein kretischer Schwindler ganz bestimmt ein kretischer Lügner. Ein Ungehorsamer,
ein Schwätzer, ein Gewinnsüchtiger oder ein Familienzerstörer auf den ersten Blick nicht; aber wer
Reval raucht, frisst bekanntlich auch kleine Kinder - und wer kleine Kinder frisst, wird wohl auch
ein Lügner sein.

AV 05   Fraglos geht es Paulus nicht um vernachlässigbare irdische Wahrheiten, sondern unter anderem
wohl um ein persönliches Weiterleben nach dem Tode. Im Hinblick auf die Ewigkeit muss alles von
einer höheren, einer unendlich hohen Warte aus betrachtet werden - irdische Wahrheiten und Lügen
schrumpfen da auf ununterscheidbare Punkte.

<u>AV 06</u> Aber wenn nachdenklichere Mitmenschen ihre Gedanken in ähnlichen Rundumschlägen formulieren, macht mir das zu schaffen. Wie sieht es z. B. mit Wittgensteins letztem Satz 7 in seiner logisch-philosophischen Abhandlung aus? Der lautet: „Wovon man nicht sprechen kann, darüber muss man schweigen.‟

<u>AV 07</u> Im „man‟ steckt ein Rundumschlag, es wird oft gebraucht als Gleichschaltungswort. Im Leben geht es anders zu: Ich kann von diesem Ding nicht sprechen, Sie nicht von jenem. Über ein anderes Ding kann ich zumindest stammeln, Sie steuern Gedankenskizzen dazu bei. In der Kommunikation wird das Ding vielleicht klarer – oder auch nicht. Haben wir Nachhilfe nötig? Brauchen wir beide zusätzliche Informationen?

AV 08 Wir können wohl oft nur in einem einigermaßen nebelfreien Bereich Ihrer und meiner Sprache, die sich überlappen, zu einer vorläufigen Klarheit kommen, wenn wir noch einmal unsere Wörter und Sätze abgleichen.

AV 09 Wenn ich will, kann ich über alles nachdenken und reden, was mir zu Bewusstsein kommt, was mich berührt. Das Denken und Reden mag aber tastend sein und im Ungefähren schweben bleiben.

<u>AV 10</u> Dass sich alles klar sagen lässt, was sich überhaupt sagen lässt, ist ein weiterer (fast paulistischer) Rundumschlag Wittgensteins, der eine Art himmlisch überweltlichen Idealzustand von Sprache und Sprecher voraussetzt, den nicht einmal Gott in der Bibel erreicht. Zurück zu ihm, diesem personifizierten Vater Morgana, diesem Halluzinogen der Gottesknechte:

AV 11 So dumm kann der hochgelobte, der unendlichgelobte Gott nicht sein! Die Widersprüche in der Bibel widerlegen die Autorschaft eines leidlich intelligenten Inspirators! Was bleibt also? Die Bibel ist Menschenwerk! Der Verallgemeinerer

Paulus, oder wer sonst im biblischen Kanon mit irdischen Sätzen nicht so ganz klarkommt, ist ein
kleines Beispiel für den Bibeltrug.

AV 12 Das neutestamentliche Menschenwerk berichtet von Jesus trotzdem viel Menschliches. Wenn ich
seine widernatürliche Zeugung, seine Gesalbtheit,
seine Idealisierung, Heroisierung, Messianisie-
rung, Miracolisierung, Comebackisierung abziehe,
ist er fast immer auf seine Mitmenschen zugegan-
gen, auch auf die Sünder und Sünderinnen, die Ungehorsamen, die Schwätzer, die Schwindler, die Ge-
winnsüchtigen, die Familienzerstörer.

AV 13 So ist Maria Magdalena untröstlich über Jesu gewaltsamen Tod. Die Engel im leeren Felsengrab
Jesu, das sich in einem Garten befand, haben sie
gerade gefragt, warum sie weine. Maria Magdalena
antwortet: „Man hat meinen Herrn weggenommen und
ich weiß nicht, wohin man ihn gelegt hat."

AV 14 Als sie das gesagt hatte, wandte sie sich
um und sah Jesus dastehen, wusste aber nicht, dass
es Jesus war. Jesus sagte zu ihr: „Frau, warum
weinst du? Wen suchst du?" Sie meinte, es sei der
Gärtner, und sagte zu ihm: „Herr, wenn du ihn weg-
gebracht hast, sag mir, wohin du ihn gelegt hast.
Dann will ich ihn holen." Jesus sagte zu ihr: „Maria!" Da wandte sie sich ihm zu und sagte auf Heb-
räisch zu ihm: „Rabbuni!" das heißt: Meister. Jesus sagte zu ihr: „Halte mich nicht fest ..."

AV 15 Man merkt Maria Magdalena an, dass sie vor
Trauer ganz durcheinander ist. Bevor die Engel etwas sagen können, lässt sie ihren Blick wieder unruhig durch den Garten schweifen, sieht durch ihre
Tränen hindurch einen Mann, den sie unbewusst für
einen Gärtner hält. Seine Fragen beantwortet sie,
ihre Augen suchen aber nebenher gleich wieder
rastlos den Garten nach irgendwelchen Hinweisen
ab.

AV 16 Jesus nennt sie beim Namen. Im Hören trifft
sie der Blitz der Erkenntnis, ihr Blick kommt auf
ihm zur Ruhe, schon ist sie bei ihm, und in der
Berührung finden sie sich für einen unendlichen
Augenblick aufgehoben.

AV 17 Diese Szene ist ein anrührendes Beispiel
dafür, dass das Sprechen manchmal nur den Zugang
zu einer ursprünglicheren Art der Verbundenheit
öffnet, die nicht auf Sprache angewiesen ist. Diese bringt nur ein Geschehen in Gang, bei dem sich
zwei Menschen einander ohne jeden Machtanspruch,
vertrauensvoll, rückhaltlos und unverhüllt zuwen-
den.

AV 18 In Gottes Text, von Frohbotschaftlern aufgeschrieben (wie manche glauben), Haken geradezu-
biegen, ist dann wieder eine dankbare Aufgabe für
den Gotteskundler. Warum stellt z. B. ein Allwissender Fragen? Er weiß doch, warum Maria Magdalena
weint! Bei der Begründung wird vom Theologen die
Sprache biegsam eingesetzt bis jemand mit ihm ver-
nünftiger diskutiert als er zu denken im Stande
ist. Aber er hat ja immer die Möglichkeit, die
Vernunft mit dem Glauben zu erschlagen.

AV 19 Formale Kenntnis der Sprache mag nützlich
sein, bleibt aber nur an der Oberfläche. Die phi-
losophisch interessante Kommunikation läuft auf
einer tieferen Ebene ab, was vielleicht auch im
nächsten Beispiel zum Ausdruck kommt:

AV 20 Einst, nachdem Bankei im Korin-ji eine Dar-
legung gegeben hatte, ersuchte ihn ein Samurai,
der stolz auf seine Geschicklichkeit in den Kampf-
künsten war, um eine Unterredung. „Ich bin viele
Jahre in der Kunst des Zweikampfs geschult worden", sagte er. „Als ich sie beherrschte, bewegten
meine Waffen sich in vollkommener Übereinstimmung
mit meinem Geist. Wenn ich jetzt einem Gegner ge-
genüberstehe, so spaltet meine Klinge seinen Schä-
del, bevor seine Waffe sich auch nur geregt hat.
Es ist wie mit euch und eurem Dharma-Auge." „Ihr

sagt, ihr habt es in eurer Kunst zu großer Geschicklichkeit gebracht", sagte Bankei. „Versucht mich zu treffen." Der Samurai zögerte einen Augenblick. „Mein Streich ist schon gefallen", sagte Bankei. Der Mann war völlig überrumpelt. „Ich staune", seufzte er. Euer Streich ist schneller als ein Funke vom Feuerstein. Mein Kopf rollt mir zu Füßen. Bitte, Meister, lehrt mich die Essenz des Zen."

AV 21 Der Zenmönch Bankei Eitaku hat viel mit Jesus gemein, wenn er z. B. einem sinnsuchenden Aussätzigen, der bat, als Mönch aufgenommen zu werden, den Kopf scherte und dabei - zum abgrundtiefen Ekel eines Anwesenden - die nässenden Ausschläge des Kranken berührte.

AV 22 Bankei wurde über einen Möch berichtet, der im Ruf stand, ein Dieb zu sein, den deshalb ein Obermönch des Klosters von der Teilnahme an den Darlegungen Bankeis ausschließen wollte. Der Obermönch war sehr beschämt, als Bankei ihn zurechtwies: „Du möchtest nur ehrenwerte und aufrechte Menschen zulassen und die schlechten ausschließen. Das läuft allen meinen Absichten vollkommen zuwider."

AV 23 Bankei hätte sicherlich Paulus wegen seines angeekelten Geschwätzes über Lügner, Schwindler usw. zurechtgewiesen. Ob sich der selbstherrliche Paulus von Jesus, dem nachzufolgen er vorgab, hätte zurechtweisen lassen?

Anmerkungen zu Kapitel AV

AV 01.1 Wie in den Freiburger Zeitungsartikeln
von Kapitel AG, wo gebetsmühlenartig wiederholt
wird, dass das Volk alles, der Einzelne nichts
ist, findet man auch heute in A-bendblatt bis Z-
eitung ganz ohne obrigkeitliche Zensur oft Ein-
falt statt Vielfalt. Ist im Falle eines Falles
dann schnell wieder die nationale oder christlich-
abendländische Gleichschaltung erreicht? Oder sind
wir doch etwas mündiger geworden?
<--

AV 02.1 Für Paulus: Siehe bei AP 23.1.1!

AV 02.2 Titus (um 10 - um 105), Mitarbeiter des
Paulus

AV 02.3 Zum Vergleich können Sie im Paulusbrief
an Titus von Kapitel 1 die Verse 10 bis 16 lesen.
Es ist übrigens umstritten, ob Paulus überhaupt
der Verfasser dieses Briefes ist.

AV 02.4 Das wird aber keine Rolle spielen, denn
die von Gott inspirierten Bibelschreiber sind ja
in gewisser Weise austauschbar. Man muss es also
dem Bibelgott anlasten, dass er die Meinung eines
Kreters ungeprüft aufschreiben ließ.
<--

AV 06.1 Zu Ludwig Wittgenstein: Siehe auch in AI!
<--

AV 07.1 Immerhin neigen Leute vom Schlage Wittgensteins erfreulicherweise dazu, ihre Aussagen
selbst immer wieder in Frage oder zur Diskussion
zu stellen.

AV 07.2 Der Autor des genannten Paulusbriefes
möchte dagegen die Ungehorsamen, die Schwätzer und
Schwindler zum Schweigen bringen. Er gibt Titus
die Anweisung, solche Leute scharf zurechtzuwei-
sen. Hier wird nebenbei in ein paar Zeilen die Hi-

erarchie deutlich: Oberhirte Paulus - Leithammel
Titus - Schafe.

AV 07.3 Der Bibelmitautor hält sich auch ausdrücklich für einen reinen Menschen, während er
die Unreinen als eklig und ungehorsam abstempelt,
unfähig zu jeder guten Tat: Schwarz-Weiß-Malerei
und Verallgemeinerungssucht gehen Hand in Hand.
<---

AV 10.1 Schon im Vorwort zu seiner logisch-philo-
sophischen Abhandlung (Wien 1918) sagt Wittgenstein: „Man könnte den ganzen Sinn des Buchs etwa
in die Worte fassen: Was sich überhaupt sagen
lässt, lässt sich klar sagen; und wovon man nicht
reden kann, darüber muss man schweigen.‟
<---

AV 14.1 Evangelium nach Johannes, Kapitel 20,
Verse 14 bis 17 (siehe auch AD 03.6)
<---

AV 16.1 Es war Absicht, dass ich nicht geschrieben habe: „... findet sie sich ...‟. Ich stelle
mir vor, dass sich Mitmensch Jesus in der Aufgeho-
benheit von Maria Magdalena auch selbst aufgehoben
fühlt.

AV 16.2 Mit dem „unendlichen Augenblick‟ wollte
ich Sie jedoch ein wenig provozieren (wo ich doch
das Unendliche weitgehend auf die Mathematik be-
schränke). Wenn einem Dichter aber die Unendlichkeit durchgeht, möchte ich seiner künstlerischen
Freiheit keinesfalls die Zügel anlegen, denn er
dringt damit vielleicht in neue Gefilde des Sagba-
ren vor.

AV 16.3 Ich Nichtdichter ersetze also die poeti-
sche Fassung „für einen unendlichen Augenblick‟
durch eine prosaischere Version: „für einen er-
füllten Augenblick, der lange nachwirkte‟.
<---

AV 20.1 Bankei Eitaku (1622 - 1693) war ein japanischer Mönch des Zenbuddhismus.

AV 20.2 An Bankeis Darlegungen nahmen oft Hunderte bis Tausende von Zuhörern teil, Männer wie Frauen, Arme wie Reiche, Leute aus der Nachbarschaft oder von weither. Die Schulungen konnten 90 Tage dauern, wobei sich Bankei auch die Zeit für Einzelgespräche nahm.

AV 20.3 Korin-ji: Buddhistisches Kloster in Edo, dem heutigen Tokio

AV 20.4 Samurai: entspricht grob ungefähr dem abendländischen mittelalterlichen Ritter

AV 20.5 Bankei meint, wer das erkennende selbstlose Dharma-Auge voll ausgebildet hat, kann einen Mitmenschen bis ins Mark erkennen, wenn er ihm nur ins Gesicht schaut, während er sich nähert.

AV 20.6 Der Samurai wurde ein ergebener Schüler von Bankei.

AV 20.7 Das Zitat und die Erläuterungen zum Umfeld Meister Bankeis stammen aus: Meister Bankei: Die Zen-Lehre vom Ungeborenen. O. W. Barth, München 1988.
<---

AW   Sind Sie ein Gegenstand?

AW 01 Am wortlosen Höhepunkt ihrer Begegnung
treffen Bankei und der Samurai im einen Fall, im
andern Maria Magdalena und Jesus in unsprachlicher
Unmittelbarkeit aufeinander. In der menschlichen
Begegnung schaut jeder über den Tellerrand seiner
angelernten und verinnerlichten monotheistischen
oder buddhistischen Spruchweisheiten und findet im
jeweils anderen einen Mitmenschen, der ihm das Leben lebenswert macht.

AW 02 Bereitwillig öffnet er sich einer umfassenden Kommunikation. Man könnte fast sagen: Seele
trifft Seele - wenn der Begriff „Seele" nicht so
vorbelastet, vieldeutig und schwammig wäre.

AW 03 In der Szene vor seinem Grab z. B. hatte
Jesus mit der leibhaftigen, der ganzen Maria Magdalena zu tun. In der Bachkantate „Ich hatte viel
Bekümmernis" ruft nur noch eine körperlose, wenn
auch mit einem gar sauberen Soprano ausgestattete
Seele: „Ach Jesu, meine Ruh, mein Licht, wo blei-
best du?"

AW 04 „O Seele sieh! Ich bin bei dir" antwortet
Jesus mit tiefer, beruhigender Stimme, was die
Seele aber erst nach einem längeren Duett zu glau-
ben beginnt.

AW 05 Hinter dem Text aber, der vom biblischen
Krimskrams, vom erwürgten Lamm, vom nachtdunklen
Weinen der Seele zum Wein übergeht, dem funkelnd
lauteren Labsal, um endlich von Ewigkeit zu Ewigkeit usw. in Gottes Weisheit, Lob usw. usw. zu
schwelgen, spannt sich der tragfähige Bogen der
Bach'schen Musik, den jeder hörbereite Abendländer
oder Nichtabendländer, der schon einmal in der
Finsternis hockte und das Licht herbeisehnte, voller Hoffnung betreten kann - auch ohne Deutsch-
kenntnisse.

AW 06 Diese Musik, deren Wurzelwerk in tiefere
Tiefen reicht als das Wort, das sich für das Prin-
cipium generalissimum hält, diese Musik, deren
Krone hoch über dem Infinitätsfimmel infantiler
Renommisten rauscht, wird auch einen atheistischen
Liedermacher berühren, für den die herkömmliche
abendländische Seele nur ein leeres Wort ist.

AW 07 Bevor ich mich aber auf die Suche nach der
(körperlosen?) Seele mache, möchte ich ihren möglichen Träger finden, mit dem sie (auf Gedeih und
Verderb?) verknüpft ist. Ist erst der Mensch ein
geeigneter Seelenträger? Legt die verblüffend
plausible Evolutionstheorie nicht schon Schafe,
Schlangen oder Einzeller als Kandidaten nahe?
Vielleicht fange ich vorteilhaft ganz allgemein
mit Gegenständen an:

AW 08 Auf dem Tisch vor ihnen liegen zwei Gegenstände: Ein quaderförmiges Metallstück und ein
Holzstab mit ovalem Querschnitt. Diese Kleingruppe
von Gegenständen bildet nichts Neues, sie ist sozusagen nur die Summe aus den beiden Teilen.

AW 09 Das ovale Loch im Metallquader fällt Ihnen
gleich auf. Arbeitsam stellen sie fest, dass der
Holzstab knapp hineinpasst. Sie zwängen ihn hinein, haben einen neuen Gegenstand erschaffen, nennen ihn Hammer und lassen sich den Bauplan paten-
tieren.

AW 10 Auch ohne Metaphysik kann man festhalten,
dass ein Hammer als Ganzes mehr ist als die Summe
seiner Teile (die Sie übrigens im Nachhinein Ham-
merstiel und Hammerkopf nennen).

AW 11 Oder: Als Künstler sind Sie sicher in der
Lage, aus Drähten, einer Diode - auch wenn Sie
nicht wissen, was genau das ist - und einem Kopf-
hörer eine kleine moderne Skulptur zu erschaffen.
Als Radiobastler stellen Sie aus denselben Teilen
einen ganz einfachen Radio her. Beides sind neue
Gegenstände, die mehr als die Summe ihrer Teile

darstellen. Die Möglichkeiten des einen wie des anderen neuen Gegenstands liegen in der speziellen Verknüpfung der Einzelteile miteinander.

AW 12 Eine bloße Anhäufung von Gegenständen ist nichts Neues, ist nur die Summe ihrer Teile. Wenn aber jeder der Gegenstände auf irgendeine Art mit jedem der anderen unmittelbar oder mittelbar verbunden ist, kann ich insgesamt einen neuen Gegenstand begrüßen, der über die Einzelteile hinaus durch seinen Bauplan bestimmt ist.

AW 13 In meiner Jugend war eine leicht gruselige, handgroße Gummispinne ein Teilgegenstand, der sich meinem Besucher ins Gesicht schwang, wenn er mein Zimmer betrat, weil er dann unwissentlich einen elektrischen Kontakt unter einer leichten Fußmatte geschlossen hatte, der wiederum einen Elektromagneten aktivierte, damit der locker an der Wand angebrachten Spinne der letzte Halt entzogen würde.

AW 14 Weitere wichtige Teilgegenstände dieses Besucher-Schreck-Gegenstands waren nebenbei Kabel, ein elastisches Blech aus meinem Märklin-Metallbaukasten, das sich unter der Fußmatte leicht über einen in den Fußboden gesteckten, metallisch blanken Reißnagel wölbte, eine Batterie, eine Schnur, anderes Befestigungskleinzeug, Wand und Decke des Zimmers.

AW 15 Oder: Ihr Geschenkgutschein vereinigt ein Textfeld („Liebe Oma, zum 75sten auf nach Rom!"), ein Foto vom Kolosseum und ein Herzchen. Mit der Anordnung zufrieden, gruppieren Sie sicherheitshalber diese drei Elemente: Es ist jetzt im Innern des Computers ein neuer Gegenstand entstanden, den Sie als Gesamtheit z. B. auf dem Bildschirm verschieben können.

AW 16 Was als Sternbild Widder bezeichnet wird, ist kein ernstzunehmender Gegenstand, sondern nur eine Anhäufung himmlischer Lichtpunkte, die von uns aus benachbart erscheinen. Wer diese Sternan-

sammlung einst mit viel Phantasie als Widder bezeichnete, hatte wohl auch keine Ahnung davon,
dass der hellste Stern des Widders, Hamal, näher
bei uns liegt, als bei Mesarthim, seinem Widderge-
nossen.

AW 17 Während ich aber über den Widder schreibe,
muss ich feststellen, dass dieses Sternbild anscheinend durchaus in meinen grauen Zellen als
Hirngegenstand verankert ist – dem Wolpertinger
ähnlich, dem ja auch kein Gegenstand in meiner
Außenwelt entspricht.

AW 18 Zeiten und Räume durchströmende Gegenstände, z. B. Flüsse, werden oft nach und nach von Sagen umwoben, die manche empfindsame Dichterseele
zum Weitersinnen anregen, was wieder seinserschüt-
terte Philosophen tiefe Gedanken weiterspinnen
lässt. Also nicht nur, weil dort die alten Deutschen tranken, bis sie still zu Boden sanken, ist
es am Rhein so schön (zum Glück sind aber nicht
nur am Rhein die Mädel so lustig).

AW 19 Ein Widder ist ein Gegenstand, der aus vielen zweckvoll miteinander verbundenen Teilgegenständen besteht, bis hinunter zu seinen Organen,
Molekülen, Atomen, Quarks oder noch endgültigeren
Urbausteinchen. Wenn ein Widder im Hochsommer be-
wegungslos im Schatten eines Baumes träumt, können
einzelne seiner Bestandteile trotzdem in Aktion
sein, z. B. schlägt das Herz, rote Blutkörperchen
bewegen sich durch die Adern usw.

AW 20 Das Allgemeinste, was man auch über ein
Schaf sagen kann, ist, dass es ein Gegenstand ist.
Vermutlich merkt aber schon ein Kind, dass dieser
Gegenstand Schmerz empfinden, Wärme geben, eine
Art Gefährte sein kann – und entwickelt sogar
freundschaftliche Gefühle, sodass es froh ist,
wenn sein verirrtes Schaf wieder aufgefunden wird,
wie sich vielleicht ein Vater über die Rückkehr
seines verlorenen Sohnes freut.

AW 21 Der Schafbesitzer freut sich gewöhnlich
über das Schaf als Wertgegenstand, das Gewinn
bringend gemolken, geschert, geschlachtet, ge-
schächtet oder, himmlischen Gewinn bringend, geop-
fert werden kann. Als Wertgegenstand verliert das
Schaf an Freiheit, aber auch der Geizhals, der in
einem Schaf lediglich den Besitz sieht, legt sich
Scheuklappen an.

AW 22 Von einem Kind - es muss kein Jesusknabe
sein - das den Gegenständen seiner Umwelt überwiegend interessiert, aufgeschlossen und freundlich
gegenübertritt, könnte der geizige Leistungsträ-
ger, der verklemmt unter seinen Millionensäcken
schwitzt, das Sein lernen, um dem ewigen Habenwol-
len wenigstens teilweise zu entkommen.

AW 23 Um vom Schaf auf Sie zu kommen: Sie sind im
beschriebenen Sinn natürlich ebenfalls ein Gegenstand (wie ich), wenn auch die Kenntnis Ihrer Teile und deren Verküpfung untereinander viele Lücken
lässt. Immerhin können Sie Ihre Gedanken, die den
meinen widersprechen mögen, formulieren, wenn es
denn Ihre eigenen Gedanken sind und nicht die Erzeugnisse einer naiv und unüberlegt übernommenen
Tradition.

AW 24 Wie jeder Gegenstand sind Sie in die Welt
eingebettet, können sogar mehr als ein Stein, der
nur auf seine Umwelt reagiert, wenn man ihm z. B.
die Unterlage wegzieht. Sie sind wie eine Sonnen-
blume aus innerem Antrieb in der Lage, sich der
Sonne zuzuwenden; Sie können das sogar mitteilen.
Obendrein haben Sie die Möglichkeit, die Sonne zum
Symbol für Ihren Gott zu machen oder gar zum Gott
aller Menschen zu erklären.

AW 25 Es ist kein weiterer Abstieg, ein Gegenstand zu sein. Werden Sie doch längst von der Ast-
ronomie als Stäubchen auf einem Sandkorn im Weltall erachtet! Von der Biologie zur albernen Affen-
cousine gestempelt! Vom gekauften Lohnpsychologen
der Unseen-Company, der erfolgreich Ihre Gier auf

das Special Offer „min2-unseen-4you" angeheizt
hat, als Spielball rübergekickt zum Kollegen, der
Sie von Ihrer Schnäppchensucht heilen soll!

AW 26 Sie haben doch als Gegenstand keine Ihrer
Fähigkeiten verloren! Welcher andere Gegenstand
als ein Mensch kann schon so begeistert auf einen
Berg steigen oder so hingebungsvoll in den Ohren
bohren?

AW 27 Sogar wenn Sie als Schickimicko Ihren süßen
Tunixen gegenüber einen müden Einwand gegen meine
Gegenstandstheorie fallen lassen, wäre Ihnen damit
sofort der Nachweis gelungen, mehr zu sein als nur
ein bloßer Durchlauferhitzer für kühlen Champag-
ner; denn auch der lahmste Widerspruch deutet auf
Überbleibsel geistiger Beweglichkeit hin.

AW 28 Wenn ich das Wort „ich" auch nicht für
grundwortgeeignet halte, kann ich doch einiges
über den Gegenstand, den ich mit „Ich" bezeichne,
aussagen: Denn ich persönlich bin ja dieser Gegenstand.

AW 29 Dieser Gegenstand war seit seiner Zeugung
in der Welt und hat in der Auseinandersetzung mit
der Restwelt seine eigene Entwicklung durchge-
macht, die irgendwann dazu führte, dass er sich
seiner selbst bewusst wurde, was wohl nur unter
der Begleitung seiner Mitmenschen in vollem Umfang
denkbar war.

AW 30 Und jetzt rede ich von mir als einem Gegenstand mit Kopf, Rumpf, Armen und Beinen, Zellen,
in denen unter anderem meine körpereigenen Protei-
ne aufgebaut werden, einem Gehirn, das oft widersprüchliche Gedanken produziert, Stimmbändern,
durch die ich diese Gedanken von mir gebe, usw.

AW 31 Wann wurde nur meinem Ich auch noch eine
sagenhafte Seele aufgeschwatzt?

AW 32 Um wie viel greifbarer ist dagegen mein
Ich! Wenn ich das Wort „Ich" auch nicht zum Grund-
wortschatz rechne, hat das, was es bezeichnet, für
mich doch eine bodenständige Bedeutung. Ich fühle
mich selbst und stehe ja mit eigenen Beinen, die
aus weltlichem Stoff bestehen, auf weltlichem Boden, der mich trägt.

AW 33 Also zunächst noch ein Kapitel zur etwas
tieferen Einsicht ins Ich, bevor ich im übernächs-
ten Kapitel die flatterhafte Seele mit der Lupe
ein bisschen vergrößert betrachte. Mag es dann
auch der theologische Konservologe einseitig und
verzerrend finden, wie ich mit meiner Linse elend
in Seelen friedlicher Kreaturen herumspähe, die er
so gern von sich und seiner Seelenkunde oder Eido-
logie abhängig sieht.

Anmerkungen zu Kapitel AW

<u>AW 03.1</u> Der Text von Salomon Franck (?), den Bach
vertont hat, ist ein wenig fragwürdig. Fragen Sie
nächstes Mal vielleicht die Sopranistin, ob sie
das Gefühl hat, der Seele, dem Träger der Seele
oder beiden ihre Stimme zu leihen.
<--

AW 05.1 Die meisten Texte, die Bach vertont hat,
können ihre christliche, ihre lutherische Herkunft
nicht verleugnen. Ich vermute aber, dass Bach neben seiner musikalischen und familiären Auslastung
ein vielseitiger Mensch war, der vor verhärteten
pietistischen Denkbremsen keinen Kniefall machte,
sondern auch mit aufklärerischen Denkern - durchaus bei ein paar Kannen Rheinwein - das Gespräch
suchte.
<--

AW 07.1 Es gibt viele Meinongen, unter anderem
die in Wittgensteins Traktat, darüber, was ein Gegenstand ist; daher versuche ich nachher, meine
eigene, vorläufige, genauer anzudeuten.

<--
AW 12.1 Man könnte sich vielleicht jeden Gegenstand aus Teil-Gegenständen aufgebaut denken, diese wieder aus Teil-Teil-Gegenständen usw. Mit Leu-
kipp, Demokrit, Epikur, Lukrez und anderen Atomis-
ten würde man bei elementaren Gegenständen enden
bzw. beginnen, die nicht mehr weiter zerteilbar
sind, bei Atomen (in der ursprünglichen Bedeutung)
also.

<u>AW 12.2</u> Außerhalb der menschengemachten Mathema-
tik scheint es nichts Unendliches zu geben. Nehmen
wir also – im Gegensatz zu Demokrit - an, es gibt
nur endlich viele Atome, die einander vollkommen
gleichen (gleichen müssen?), jedes für sich ein
total unstrukturiertes Ganzes.

AW 12.3 Da einem Gedankenexperiment nie etwas im Wege steht, billigen wir den Atomen eine gewisse Bindungsfähigkeit zu, sodass es spontan vorkommt, dass sich aus zwei Atomen eine neue Einheit bildet: a+a > (aa). Ein neuer Weltzustand ist eingetreten, eine Zeiteinheit - klick! - ist vergangen.

AW 12.4 Der neue Weltzustand bietet nun drei Möglichkeiten, denen man zusätzlich Wahrscheinlichkeiten zuordnen könnte: (aa) trennt sich wieder auf: (aa) > a+a. Oder es finden sich wie vorher zwei weitere Atome zusammen: a+a > (aa). Oder der zweiatomige Gegenstand verbindet sich mit einem Atom: (aa)+a > ((aa)a). Wenn das so weitergeht, ist z. B. der folgende Gegenstand möglich: (((((aa)a)(aa))(aa))a)(((aa)(aa))a)).

AW 12.5 Man müsste überlegen, was z. B. passieren soll, wenn sich eine Bindung in der Tiefe eines Gegenstands wieder löst.

AW 12.6 Das Fortschreiten einer Art Zeit lässt sich in diesem Modell erklären. Wenn außerdem das Modelluniversum mit sehr vielen Einzelatomen startet, dürfte es sehr unwahrscheinlich werden, dass es wieder in seinen Anfangszustand zurückkehrt; es wird sich wohl eine Art stationärer Zustand einstellen. Die Entwicklung einer Art Raum ist dagegen nicht richtig absehbar.

AW 12.7 Auch ist nicht einsichtig, dass am Anfang eine bestimmte Zahl von Atomen vorhanden sein soll. Vielleicht sollte man mit dem Nichts starten, das sich spontan aufspalten kann in ein - und ein +: 0 > - und +. Im nächsten Schritt vereinigen sich dann die beiden Gegenstände vielleicht wieder: - und + > 0. Oder das - spaltet sich auf in ein -- und ein -+. Es ist später z. B. ein Gegenstand der Art -----+++ möglich; soll man ihn mit +----++- identifizieren?

AW 12.8 Das sind alles Schreibtischüberlegungen; vermutlich sind viele Physiker damit beschäftigt, aus ihren elementarsten Weltkenntnissen ein Modell zu entwickeln, das auf einfache Art die Welt erklärt.

<--

AW 17.1 Dass die Sterne des Widders nicht besonders viel miteinander zu tun haben, lässt aber noch kein vernichtendes Urteil über die Astrologie zu, denn im Widder geboren zu sein, heißt ja nur, an einem der Tage ab dem 21.03. bis zum 20.04. zur Welt gekommen zu sein.

<--

AW 18.1 Haben Sie gefragt, welche Teilgegenstände den Rhein ausmachen? Eine Diskussion darüber würde allgemein meinen Gegenstandsbegriff klarer machen, und speziell wüssten wir hinterher vielleicht, was es für die Rheinheit des Rheins bedeuten würde, die Loreley zu sprengen.

AW 18.2 Die Frage aber, wie lange man den Rhein als Rhein bezeichnen kann, ist weltfremd. Es geht hierbei nicht um Leben und Tod. Die Einebnung des Rheinfalls bei Schaffhausen würde im Großen und Ganzen den Rhein Rhein sein lassen, wenn auch die meisten Schaffhausener wenig erfreut wären. Akademisch verzwickter würde es, wenn man den Säntis in den Bodensee kippt.

<--

AW 19.1 Es macht einen Gegenstand natürlich nicht einfacher, wenn er ein schlagendes Herz hat. Trotzdem würde ich in den Gegenstandsbegriff hineinnehmen, dass ein Gegenstand auch zeitlich veränderlich sein bzw. zeitlich veränderliche Teilgegenstände enthalten kann, dass sogar gerade dies manche Gegenstände ausmacht.

AW 19.2 Ohne seinen Antrieb durch Dampfturbinen wäre das Schlachtschiff Bismarck ein Scherzartikel gewesen (na ja, wegen der Geschütze, deren umfangreiche Gefährlichkeit auch in ihrer Drehbarkeit lag, wäre es von Vorteil gewesen, einige Dutzend

Kilometer Abstand einzuhalten). Wer aber auf allen Meeren zu Hause sein will, braucht einen Antrieb, der zur gewünschten Zeit in Bewegung gesetzt werden kann.

AW 19.3 Wie im Widder die roten Blutkörperchen bewegten sich auf der Bismarck im Gefecht 2000 Leute hin und her, um eine optimale Funktion zu gewährleisten. Wenn der Widder sich aber mit seinen gedrehten Hörnern im Gestrüpp verfängt oder das Schlachtschiff mit verklemmtem Ruder nur noch im Kreis fährt, sind sie leichte Beute für die Schlächter, ganz gleich ob Patriarchen oder Briten.

AW 19.4 Mit unseren mesokosmischen Augen betrachtet, ist der Hammer vor Ihnen auf dem Tisch ein äußerst regungsloser Bursche. Wir wissen aber inzwischen, dass sich seine kleinsten Teilchen in ständiger, für unsere Augen nicht sichtbarer, Bewegung befinden. Sollte Bewegung zu allen Gegenständen dazugehören?

AW 19.5 Nach einjähriger Abschaltung des Antriebs hätte das stählerne Schlachtschiff Bismarck seine Aufgaben wieder wahrnehmen können. Schon einige Minuten nach einem Herzstillstand hätte aber der Eiserne Kanzler Bismarck seine Arbeit nicht wieder aufnehmen können. Das ist aber kein Grund dafür, dass Otto von Bismarck kein Gegenstand sein kann.

AW 19.6 Welches Wesen ist wohl ewig unbewegt, absolut unveränderlich, immer mit sich selbst identisch, unzerstörbar und stets getreu?

AW 19.7 Und wer zählt zu seinen stets getreuen, ehrenfesten, unbeugsamen, konservativen und lernresistenten Verkündern?

AW 19.8 Zusammengefasst: Die Vorstellung von Gegenständen als zeitlosen, in der Zeit eingefrorenen Dingern, geht eher an der Realität vorbei. Ich würde es vorziehen, bei einem Gegenstand die nöti-

gen Zutaten und seine Raum-Zeitlichkeit mit einzubeziehen.
<--

AW 25.1 Hinter „min2-unseen-4you" verbirgt sich
ein Dragee, nach dessen Einnahme Sie etwa zwei Minuten lang unsichtbar werden.
<--

AW 28.1 Siehe auch AD 12 usw.!
<--

AW 30.1 Als nackter Affe, der am Rand des Universums seinem Triebleben ausgeliefert ist, sehe ich
tatsächlich auch noch Parallelen zwischen Tischen
und Tischlern: Ja - beides sind Gegenstände!
<--

AW 31.1 Aufgeschwatzt? Diese meine katholische
Seele wurde mir Monate vor der Taufe bereits in-
trauterin zugestanden. Bei der Taufe wurde sie mit
einer kleinen Teufelsaustreibung von der Erbsünde
befreit, damit der Heilige Geist Platz findet, wofür ich nachträglich noch allen Beteiligten dankbar bin - auch dass es ohne Beschneidung abging.

AW 31.2 Obwohl, was ist die größere Gehirnwäsche:
ein bisschen Wasser und lange Jahre bigotter katholischer Erziehung (die ich nicht hatte, wie mir
vorkommt) nebst einseitigem Religionsunterricht in
staatlichen Schulen oder lange Jahre frommer mus-
limischer Erziehung, bei Knaben unterbrochen durch
ein bisschen Vorhautgeschnipsel?
<--

Anmerkungen zu den
Anmerkungen zu Kapitel AW

AW 03.1.1 Salomon Franck (1659 - 1725), deutscher
Jurist und Dichter
<--

AW 12.2.1 Demokrits unendlich viele Atome haben
die unterschiedlichsten Formen, sie können z. B.
häkchenartige Auswüchse oder Oesen haben. Irgendwie wollte er sich damals wahrscheinlich ein grif-
figes Bild davon machen, wie sich Atome miteinander verbinden können - und sah als Anregung vor
seinem geistigen Auge vielleicht, wie seine Finger
sich beim Nachschenken um den Henkel des Weinkrugs
schlossen.
<--

AW 12.8.1 Was ich hier einfach nenne, ist aber
immer noch keine menschengemäße Einfachheit, weil
uns wenig unmittelbare Erfahrung mit dem Mikrokosmos (und dem Makrokosmos) verbindet. Wir dämmern
mehr oder weniger gut in unserem engen Mesokosmos
vor uns hin, und wer nach Früchten vom Baum der
Erkenntnis strebt, wird dazu noch von Gottesanbe-
tern behindert und z. B. der Unzucht mit der Vernunft bezichtigt.
<--

AW 19.2.1 Wer schon mal selbst ein ordentliches
Dampfboot war, weiß, dass es mehr als ein seelen-
loser Gegenstand, „Dampfboot" genannt, ist. Es ist
im Grunde ein umfassenderes Ding aus Dampfboot,
Kapitän, Besatzung, Kommandobrücke, Befehlen usw.

AW 19.2.2 Da Ben Rogers seine Rolle als Dampfboot
gerade abgegeben hat, um Toms Zaun zu streichen,
können Sie den Part übernehmen. Ein paar Anleitungen dazu stehen in „Tom Sawyer" vom us-amerikanischen Schriftsteller Mark Twain (1835 - 1910).
<--

AX   Wo fängt das Ich an?

AX 01 Irgendwann habe ich angefangen, das Wort
„ich" zu verwenden, und zwar so, dass meine Umwelt
keinen Anlass sah, mich zu berichtigen.

AX 02 Sie hat darauf sogar mit Bestätigung oder
einer Dienstleistung geantwortet, was durchaus eine gehäufte Verwendung des Wortes ausgelöst haben
mag. Zu diesem Zeitpunkt kann ich schon mein Vor-
Ichbewusstsein vermuten.

AX 03 Es war auf jeden Fall später, dass ich
manchmal im Bett lag und dieses Wort „ich" in se-
kundenlangen Abständen vor mich hindachte. Dabei
überkam mich jeweils eine Art staunender Schauder,
während ich mich selbst besonders intensiv spürte.
Dies nenne ich die Geburt meines Ichbewusstseins.

AX 04 Als der kalte Guss den Fürchtenlerner des
Märchens überflutete, erblickte vielleicht vergleichbar sein lang ersehntes Angstgefühl das
Licht der Welt. Er wird sich damit gern zufrieden
gegeben haben, ohne höhere Weihen anzustreben -
etwa ein Zertifikat in panischer Angst.

AX 05 Das japanische Ichbewusstsein Bankei Eita-
kus, des Zen-Meisters, hat aber vielleicht eine
neue, erleuchtete, Stufe erreicht, die mir bisher
leider versagt blieb. In meinem jetzigen Ich-Zu-
stand habe ich davon nur eine papierene Kenntnis,
so wie der Rotgrünblinde den Unterschied zwischen
seinen beiden Problemfarben nicht persönlich erlebt.

AX 06 Zu Recht würde mir niemand glauben, dass
mein Papagei Ichbewusstsein hat, nur weil er deutlich „Ich habe Hunger" sagen kann. Mit genügend
Geduld und Sonnenblumenkernen hätte ich ihm auch
den Satz „Gott ist tot" andressieren können, damit
er daraufhin einen Kern bekommt - immer vorausge-
setzt, dass mein gedachter Papagei gelehrig genug
ist.

AX 07   Das soll nicht heißen, dass Papageien kei-
nerlei Vorstufen zu einem Ichbewusstsein haben.
Nur lässt es sich eben nicht auf diese Art antrai-
nieren: Die Verwendung des Wortes „ich" deutet
kaum auf Selbsterkenntnis hin, so wenig wie der
Kauf eines Doktorhuts dem Träger einen Titel verschafft.

AX 08   Welchem Menschen soll ich überhaupt glauben, wenn er von sich behauptet, er habe ein voll
entwickeltes Ichbewusstsein?

<u>AX 09</u>   Vorformen eines Ichbewusstseins gibt es
nicht nur bei Hunden oder Menschenaffen. Auch verschiedene Rabenvögel sind anscheinend in der Lage,
sich im Spiegel zu erkennen: Eine Elster bekam unwissentlich einen farbigen Punkt auf ihr Gefieder
getupft. Die Stelle war so gewählt, dass die Elster auch bei den größten Verrenkungen die Markie-
rung nicht einsehen konnte. Vor einen Spiegel gestellt, der den Farbpunkt in ihr Blickfeld brachte, versuchte sie jedoch, den Fleck an ihrem Gefieder zu entfernen.

AX 10   Andere Rabenvögel - Krähen - bekamen hinter
einem Gitter ein Stück Fleisch präsentiert. Dazu
ein Stöckchen, das aber zu kurz war, um das
Fleisch herauszuangeln. Hinter einem weiteren Gitter lag jedoch ein längeres Stöckchen, das mit dem
kurzen erreichbar war. Es war für die Vögel kein
Problem, sich in zwei Handlungsschritten das Fut-
ter zu verschaffen.

AX 11   Ich glaube, dass der Rabenvogel für diese
Leistung ein gewisses Gefühl für die eigene Person
haben muss: Da sein Verhalten nicht zufällig, sondern zielgerichtet erscheint, kann man annehmen,
dass er nach einem Plan vorgeht. In diesem Plan
müssen zwangsläufig das Fleisch, die beiden Gitter, die beiden Stöckchen und die Lage dieser fünf
Objekte zueinander eine Rolle spielen.

AX 12 In der Vorstellung der Krähe angelt aber
sicher nicht das kurze Stöckchen wie von Zauber-
hand das lange hinter dem Gitter hervor (Krähen
glauben vermutlich nicht an Wunder), sondern sie
sieht vor ihrem geistigen Auge als sechsten Gegenstand sich selbst (sie hat begriffen: „Ich bin
auch jemand!"), wie sie zunächst das kurze Stöckchen in den Schnabel nimmt, und führt sich dann
als handelnde Hauptrolle die Fortsetzung des Films
in ihrem Kopf bis zum Happy End vor.

AX 13 Danach verlässt sie das Kopfkino, die sym-
bolische Ebene, und schreitet zur hungerstillenden
Tat.

Anmerkungen zu Kapitel AX

AX 03.1 Zu dieser Zeit hat sich wohl auch mein
Bewusstsein dafür geschärft, wann und warum andere
Personen etwas von mir wollten. War es ihr persön-
licher Wunsch? Oder hatte ein „Man" ihre Wünsche
erzeugt, die sie an mich weitergaben? Das katholische „Man" meiner Familie erforderte z. B. die
freitägliche Fleischlosigkeit, was zum häufigen
Konsum von Kabeljaufilets führte.

AX 03.2 Diese waren leider nicht immer gräten-
frei, so wenig wie das katholische „Man", das da-
hintersteckte. Kaum geboren, wurde ich nachhaltig
in solche „Mans" verwickelt, die schon längst ihre
Konkordate geschlossen oder ihre Kriege beschlos-
sen hatten, ohne auf meinen noch ungeborenen Kopf
Rücksicht zu nehmen.

AX 03.3 Mein eigentliches Ich wurde von Beginn an
durch dieses und jenes „Man" unterstützt, modifi-
ziert, zurechtgebogen, belogen, vergewaltigt. Tra-
ditionsverhaftete, ruhe- und harmoniebedürftige
Philosophenseelen mögen vor den Wogen dieser
„Mans" unbewusst zurückgeschreckt sein. Sie machten aus den verqueren Wellen dieser chaotischen
Kreuzsee eine einzige einfache, glatte, wertfreie
Durchschnittsidee: das „Man".

AX 03.4 Wenn ich aber oben in der eisig sibirischen, unten in der teuflisch heißen Hölle stecke,
hilft es mir nicht, dass die Durchschnittstempera-
tur meiner Umgebung genau 20° Celsius beträgt. Das
harmlos-neutrale „Man", ein nichtssagender Durch-
schnittsbrei, bekommt dagegen ein behagliches Zimmer in der ehrfurchtsvoll „Haus des Seins" genannten Sprache und wird noch als benutzerfreundlich
schöngeredet in seiner Funktion als hilfreicher
Krückstock, der manchmal eigenes Denken ersetzt.

AX 03.5 Eine Durchschnittsangabe kann viel über
einen Sachverhalt aussagen, aber ein Philosoph

sollte diesen mathematischen Begriff nicht so simpel in sein Fachgebiet transportieren.

AX 03.6 Im „idealen‟ Fall einer völlig homogenen Gesellschaft mag jedes Individuum mit dem „Man‟ konform gehen. Von einer solchen Roboterkolonie würde sich aber jeder Ameisenhaufen geradezu als Denkfabrik abheben. Da ist es doch erfreulich, dass die Welt komplexer ist.

AX 03.7 Ein gesamtgesellschaftliches „Man‟ ist also ein nichtssagendes Konstrukt, während sich eine Gesellschaft sicher auch im Wettstreit ihrer unterschiedlichen Gruppen-„Mans‟ entwickelt.

AX 03.8 Wenn vor hundert Jahren das katholische „Man‟ am Karfreitag, dem höchsten evangelischen Feiertag, werktägig die Wäsche wusch und möglichst öffentlich zum Trocknen aufhängte, brachte dafür später im Jahr der evangelische Bauer klappernd und scheppernd die stinkende Gülle auf seinen Feldern aus, während die feierliche katholische Fronleichnamsprozession, verbissen ins Taschentuch singend, durch die Fluren schritt.
<--

AX 04.1 Den jungen Fürchtenlerner beneidete ich in AM 03.
<--

AX 05.1 Vielleicht haben einige abendländische Esoteriker erleuchtete Bewusstseinszustände, wie sie vom Morgenland bis zum Land der aufgehenden Sonne angestrebt werden, erreicht.

AX 05.2 Das Einfühlen in die östliche bzw. buddhistische Mentalität dürfte aber bei vielen Fans schon an der Sprachbarriere Einbußen erleiden. Es werden außerdem sehr unterschiedliche Wege zur Erleuchtung angepriesen: Dem Angebot der Gratiserleuchtung steht jahrelanges Durchstehen von beinverbiegenden Meditatiospraktiken in Verbindung mit logischen Hirnverwirrern gegenüber.

AX 05.3 Etwas ausgiebiger mit buddhistischem Gedankengut hat sich z. B. ein deutscher Philosoph, Mitglied der NSDAP und Rektor einer deutschen Universität, beschäftigt. Für ihn waren die Japaner tapfere Bundesgenossen mit der heiligsten Überzeugung, dass für das Vaterland noch keiner zu viel gefallen sei, ein Wort, das mit einem tiefen Gedanken Hölderlins übereinstimme.

AX 05.4 „Süß und ehrenvoll ist es, für das Vaterland zu sterben", meint Horaz. Im Abend- wie im Morgenland gibt es anscheinend Stimmungsmacher, die ihre Volksgenossen schon auf dem Sprachfeld Habachtstellung annehmen lassen wollen vor dem Diktum der Donnerwörter „heilig", „Vaterland", „Tod". Das Wort „heilig" habe ich abgehakt, was Sie unter Vaterland verstehen, ist Ihre Sache, der Tod bleibt uns für ein andermal übrig.

AX 05.5 Offene Weite, nichts von heilig: Diese Richtschnur kann man dagegen beim Buddhisten Bankei erkennen, der bei keinem Ratsuchenden auf Geschlecht, Bildungsgrad, Besitzverhältnisse, Charaktereigenschaften, Herkunft usw. schaute, der wohl auch Nichtjapaner begrüßt hätte. Wer das gemeinsam Menschliche sieht, wird auch weniger dazu neigen, im Konfliktfall sofort - aus aufgeregter Angst heraus? - das Nachbarvaterland zu verteufeln.

AX 05.6 Ob Bankei vom Strahl der Erleuchtung getroffen wurde oder nicht, er scheint ein buddhistischer Vertreter einer unaufgeregt toleranten Haltung zu sein und kein hypothetischer Hauruck-Buddhist.

AX 05.7 Vielleicht war es eine nachhaltige abendländische Art der Erleuchtung, die Demokrit im Fragment 247 dazu brachte, den heiligen vaterländischen Vogel unnnachsichtig abzuschießen, um ihn so erst, neugeboren, zum Aufstieg in die offene Weite zu befreien:

AX 05.8   „Einem weisen Manne steht die ganze Erde
offen; denn einer wachen Seele Vaterland ist der
gesamte Kosmos."
<--

AX 09.1 Während sich Descartes Tiere als Maschi-
nen vorstellte, hat beispielsweise der französische Jurist, Politiker und Philosoph Michel de
Montaigne (1533 - 1592) früh schon in ihnen ver-
wandte Wesen vermutet, eine Sichtweise, die der
anmaßende Mensch in seinem Hochmut aber weit von
sich wiese.
<--

Anmerkungen zu den
Anmerkungen zu Kapitel AX

AX 03.1.1 Es geht mir hier nur um sprachlich aus-
gedrückte Wünsche und um sprachlich ausdrückbare
„Mans".
<---

AX 05.3.1 Eugen Herrigel (1884 - 1955), zeitweise
Rektor der Universität Erlangen. Sein Buch „Zen in
der Kunst des Bogenschießens" hat einen hohen Be-
kanntheitsgrad erzielt.
<---

AX 05.4.1 Horaz oder genauer Quintus Horatius
Flaccus (-65 bis -8) war ein römischer Dichter.
Die Verherrlichung des Heldentods steht in seinen
Liedern (Carmina III/2/13).
<---

AX 05.5.1 Was mich nach wie vor beeindruckt: In
der ältesten erhaltenen Tragödie „Die Perser" vom
griechischen Dichter Aischylos (-525 bis -456),
der bei Marathon (-490) und der Seeschlacht von
Salamis (-480) gegen die Perser mitkämpfte, schil-
dert er die Niederlage der Perser unter Xerxes aus
ihrer Sicht, nicht als Triumph der griechischen
Sieger über untermenschliche asiatische Heerscha-
ren, sondern er sieht die menschliche Verwandtschaft.
<---

AX 05.6.1 Einen ähnlichen Gegensatz mag es zwischen linksorientierten Menschen und Stalinisten,
rechtsorientierten Menschen und Siegheilpatrioten,
bibelorientierten Menschen und Hexenverbrennern,
marktorientierten Menschen und Heuschreckenkapita-
listen geben; wo die jeweils zweite Ausgabe auch
über Leichen geht?
<---

AX 05.8.1 Demokrit hätte vielleicht ergebnisoffen
mit Sappho diskutiert, wenn sie ihm vorgehalten

hätte, etwas einseitig nur einen weisen Mann zu nennen.

AX 05.8.2 Bei der genannten Seele geht es hier natürlich um die demokritische, nicht um die wesentlich spätere christliche Seele, die aber auch griechisch (platonisch z. B.) beeinflusst ist.

AX 05.8.3 Demokrit hätte wohl aufgeschlossen mit seiner Magd debattiert, wenn sie ihm vorgeworfen hätte, etwas unausgewogen einseitig vom Vaterland zu sprechen.

AX 05.8.4 „Kosmos" (griechisch geschrieben natürlich) ist wirklich das letzte Wort im Urtext des Zitats. Es bedeutet hier eben das Weltall, die Gesamtwelt. Das griechische Wort „Kosmos" kann aber auch „Ordnung" heißen - oder „Schmuck". Als einfühlsamer Mensch können auch Sie sich vorstellen, dass Ordnung nicht nur mit Zucht, Gehorsam und Bürokratie zu tun hat, sondern auch mit Schmuck, Lebensfreude und Schönheit zu tun haben könnte.
<--

AX 09.1.1 Als katholischer Leser der Essays von Montaigne hätten Sie lange Zeit die Exkommunikation befürchten müssen. Erst Mitte der 1960er Jahre wurde die Liste der von der Inquisition und ihrer Nachfolgeorganisation verbotenen Bücher vorläufig abgeschafft, auf der ja auch Werke von Descartes und die „Kritik der reinen Vernunft" von Immanuel Kant verzeichnet waren.
<--

Anmerkungen zu den
Anmerkungen zu den
Anmerkungen zu Kapitel AX

AX 05.3.1.1 Abgesehen davon, dass mir in meiner
frühen Zeit Herrigels Buch über das Bogenschießen
gut gefallen hat, stammen meine neueren Informationen über ihn (und nicht nur über ihn!) aus dem
Internet, beispielsweise von Wikipedia.

AX 05.3.1.2 Einigermaßen zerknirscht, gebe ich
das im dritten Untergeschoss der Anmerkungen zu.

AX 05.3.1.3 Aber auch hier unten muss ich damit
rechnen, dass ein Inquisitor, der zwar den Lift
und den Paternoster (nicht das Paternoster!) ablehnt, da er den Antimodernisteneid geschworen
hat, die Treppe nicht scheut, um die Zimmer unter
Tage zu rekognoszieren.

AX 05.3.1.4 Und schon taucht er auf und schüttet
sich aus vor Gram über meine naive Gutgläubigkeit!
Welchen Anspruch auf Wahrheit kann ein Wikipedia-
Artikel erheben - selbst wenn andere Informationen
seine Plausibilität nicht mindern?

AX 05.3.1.5 Gott hat die Sonne stillstehen lassen
- das ist Bibel, das ist Wahrheit! Nicht unbedingt
im greifbar tatsächlichen Sinn, aber in einem allegorischen, moralischen, anagogischen oder sonst-
wie metaphorischen Sinn allemal!

AX 05.3.1.6 Auch mancher universitäre Etablitand
mit dem zeitsparenden Mut zur Lücke, der intelli-
gent und taff genug war, mit dem Lift ein Paar Ge-
schosse zu überspringen, mag die Nase rümpfen über
eine unwissenschaftliche Vorgehensweise: Widerlegt
sich doch der Wikipedia-Artikel selbst, da er einem deutschen Professor (!) vorwirft, seine Zen-
Kenntnisse aus dubiosen Quellen bezogen zu haben.

AX 05.3.1.7 Ekklige Investigarstoren! Seid hier
unten trotzdem willkommen zum Streitgespräch!

Wie gut, dass sich hier auf Ebene -3 das Weinge-
wölbe befindet, das ich als Austragungsort vorschlagen möchte. Dort ist aber auch der unkriti-
sche Allesschlucker gern gesehen.
<---

AX 05.5.1.1 Lassen Sie sich nicht von den Raffi-
nerierohren in Gela, der Stadt in Sizilien, wo
Aischylos sein Leben beendete, abschrecken! Besuchen Sie das archäologische Museum von Gela, das
auch mir empfohlen wurde! Es müssen nicht immer
nur die laut angepriesenen Hightlights der Touris-
musbranche sein - außerdem sind Sie von dort in
einer Autostunde auch bei der römischen Villa von
Casale bei Piazza Armerina.
<---

AY   Die mythoreligiosophische Seelenchimäre

AY 01 Nach Demokrit ist die Seele stofflich. Sie
entsteht und vergeht mit dem Körper.

AY 02 Nach Platon ist die Seele unstofflich. Sie
besteht schon vor dem Körper (unkatholischer Heide!) und bleibt nach seinem Tod auf ewig bestehen
(bravo!).

AY 03 Sie sehen, dass in einem überschaubaren
Zeit-Raum (um -400 und im griechischen Kultur-
kreis) sehr unterschiedliche, sogar gegensätzli-
che, Meinungen über die Seele vertreten wurden,
die jeweils ihre Mit-, Vor- und Nachdenker hatten.

AY 04 Mit der Ausbreitung des Christentums wurde
nun dem Abendland ein einheitlicherer Seelenbegriff übergestülpt, dessen Einzelheiten von
scharfsinnigen und gottesnahen Theologen ausge-
feilt und von Päpsten und Konzilien als verbindli-
che Glaubenssätze für alle Schäfchen dekretiert
wurden.

AY 05 Zum Beispiel wurde in der achten Sitzung
des 5. Laterankonzils im Dezember 1513 unter Papst
Leo X. verbindlich zu glauben vorgegeben, dass jede einzelne Menschenseele unsterblich sei (auch
die Seele des Todsünders natürlich), was überdies
- vom Glauben einmal abgesehen - allein durch die
Vernunft eingesehen werden könne (also auch durch
Ihre?).

AY 06 Mit Feinheiten auch dieser Glaubensvorgabe
ging z. B. der deutsche Reformator Martin Luther
nicht einig, und in Venedig etwa wurden Bücher eines anderen Gegners, der begründete abweichende
Ansichten vertrat, öffentlich verbrannt.

AY 07 Der katholische Katechismus stellt heute zu
glauben fest (Teil 1, Abschnitt 2, Kapitel 1, Absatz 6, Nr. 366):

AY 08 „Die Kirche lehrt, dass jede Geistseele unmittelbar von Gott geschaffen ist - sie wird nicht
von den Eltern ‚hervorgebracht' - und dass sie unsterblich ist. ...“

AY 09 Manche mögen den christlichen Seelenbegriff
und seine uniformisierende Durchsetzung und Ver-
feinerung durch die Jahrhunderte hindurch für einen Weg zur Wahrheit halten, die frei macht. Aber
wenn jedem mittelalterlichen Gegenargument der
Bann durch mächtige Kirchenfürsten oder deren Hil-
feruf nach dem Schwert ihrer weltlich herrschenden
älteren Brüder droht, zieht mancher verzagte Denker „Wahrheit“ und „Freiheit“ der Wahrheit und der
Freiheit vor.

AY 10 Die christliche Seele wurde übrigens platonischer zurechtgedacht als die Seele des Neuen
(oder gar des Alten) Testaments ursprünglich war,
was gelehrte und tiefsinnige Gottesmänner aber sicher weniger auf den heidnischen alten Platon,
sondern hauptsächlich auf die Tradition ihrer Kirche zurückführen, die ja auch bei ausgewählten
Heiden „Richtiges“ sieht und lobt.

AY 11 Die Meisten der bisher genannten Personen
haben vom Überfluss ihrer eigenen Seelen reichlich
zum Seelenbegriff beigetragen, was mittelbar und
ungefähr wohl auch meinen Seelenbegriff beim Her-
anwachsen ergänzte, dessen Verästelungen ich durch
den folgenden unsystematischen Assoziationen-Erwe-
cker andeuten will:

```
                              ych
                             syche
                           psychohor
                            syc     ror
                            ych     ror
                             che        ro
                   s e n f   yche        oh
          esel senf s e     n fpsyche      h
         sele nefs ka e le   e esch
        seele nefesch seele nefesch
     hauchseele seele sprit nifusel
      hauch aim  nus  spirit animuse
    rauch ach nous spiritus animal
   ruach          esprit anima
                  ach ka
                ka   ba
              ba   ka
              ka   ba
              psy   cho
              ka      ba
               ba     ka
               ka       ba
                ba        ka
               te rr  or ach
```

AY 13 Vielleicht ist es ein Fortschritt, wenn eine heutige arme, der Hilfe bedürftige Seele aus
religiös-philosophischen Vorzimmern der Hölle ins
Wartezimmer eines Psychologen flattern kann.

AY 14 Der Zufall (?) hat einst in der Welt, in
der Natur, einen Versuch auf den Weg gebracht, der
unter anderem zum Rabenvogel führte, der nach Plan
sein Fleischstückchen hinter einem Gitter hervor-
holt. Was die Selbsterkennung angeht, stellt die
Elster vor dem Spiegel fest: „Das kann nur ich
sein!" Der Mensch fragt noch weiter: „Wer bin ich
aber eigentlich? Wie kam es zu mir?" Ihm geht es
sogar um Selbsterkenntnis.

AY 15 Ohne Durst- und Hungergefühle bei Treib-
stoffmangel wäre ein Rabe oder ein Mensch wahr-

scheinlich nicht lange überlebensfähig. Eine ganze
Raben- oder Menschheit hätte sich ohne diesen
Drang wohl kaum entwickeln können. Quälenden Hunger empfinden zu können, scheint eine sehr grundlegende Fähigkeit zu sein.

AY 16 Nun ist das Hungergefühl wohl ziemlich einseitig und richtet sich eher unwillkürlich auf eine Walnuss oder den Sauerbraten, Leckerbissen, deren Zubereitungsarten bereits überliefert sind. Zu
Zeiten geringeren Nahrungsangebots begnügt es sich
auch mit halbverhungerten Eintagsfliegen oder
nacktschwänzigen Wanderratten. Es ist aber doch
auf Gegenstände festgelegt und eingeschränkt, die
irgendwie Essbarkeit ausstrahlen.

AY 17 Die umfassendere Fähigkeit zur gezielten
Planung aber muss vermutlich mit der Fähigkeit
einhergehen, sich selbst als handlungsfähiges Sub-
jekt wahrnehmen zu können, das zunächst in der
Vorstellung die Rolle übernimmt, die es anschließend in der Realität persönlich und entschieden in
die Tat umsetzt.

AY 18 Dass Rabenvögel sich selber im Spiegel erkennen, ist dann nur eine spätere, nicht sehr wesentliche Begleiterscheinung ihrer längst entwi-
ckelten Fähigkeit, überlegt, mit sich selbst als
Werkzeug ins Weltgeschehen einzugreifen.

AY 19 In Wasserspiegeln z. B. hätten sich Elstern
natürlich schon erkennen können lange bevor für
die menschliche Eitelkeit die Inflation der Spie-
gelherstellung einsetzte. Dennoch hat ihnen ihre
Selbsterkennung im Naturspiegel wohl keinen nen-
nenswerten Überlebensvorteil eingebracht. Auch von
daher betrachtet, ist die wesentliche Fähigkeit
die, bewusst planerische Handlungsmacht zu besitzen.

AY 20 Des Menschen Erklärungshunger ist mit ihm
groß geworden und war ihm sicher oft zum Vorteil:
Wer erklären kann, wie es zu einem Glücksfall oder

258

einem Schicksalsschlag kam, sorgt in Zukunft vernünftig für Wiederholung oder Verhinderung, wenn es in seiner Macht steht.

AY 21 Wie nun die Selbsterkennung der Elster im Spiegel möglicherweise ein Nebenprodukt der Evolution ist, mag der Drang des Menschen nach seiner Selbsterkenntnis eine Randerscheinung seiner umfassenden Neugier sein.

AY 22 Es fällt uns aber unverkennbar schwer, eine Frage offenzulassen. Wir neigen dazu, Erklärungen auch dann zu finden, zu erfinden oder zu übernehmen, wenn einschlägige Vorkenntnisse nicht einmal annähernd auf einer erfolgversprechenden Stufe angekommen sind.

<u>AY 23</u> Wie kam es also zum Menschen? In Griechenland z. B. bestand dazu der Mythos, der Titan Prometheus habe den Menschen aus Ton geformt, worauf die Göttin Athene der Tonfigur das Leben einhauchte. Ähnlich bildete der Bibelgott den Menschen aus Erde und blies ihm den Lebenshauch, die Seele, in die Nase.

AY 24 Die Erfinder dieser Geschichten legten damals den Keim zu einem Leib-Seele-Problem.

AY 25 Die Menschen konnten in jener Zeit selbst schon alles Mögliche in Form bringen. In ihrer Vorstellung war es deswegen auch für Titanen und sonstige Götter eine einfache Sache, einen erstklassigen Menschenleib zu formen. Diese makellose Skulptur war aber so tot wie ein edel gestalteter Weinkrug, bei dem man aber gern auf bewegliches Eigenleben verzichtete.

AY 26 Was nun einen Gegenstand zum lebendigen Gegenstand macht, ist ein Wissen, das weit über den damaligen Kenntnisstand hinausging. Die Erklärungssucht hatte aber schon längst die Götter erfunden, die nun auch den toten Figuren die Seelen einbliesen, auf dass - ein bisschen unvermittelt zwar - die Statuen ein tätiges Menschenleben aufnehmen konnten.

AY 27 Wir können uns heute besser vorstellen, wie ein Gott - selber schaffen wir's noch nicht - den Menschenkörper nicht mehr aus Ton oder Erde formen würde: Sie als Modell würde er z. B. äußerlich und innerlich bis in den atomaren Mikrokosmos hinein genau tomographieren und dann blitzschnell eine materielle Kopie von Ihnen herstellen. Schön! Die Minute, die sie dabei ein bisschen still halten sollten, ist vorbei!

AY 28 Im Moment der Fertigstellung würden Sie denken: „Mein Gott, er hat's geschafft!" Dasselbe dächte übrigens ihre Kopie, denn sie ist in diesem Moment ja noch völlig mit Ihnen identisch, wird sich aber auf Grund unterschiedlicher äußerer Lebensbedingungen, die auch innere Veränderungen mit sich brächten, zwangsläufig immer mehr von Ihnen unterscheiden.

AY 29 Da Sie sich vor dem Scanvorgang Ihr Geburtsdatum auf den Arm geschrieben hatten, das nicht mitgescannt wurde, kann es nicht vorkommen, dass Sie nach der Prozedur dauernd zweifeln, ob Sie jetzt noch Sie selbst oder nur Ihre Kopie sind, was im Grunde aber nicht weiter schlimm wäre, denn die Kopie startet mit demselben Körper, denselben Wehwehchen, derselben Erinnerung, demselben Gefühlsleben usw. wie Sie.

AY 30 Vielleicht wird es zum Albtraum, Ihrem Abbild klarzumachen, dass es nicht mit Ihrem Ehepartner verheiratet ist, keine Kinder hat, auch kein Zuhause usw. Das sind aber Schwierigkeiten, die ich hier nicht weiterverfolgen will.

AY 31 Mich würde reizen zu erfahren, ob Sie überhaupt gestört hat, was bei der Herstellung der Kopie fehlte: Der Ersatzgott hielt es gar nicht für nötig, aus der Trickkiste älterer Götter irgendeine Seele herauszukramen, um sie lebensspendend ir-

gendwie mit der Kopie zu verbinden! Sie fing ganz
einfach an zu leben! Hatte sie denn alles, was sie
dazu brauchte?

AY 32 Ja! Meiner Überzeugung nach tritt Ihr Abbild von einem Augenblick zum anderen quasi normal
ins Leben, erblickt das Licht der Welt zwar zum
ersten Mal, würde sich aber natürlich an genauso
viele Sonnenaufgänge erinnern wie Sie. Von Seele
jedoch keine Spur – von dem Wort „Seele" und seinem Drumrum abgesehen, das sich vielleicht als
neuronales Kunstwerk in Ihrem Gehirn eingenistet
hatte, ähnlich dem „Wolpertinger".

AY 33 Wenn ich unbedingt bei einem philosophischen Seelenbegriff bleiben wollte, könnte ich sagen, dass meine Seele in einem mehr oder weniger
harmonischen Zusammenklang aller meiner Teile,
meiner Untergegenstände, meiner Untersysteme besteht, ein Zusammenwirken, das im Rahmen eines natürlichen Bauplans abläuft.

AY 34 Vereinheitlichend würde ich diese Seelende-
finition aber auch gern wieder vom Eisernen Kanzler über das Schlachtschiff seines Namens bis zu
einem schlagkräftigen Hammer zurückverfolgen, dessen Seele dann darin bestünde, dass er ein ausge-
wogener, gut handhabbarer Gegenstand aus zwei zu-
sammengefügten wohlgeformten Teilgegenständen ta-
delloser Qualität ist: eine Seele von Hammer eben.

AY 35 So könnte ich jedem Gegenstand wieder eine
Seele zugestehen, die aber letztlich im gewohnten
Zusammenspiel der einzelnen Bestandteile des Ge-
genstands besteht.

AY 36 Nun ließ das alte leere Seelengespenst im
Abendland jahrhundertelang Millionen Menschen auf
Knien rutschen bis reales Blut floss. Das ist eine
christliche Tradition, der ich nicht nachweinen
werde.

AY 37 Hinfällig ist das aus dem Mythos entstande-
ne religiös-philosophische Phantom, das in der
Vereinigung mit einem Gegenstand, einem Körper,
diesem erst das Leben ermöglichen sollte. In einer
Umgebung, die einigermaßen lebensfreundlich ist,
kann der Körper völlig seelenlos und dennoch ver-
gnügt und wie gewohnt vor sich hin leben.

AY 38 Mit Körper war gerade ein ganzer Mensch gemeint, z. B. Ihr Abbild, das nach seiner Aufklärung über seine Entstehung erst einmal ein anstän-
diges Mittagessen braucht, auch weil das Frühstück
schon eine ganze Weile zurückliegt (das bereits
halbverdaute Müsli war mitsamt dem Frühstücksei,
dem übrigen Mageninhalt usw. mitkopiert worden).

AY 39 Nun spült ihr Abbild gerade ein paar salat-
garnierte sizilianische Rouladen mit einem halben
Liter Nero d'Avola - falls das Ihren Geschmack
treffen sollte - hinunter und denkt über seinen
weiteren Lebensweg nach.

AY 40 Sie können sich sicher die Gedanken und Gefühle ihres Ebenbilds, das es schon nicht mehr so
ganz ist, besser vorstellen als ich. Eines aber
ist klar: Es hat ein Innenleben, das seine Grundlage einzig und allein in der Struktur seines
stofflichen Aufbaus hat. Wenn ich dieses Innenleben, diese Gedanken und Erinnerungen, diese Fanta-
sien und Gefühle, dieses ganze Gespinst Seele nenne, gebe ich dem Wort einen anderen Sinn.

AY 41 So wird aus dem religiosophischen Gespenst
Seele, aus einer seit langer Zeit vertrockneten
Worthülse also, die in keiner verkündeten Ausfer-
tigung eine wirkliche Entsprechung hatte, das Gespinst Seele, mit dem ich vorläufig mein Innenleben bezeichnen könnte.

AY 42 Die Seele ist tot, es lebe die Seele!

Anmerkungen zu Kapitel AY

AY 04.1 Die von der Kirche angestrebte Gleichschaltung bezog sich bei Weitem nicht nur darauf,
was unter der Seele zu verstehen sei, sondern ist
auch für viele andere Punkte nachzuweisen. Um ihre
Lehren und Ermahnungen durchzusetzen, hat die Kirche oft das jesuanische Gebot der Nächstenliebe
durch abschwächende, sogar mit ihm unvereinbare,
menschenverachtende Durchführungsverordnungen bis
zur Unkenntlichkeit verstümmelt.

AY 04.2 Beispielsweise überwog der Kreuzzugsge-
danke („Gott will es!"), den sich Papst Urban II.
auf einer Zusammenkunft in Clermont von Hunderten
von Bischöfen und Äbten absegnen ließ, bei Weitem
kritische Stimmen. Vor dem Zweiten Kreuzzug verspricht Bernhard von Clairvaux Teilnehmern, auch
Mördern, Räubern, Ehebrechern usw. Tilgung ihrer
Sünden, den Siegesruhm oder den kämpfend Gefalle-
nen das ewige Leben im Paradies.

AY 04.3 Ein weißer Rabe unter den Klerikern war
damals etwa Radulfus Niger, der die ritterliche
Krämerseele (und andere Seelen) vor zu einfacher
Rechnung warnt: Kann der eiserne Besenheld, der
das Heilige Land vom Schmutz der heidnischen
Schweine säubern hilft, sein Sündenkonto ohne die
rechte Gesinnung aufbessern?
<---

AY 05.1 Leo X. (1475 - 1521), ab 15.03.1513
Priester, ab 17.03.1513 Bischof und ab 19.03.1513
Papst
<---

AY 06.1 Wurde die Kirche, gerade als sie der reinen Seelenwahrheit am nächsten kam, von reformato-
rischen Teufeln ausgehebelt? Wollten die Reforma-
toren ihrerseits dem von einer verkommenen Kurie
umgebenen ehrgeizigen Papst die Macht über die
Seelen entreißen, dem tiaragekrönten Teufelsdie-
ner, der jede Gegenmeinung bisher schönpredigen

oder ausrotten ließ mit Mitteln, die von honig-
fließender Rede bis zum blutvergießenden Urteil
reichten?

AY 06.2 Der italienische Philosoph und Humanist
Pietro Pomponazzi (1462 - 1525) verfasste kritische Gedanken über die Unsterblichkeit der Seele.
Immerhin wurde nur sein Hauptwerk verbrannt und
nicht er selbst, wie hundert Jahre vor ihm auf dem
Konstanzer Konzil Johannes Hus (um 1369 - 1415)
und knapp hundert Jahre nach ihm Giordano Bruno
(1548 - 1600), ein italienischer Dominikaner und
Philosoph.
<--

AY 08.1 Die Wörter „Geistseele" und „Seele" werden im Katechismus synonym verwendet.
<--

AY 09.1 Die kirchlich und weltlich Mächtigen
stammten überwiegend aus denselben meist adligen
Familien. Zum Beispiel war Rudolf von Habsburg-
Laufenburg, ein jüngerer Bruder des im Zürichgau
herrschenden Grafen Gottfried I. von Habsburg-
Laufenburg, ab 1274 Fürstbischof von Konstanz.

AY 09.2 Der römisch-deutsche König Rudolf von
Habsburg war übrigens ein Vetter der beiden gerade
genannten Brüder. Sein jüngerer Bruder Albrecht
wieder war Domherr in Basel und Straßburg.
<--

AY 10.1 So lässt sich der Christ Dante in seiner
göttlichen Komödie nicht umsonst vom Heiden Vergil
durch Hölle und Fegefeuer führen. Hat dieser doch
in seinem (vorchristlichen!) vierten Hirtengedicht
von einem gerade geborenen Knaben gesungen, mit
dem für die ganze Welt ein neues goldenes Zeitalter heraufkommen wird.

AY 10.2 Der blinde Heide hat also in propheti-
scher Voraussicht ein christliches Korn gefunden.
Überhaupt ist in mancher Theo-Logik jede menschli-

che Tat eines Heiden ein Beweis mehr dafür, dass
der allgütige Gott die christliche Nächstenliebe
auch einem Nichtchristen ins Herz pflanzen kann,
was gleichzeitig wieder die göttliche Existenz bestätigt.

AY 10.3 Eine andere Prophetie des Gedichts wird
aber die Wollfärber erschreckt haben, denn es
heißt dort auch:

AY 10.4 „Die Wolle wird nicht mehr lernen müssen,
verschiedene Farben vorzugaukeln, sondern auf den
Wiesen wird der Widder eigenständig das Fell in
rotprangendes Purpur wechseln, ein andermal in sa-
franfarbenes Gelb; von selbst wird Scharlachrot
die grasenden Lämmer kleiden.“
<---

AY 11.1 Schade, dass zum Thema „Die Geistseele
und ihre Binnenstruktur“ keine Gesprächsrunde mehr
mit Platon, Aristoteles, Irenäus von Lyon, Bernhard von Clairvaux, Abaelard, Rudolf Steiner und
uns zustande kommen dürfte.
<---

AY 14.1 siehe auch ab AX 09
<---

AY 19.1 Wir wollen der Elster aber einen ordent-
lichen Spiegel gönnen, vor dem sie sich stylen
kann, bevor sie auf der Vogelhochzeit den Jung-
fernkranz klaut, danach zum Hochzeitstanz schaut.
<---

AY 23.1 Hier scheinen die Meinungsmacher eine unendliche Schrittfolge in die Vergangenheit vermie-
den zu haben: ich, meine Eltern, deren Eltern usw.
Warum?
<---

AY 28.1 Mit leichtem Befremden würde Ihre Kopie
aber möglicherweise feststellen, dass sie doch ge-

rade noch dort drüben stand?!
<---

AY 41.1 Verschiedene Wissenschaften betrachten
dieses Gespinst Seele unter verschiedenartigen
Blickwinkeln.
<---

Anmerkungen zu den
Anmerkungen zu Kapitel AY

AY 04.2.1 Bernhard von Clairvaux war im Gegensatz
zu Bismarck der Ansicht, dass man mit der Bergpredigt Politik machen kann. In einem Brief nämlich
(Ep. 363), in dem er einen zweiten Kreuzzug propagiert, bedient er sich ihrer Worte: „Kann es sein,
dass ihr das Heilige den Hunden, die Perlen den
Schweinen vorwerfen wollt?" - und meint mit den
Hunden und Schweinen die Muslime, von deren Unrat
das „Heilige Land" gesäubert werden müsse (siehe
im Evangelium nach Matthäus, Kapitel 7, Vers 6).
Man sieht daran, dass die Bergpredigt auch als
Vorlage für Gottesreichspropagandaminister taugt.

AY 04.2.2 Sie erinnern sich vielleicht daran, wie
ein evangelischer Kirchenaufseher (AS 07.1.3) die
Bergpredigt als die Magna Charta des Reiches Gottes bezeichnete. Texte sind eben vielfältig aus-
legbar.
<---

AY 04.3.1 Radulfus Niger (vor 1146 - um 1180) war
ein englischer Jurist und Theologe, der vor dem
Dritten Kreuzzug seine Überlegungen öffentlich
machte.
<---

AY 06.2.1 Derzeit werden (von abendländischer
Seite) keine Autoren und keine Bücher mehr verbrannt. Es kann aber vorkommen, dass sich bei einem kirchenkritischen Buch ein Verleger ziert.
<---

AY 10.1.1 Dante Alighieri (1265 - 1321), italienischer Dichter und Philosoph

AY 10.1.2 Publius Vergilius Maro (-70 bis -19),
römischer Dichter
<---

AZ   Keine Macht den Sprachreglern!

AZ 01 Am Anfang war der Unterschied. Während sich
viel später die Sprache als Verständigungs- und
Denkmittel entwickelte, betraten auch immer wieder
Sprachnebelwerftalente, auf ihren Vorteil bedacht,
die Bühne, um mit Geschwafel Unterschiede, die es
gar nicht gibt, vorzutäuschen, oder reale Unterschiede in den Schwaden verschwinden zu lassen.

AZ 02 Mit der Freiheit des einen oder anderen
Christenmenschen ist es nicht weit her, wird er
doch oft schon kurz nach seiner Geburt ohne seinen
Willen mit der Taufe und einer kleinen Teufelsaustreibung in den Schoß etwa der katholischen Kirche
aufgenommen, in sie hineingeredet mit bestimmten
Ritualien.

AZ 03 Was sind diese Sprachhandlungen aber Anderes als erstarrte Ausflüsse aus dem Kanalsystem
eines Wolkenkuckucksheims, das in langen Jahrhunderten von vergleichsweise wenigen, im System groß
gewordenen, in der Wolle gefärbten Dogmenbastlern
aus fragwürdigen bis fantasierten Unterschieden
zusammengezimmert wurde, wobei ein windiges Bau-
teil das andere durch unausgegorene Argumente
stützen soll?

AZ 04 Wer hat sich nachträglich bewusst gegen den
aufgedrängten Glaubensbrei entschieden?

AZ 05 Wie entkommen wir aber erst dem Gesamtge-
bilde Sprache, das uns von unserer Umgebung aufge-
nötigt wird? Wie groß ist unsere Freiheit, uns vor
dem Wort „Popapi" oder irgendeinem anderen, und
dem, was seine Verfechter damit gemeint haben oder
was sie mit seiner Anpreisung erreichen wollen, zu
schützen?

AZ 06 Sind wir im Qualm des Wortwerferdauerfeuers
erst sturmreif geschossen (ohne es zu merken) und
haben bedingungslos kapituliert (das heißt mit
verbindlich nickendem Lächeln eigenes Denken auf-

gegeben), dann lassen wir uns anschließend (mitarbeitsbeflissen) durch ganze Sätze vollends unterkriegen und schreiben diese endlich (gehirngewaschen) unseren Kindern in ihre Meine-Freunde-Bücher.

AZ 07   Sind hier nicht oft Hütchenspieler zugange, die nur Wörter hin- und herschieben, ohne sie auf ihren Weltgehalt zu überprüfen? Die wegen eines weit entfernten Mondes nie zum Fernglas greifen würden? Die von Schrödinger nur seine Katze kennen und aus unscharfer Unkenntnis eines hypothetischen quantenmechanischen Zufallsprinzips die Freiheit des Willens herauslesen wollen?

AZ 08   Sind das altgediente Semester, die, immer noch ohne Realitätsbezug, z. B. die Wörter „Zeit" und „Raum" existenziell erschüttert hin- und herwälzen und sie für sinnvolle Begriffe eines reinen Denkers halten, der gelegentlich zur Rechten Gottes seinen papierenen Zeigefinger hebt, um auf logische Unzulässigkeiten hinzuweisen?

AZ 09   Nichts gegen die Logik, die Mathematik und ihre Unendlichkeiten, gegen Mensch-Ärgere-Dich-Nicht, Schach und Go; das sind aber alles menschliche Gedankenspiele. Ihr evolutives Überleben ist bisher nicht genau geklärt, aber wenn sie von herkunftsblinden, spät geborenen philosophischen Knechten der ehemaligen Hohen Priester der Theologie zu Heiligen Kühen erklärt werden, ist das rückwärtsgewandt.

AZ 10   Dass Raum und Zeit zusammengedacht werden müssen, sagt die Relativitätstheorie, eine Hypothese, die sich an der Wirklichkeit schon länger gut bewährt hat als mancher Wunsch und Wille Gottes. Muss man nicht auch deswegen das keimfreie Wort „Gegenstand", das sich im Wesentlichen auf den Raum bezieht, auf den Prüfstand stellen?

AZ 11   Was aus unserem Mesokosmos heraus wie ein dauerhafter Gegenstand aussieht, z. B. der Säntis

- ist er nicht eigentlich ein raum-zeitliches Ereignis? Machen Sie doch jedes Jahrzehnt an einem
klaren Sommertag ein Foto von ihm, etwa vom Konstanzer Wasserturm aus! Wenn Sie lang genug durchhalten: Zu einem Film zusammengesetzt, wird der
Säntis im Zeitraffer über ein paar Jahrhunderttau-
sende ein bewegtes Leben entfalten.

AZ 12 Und der Hammer auf dem Tisch? Sind nicht
seine Teilchen, für unsere mesokosmischen Augen
unsichtbar, in ständiger Bewegung? Man kann das
zwar nur indirekt beweisen, aber auch alles, was
unsere Sinne dem Bewusstsein übermitteln, durchläuft einige informationsmindernde Stationen bis
es dort ankommt.

AZ 13 Das althergebrachte Wort Gegenstand bezeichnet eigentlich unbewegte, starre, steife, to-
te Objekte - im Gegensatz zu pulsierenden oder anderen Bewegungsmöglichkeiten im Innern und an den
Begrenzungen all dieser Dinge.

AZ 14 Ah, mir fällt auf, dass auch mit „Objek-
ten", „Sachen", „Dingen", „Gebilden" usw. lebloses
Zeug gemeint ist - mit „Zeug" selbst wohl auch!
Mir geht es ja aber nicht um die Abschaffung von
Wörtern, sondern darum, dass die Vorstellung, die
ein Wort, z. B. das Wort „Pipapo", in mir erzeugt,
das damit bezeichnete Pipapo nach Möglichkeit an-
gemessen vertritt. Das ist aber keine Sache der
Sprache, sondern meiner Weltkenntnis.

AZ 15 Auch wenn bloß schon der Wohlklang der Abkürzung „AfWuS" manchem Sprachschützer wie Honig
durchs Ohr in die Seele flösse, würde ich nie ein
„Amt für Wortliquidation und Sprachreinheit" be-
fürworten.

AZ 16 Ich habe nichts dagegen, mit „Ding" oder
„Gebilde" auch Menschen zu bezeichnen, wie es Andere schon vor mir getan haben: Die muntere Schäferin, die in AM 22 leichten Schrittes daherkommt,
ist ja ein junges Ding. Oder anderswo heißt es:

AZ 17 „... Gib deine Hand, du schön und zart Ge-
bild! ..."

AZ 18 Amtliche oder sprachanalytische Handrei-
chungen sind nicht unbedingt erforderlich, um
Wahlreden einzuschätzen. Viel wichtiger sind Weltwissen, Menschenkenntnis und Selbstkritik des Hö-
rers, die ihn in ihrem Zusammenwirken die Gesinnung hinter der möglichen Sprachverkleidung des
Kandidaten beurteilen lassen.

AZ 19 Ehrlichkeit ist logikunabhängig, während
logisch klingendes Gefasel einflussheischender Ho-
noratioren autoritätsgläubige Katzbuckler gern zum
ehrfürchtigen Kniefall knickt.

AZ 20 Wer will sich wie und wo Sprachmacht verschaffen? Der gemeine, bodenständige Demokrat
sollte verdächtige Sprachentwicklungen hinterfra-
gen und einem durchdachten „Nein!" rechtzeitig das
laut geäußerte folgen lassen, wenn er nicht erle-
ben will, wie sein Gemeinwesen z. B. in die Hände
eines frommen Theologenrudels, einer weisen Philo-
sophenbande oder eines marktschreierischen Heu-
schreckenschwarms verkommt.

AZ 21 Ich erwarte, dass mein Land, das beispielsweise die Religionsfreiheit, die Meinungsfreiheit,
das Recht auf körperliche Unversehrtheit hochhält,
seiner Rüstungsindustrie ohne Wenn und Aber die
Lieferung von Wirkmittelwurfanlagen in ein anderes
Land verbietet, das einen islamabtrünnigen Unter-
tanen, der für Meinungsfreiheit eintritt, zu tausend Stockschlägen und zehn Jahren Haft verurteilt.

AZ 22 Dort ist er nicht vor menschenunwürdiger
Behandlung sicher, aber zumindest vor diesen Wirkmittelwurfanlagen, wenn sie aufgeboten werden, um
unliebsame Demonstranten zu bewerfen. Hoffentlich
vergisst die deutsche Wertarbeit dann wenigstens
nicht, dass sie nur für nichtletale Wirkmittel
vorgesehen ist.

AZ 23 Ist der arabische Mitmensch zu weit weg, um
sich für ihn mit mehr als routiniert geäußerten
diplomatischen Worten einzusetzen? Sollte eine Demokratie - und nicht die kleinste, und nicht die
schlechteste - vor einem von Milliardären autori-
tär und im Einzelnen menschenverachtend geführten
Gottesstaat in die Knie gehen, weil es den Halb-
und Viertelsdemokraten in ihr nur um die doppelte
und vierfache Teilhabe an Petrodollars geht?

AZ 24 Gibt es nicht auch positive Beziehungen
zwischen Morgen- und Abendland? Die Mailänder Apo-
thekerzunft bestand offenbar nicht nur aus
Schwarzweißmalern, denn der muslimische Gelehrte
Ibn Sina, latinisiert Avicenna, schaffte es im
15ten Jahrhundert auf ein von ihr gestiftetes
Glasfenster im Mailänder Dom. Er und andere Muslime waren nicht nur in Norditalien, sondern umfassender in unterrichteten Kreisen ganz Europas anerkannt.

AZ 25 Ich könnte mir vorstellen, dass der in Pa-
lermo aufgewachsene, von der abendländischen und
einer hochstehenden arabischen Kultur geprägte und
gebildete Kaiser Friedrich II. beim Sechsten
Kreuzzug mit seiner sarazenischen Leibgarde und
seiner Streitmacht beim Eintreffen in Palästina
durchaus Eindruck gemacht hat. Unter Anderem weil
er auch Arabisch sprach?

AZ 26 Vielleicht knirschten auf beiden Seiten im
Hintergrund die Scharfmacher mit den Zähnen, weil
es schon bald nicht mehr nach Metzeleien zwischen
verächtlichen Untermenschen und auserlesenen Krie-
gern auf beiden Seiten aussah; denn es gelang dem
Kaiser, mit dem Sultan das Nebeneinander von
Christen und Muslimen im Heiligen Land für ein
paar Jährchen vertraglich zu regeln.

AZ 27 Gut so! Wenn ich auch ein bisschen wehmütig
an den anderen wackren Schwaben zurückdenke, der
auf dem Dritten Kreuzzug unter Kaiser Rotbart einem türkischen Reiter mit solcher Durchschlags-

kraft sein Schwert auf den Kopf schwang, dass der
Schwabenstreich erst tief im Rücken des Pferdes
stecken blieb. Sie kennen wohl das Ergebnis:

AZ 28   „Zur Rechten sieht man wie zur Linken
einen halben Türken heruntersinken."

AZ 29 Nostalgisch denke ich auch darüber nach, ob
durch den Schlag außer dem muslimischen Körper
obendrein die muslimisch gedachte Seele des Krumm-
säbelkämpfers zweigeteilt wurde. Womöglich gelang-
te die eine Hälfte versehentlich ins falsche Paradies, wo ihr höchstens eine sittsam gekleidete
Jungfrau Maria ein paar tröstende Worte spendete.

AZ 30 Und die andere Hälfte, niemand wusste so
recht, wohin damit, wird von einer leicht verwun-
derten Walküre wachgeküsst, darf dann aber durch
eins der vielen Tore in Odins Halle eintreten, um
mit den Helden des altnormannischen Jenseitsheeres
zu tafeln und Met zu trinken, falls der Gott aus
dem Paradies nebendran nicht rüberlangt und kin-
disch zürnend des halben Türken Trinkhorn aus-
kippt.

AZ 31 Immer noch nostalgisch gestimmt, erinnert
man sich daran, dass auch Sokrates, wie Schöngeist
Platon beschreibt, in etwas einseitiger Sicht den
stofflichen Menschenkörper, im Einklang mit der
Mythologie, nur mit einer Seele zum Leben befähigt
sah, wobei es ja damals durchaus auch den Ansatz
gab, dass die Seele in der Harmonie der Körpertei-
le untereinander bestehen könnte, wogegen Sokrates
jedoch Argumente ins Feld führte.

AZ 32 Auch der Schwanengesang des Sokrates, die
letzten Worte also, die er im Gefängnis an seine
Freunde und Schüler in einem langen Gespräch richtete, bevor er, zum Tod verurteilt, den Schierlingsbecher trank, enthält keine heute noch be-
deutsamen Beweise für eine sterblich oder gar unsterblich zu denkende Seele.

<u>AZ 33</u> Aber was ist Anderes von einem Philosophen zu erwarten, der sich zu früh von der Natur und den sinnlich wahrnehmbaren Dingen abgewandt hatte, um sich im reinen Denken zu versuchen. Ihm war noch nicht so klar wie uns, dass sein reines Denken in ihm stattfindet, in einem raum-zeitlichen Gegenstand also, der aus nichts als Natur und sinnlich wahrnehmbaren oder mittelbar nachweisbaren Teilgegenständen besteht.

AZ 34 Vielleicht sind grundsätzlich nicht alle unsere für das „reine Denken" nötigen körperlichen Voraussetzungen und Vorgänge aufspürbar, sondern manche mit keinem denkbaren Hilfsmittel zu entdecken. Kein Zipfelchen von ihnen würde sozusagen in unseren durch sämtliche Nachweismittel erweiterten Gesichtskreis hineinhängen, dort einen Unterschied erzeugen.

AZ 35 Es gäbe also Unterschiede, die auf keine Art erkennbar sind. Auch dann ist die Sache nicht verloren, weil man vielleicht auf solche versteckten Unterschiede zurückschließen kann. Denn die Folgen eines Unterschieds, der einst mit dem Rest der Welt in unmerkliche Wechselwirkung trat, kommen wohl irgendwo-wann ans Licht der Erkenntnis.

AZ 36 Kurzum: Unser reines Denken - platonisch-christlich natürlich „unrein", da es in Wirklichkeit körperlich, also irgendwie vulgär ist - könnte durchaus, weil es ja vermutlich auch nur mit endlich vielen Partikeln oder Vorgängen zu tun hat und betrieben wird, einer völligen Klärung der Welt (und damit auch des Denkens selbst) entgegengehen.

Anmerkungen zu Kapitel AZ

AZ 01.1 Gelegentlich ist mein Bewusstsein natürlich auch ohne Fremdeinwirkung nicht ganz auf der Höhe. Die Aufmerksamkeit lässt nach, der Blick verschwimmt, Gegenstände und Zustände gleiten ineinander über, Töne und Klänge gehen im Rauschen unter – und es dauert eine Weile, bis die Wolken sich wieder verzogen haben.

AZ 01.2 Schwankungen im Grad des Bewusstseins hat wohl auch, wer ab und zu glaubt, dass sein ganzes Leben eigentlich nur eine Art Film ist, der in seinem Innern abläuft. Er wird mir jedoch, wenn ich – ohne oder mit seinem bewussten Zutun – eine Rolle in seinem Film erhalte, wohl zugeben, dass er Unterschiede erkennen kann.
<--

AZ 04.1 Wenige! Aber ein christentuminternes Beispiel: Gilbert Keith Chesterton, hineingeboren in eine protestantische Familie, Unterabteilung Unitarier, wurde abtrünnig und trat in reifen Jahren zum Katholizismus über; seine Überzeugung war ihm eine Messe wert.

AZ 04.2 Mit ihm hätte man sich bestimmt angeregt über den katholischen Glauben unterhalten können, während man bei „geborenen" Katholiken oft feststellen muss, dass sie von ihrem Glauben wenig Ahnung haben. Papst Pius XI. verlieh Chesterton den seltenen Titel „Verteidiger des Glaubens", wozu sicher auch seine Bücher über Franz von Assisi und Thomas von Aquin beigetragen haben.

AZ 04.3 Wie bewusst haben Sie sich für Ihren Glauben entschieden?
<--

AZ 06.1 „Man sieht nur mit dem Herzen gut. Das Wesentliche ist für die Augen unsichtbar."

AZ 06.2 Dieses Geheimnis verrät der Fuchs dem kleinen Prinzen von Antoine de Saint-Exupéry zum Abschied. Der kleine Prinz nimmt die Worte des Fuchses bedenkenlos auf, spricht sie nach, wie auch andere Sentenzen des Fuchses, um sie sich besser einzuprägen.

AZ 06.3 Die Voreingenommenheit des Fuchses, des kleinen Prinzen, des Autors, des sentimentalen Lesers, kurz unsere Schluckbereitschaft dem Satz gegenüber fällt uns gar nicht mehr auf. Dabei hatte der Fuchs eine Weile zuvor doch selbst gewarnt:

AZ 06.4 „Die Sprache ist die Quelle der Missverständnisse." Aber wurde dieser Hinweis von den Beteiligten ernst genommen? Nein, sogar der Fuchs schlägt die eigene Warnung in den Wind, und auch alle, die seinen Satz über das gut sehende Herz so gern herunterbeten, schöpfen keinen Verdacht und merken nicht, dass sich in diesem Zitat ein grundlegendes Missverständnis doppelter Natur verbirgt, nämlich eine umfassende Körperfeindlichkeit mitsamt einer Fehleinschätzung unserer Augen und Sinne überhaupt:

AZ 06.5 Mein Herz mag ja im übertragenen Sinne gut sehen, wenn es nicht als Pumpmuskel, sondern als Sitz des Mitgefühls gemeint ist. Es ist aber unfair, das in dieser Hinsicht gut sehende Herz mit dem im ursprünglichen Sinne gut sehenden Auge zu vergleichen. Wer in der Fischerprüfung so richtig ins Schwimmen kommt, kann deswegen noch lange nicht besser schwimmen als ein Fisch im Wasser.

AZ 06.6 Es gibt in der Bibel den Vorschlag, sich die Hand abzuhauen, die im Feinkostgeschäft das Gläschen Trüffelcreme in die Manteltasche geschoben hat. Oder sich den Fuß abzuhacken, der das Bremspedal nicht betätigt hat, als Nachbars ewig kläffender Köter aufreizend langsam die Straße überquerte. Oder sich das aufdringliche Pornoauge auszureißen, dessen Blick sich unerlaubt Einsicht in geheime Faltungen verschafft hat.

AZ 06.7 Nun ist Fehlverhalten gegen Eigentum, Leben oder Intimsphäre eines anderen Wesens vom Rest der Gesellschaft eher unerwünscht. Wird der Mensch aber ein besserer, wenn er sich selbst über seine sozialen Mängel hinaus zusätzlich körperlich und damit auch sinnlich verkrüppelt?

AZ 06.8 Gegen diese Verfehlungen wiegen die des kleinen Prinzen, nämlich einen Widerspruch übersehen zu haben und auf eine körperfeindliche Äußerung des Fuchses hereingefallen zu sein, nicht schwer. Mein Vorschlag, darüber nachzudenken, ob man kleine Prinzen nicht besser mal an die Wand klatscht, tut mir nachträglich leid, vor allem weil misslaunige Leser eine Denkaufforderung schnell mal als Tataufforderung missdeuten.

AZ 06.9 Nicht auszudenken, wenn ein Frosch aus ihm würde, wo es doch auf der Welt, vor allem im Calaveras County, Idioten geben soll, die Frösche mit Schrotkügelchen abfüllen, damit sie nicht mehr so weit springen können!
<--

AZ 07.1 Übrigens empfahl Charles Dahl dringend, die Kiste mit dem Schaf, die Saint-Exupéry gezeichnet hatte, zu öffnen. Es war schon zu spät: Schrödingers Katze lag darin, mausetot, offenbar das tragische Endergebnis einer Überlagerung von tot, lebendig, Schaf und Katze, die der kleine Prinz unwissentlich hineininterpretiert hatte, was ein weiteres Mal zeigt, dass seine Vertrautheit mit Schafen noch zu wünschen übrig ließ.

AZ 07.2 Wir haben die Katze, die schon steif war, Tom Sawyer zur Warzenbehandlung geschenkt, der sich großzügig mit einer Türklinke aus Messing und zwei gelben Zetteln revanchierte.
<--

AZ 08.1 Die Zeit z. B. ist für Augustinus ein höchst verwickeltes Rätsel (Aenigma) und wird in Buch 11 seiner Bekenntnisse ausführlich abgehan-

delt. Er strebt engagiert nach einer Lösung, wobei sein Ausgangspunkt, wie es sich für einen Gottesmann ziemt, die wolkige Ewigkeit ist.

AZ 08.2 Etwa in der Mitte von Buch 11 kommt er schon zu seinem Fazit, was die Lösung des Zeiträtsels angeht: „Wenn mich niemand fragt, weiß ich es, wenn ich es dem Fragenden erklären soll, weiß ich es nicht."

AZ 08.3 Bei Predigern scheint es also vorzukommen, dass sich ihre seitenlangen Ausführungen auf ein Sätzchen komprimieren lassen, das für die Mitmenschen Folgendes aussagt: „".

AZ 08.4 Mit dem reinen Denker zur Rechten Gottes habe ich natürlich nicht Immanuel Kant gemeint, sondern einen abstrakten blutleeren Logokraten etwa im Rang eines Bischofs, der immerhin auf symbolischer Ebene mit seinem Schäferstab, seinem shefferschen Zauberstrich (eine logische Spielregel, Aussagen zu verknüpfen) eine Barbara in einen Cesare verwandeln kann.

AZ 08.5 Mit Kants Gottesnähe kann es dagegen nicht weit her sein, stand doch seine „Kritik der reinen Vernunft" lange - mit Gottes Wunsch und Wille wohl - auf der katholischen Liste der verbotenen Bücher.
<--

AZ 23.1 Demokratische Lippenbekenntnisse hier und bühnenwirksame Krokodilstränen da sind nicht dazu geeignet, einen arabischen Befürworter demokratischer Grundrechte vor „seinen" Machthabern dort zu retten. Von hier aus hilft nur Politikercourage, die vielleicht nicht von den Wählern mitgetragen wird. Aber gibt es bei uns den Absturz eines abgewählten Politikers in bodenlose Armut?

AZ 23.2 Was die Armut betrifft, passt Demokrits Fragment 251 nicht ganz auf die heutige Situation, es sei aber trotzdem zitiert:

AZ 23.3 „Die Armut in einer Demokratie ist dem
sogenannten Wohlstand unter irgendwelchen Machthabern ebenso vorzuziehen wie die Freiheit der
Knechtschaft."
<--

AZ 24.1 Ibn Sina, ausführlicher Abu Ali al-Husain
ibn Abdallah ibn Sina (um 980 - 1037) war ein mus-
limischer Arzt, Philosoph, Physiker, Astronom, Mathematiker, der auch mit Werken des Aristoteles
vertraut war. Als Medizin-Lehrmeister in „Der Me-
dicus" hatte er bei uns gerade wieder ein Come-
back.

AZ 24.2 Ich möchte aber dem historischen Roman
widersprechen: Straßburg gehörte damals nicht zu
Frankreich, sondern zum Herzogtum Schwaben.
<--

AZ 25.1 Mütterlicherseits Normanne, stammt Friedrich II. von Hohenstaufen (1194 - 1250) väterli-
cherseits aus dem schwäbischen Geschlecht der
Staufer. Er war König von Sizilien und später römisch-deutscher Kaiser. Übrigens wird sein Buch
„Über die Kunst, mit Vögeln zu jagen" heute noch
häufig als Standardwerk bezeichnet.
<--

AZ 27.1 Der Schwabe Friedrich I. von Hohenstaufen
(um 1122 - 1190), war römisch-deutscher König und
Kaiser. Er wurde auch Kaiser Rotbart oder Barba-
rossa genannt und war der Großvater von Kaiser
Friedrich II.
<--

AZ 30.1 Welcher Himmel ist wohl der schönste?
Kennen Sie das mir unbekannte Paradies der Ungarn,
die im Jahr 926 das Kloster St. Gallen plünderten?
In den katholischen Himmel ist jener Ungar sicher
nicht gekommen, der auf den höchsten Punkt des
östlichen Kirchturmgiebels kletterte, um dort zur
Beschimpfung des Heiligtums seinen Leib zu leeren,

dabei aber abstürzte und zerschmettert unten liegen blieb.

AZ 30.2 Das wird sehr anschaulich vom St. Galler Mönch Ekkehard (um 980 - nach 1057) in der Klostergeschichte berichtet; auch dass die St. Galler wegen der Ungarngefahr ihre Bücher rechtzeitig ins Kloster Reichenau gebracht hatten, da dessen Insellage im Bodensee mehr Sicherheit versprach. Bei der Rückgabe, beklagt sich Ekkehard, habe zwar die Anzahl der Bücher gestimmt, nicht aber die Bücher selber.

AZ 30.3 Ich möchte aber nicht, dass die Abtei Reichenau zu schlecht dasteht. Deswegen nenne ich zum Ausgleich einen fähigen Mönch von dort, den Schwaben oder auch Alemannen Walahfrid Strabo (808/809 - 849), der z. B. lateinische Gedichte über gebräuchliche Heilpflanzen schrieb, ungefähr:

AZ 30.4 „Wenn dich quälender Schwindel erschöpfend heimsucht, der Kopf dir hämmert in scharfem stechenden Schmerz, wende dich an den Wermut und koche des laubigen Krautes bitteres Grün ...‟
<--

AZ 31.1 Da Sokrates (-469 bis -399) selbst keine Schriften hinterlassen hat, ist man ganz überwiegend auf seinen Schüler Platon angewiesen, wenn es um die sokratische Gedankenwelt geht. Sokrates scheint sich als Gedanken-Geburtshelfer gesehen zu haben, der seinen Schülern lediglich im Gespräch half, ihre eigenen Gedanken, mit denen sie schwanger gingen, zur Welt zu bringen.

AZ 31.2 Der alt und älter werdende Platon hat wohl mehr und mehr sokratesunabhängige Gedanken aufgeschrieben, die angesehene Hebamme Sokrates aber als schmückendes Beiwerk in vielen seiner Texte beibehalten.
<--

AZ 32.1 Sokrates wäre von seinen Freunden die
Flucht ermöglicht worden. Er zog es aber vor, das
Urteil, das nach dem Recht der athenischen Demo-
kratie zustande gekommen war, anzunehmen.

AZ 32.2 Etwa 20 Jahre nach seinem Tod wurde Sokrates rehabilitiert. Die Bürger von Athen stell-
ten ihm zu Ehren eine Statue auf.
<--

AZ 33.1 Der grundlegende Fehler des platonischen
Sokrates war, dass er, ernüchtert durch fruchtlose
Untersuchungen von Naturvorgängen, umständliche
indirekte Beobachtungen von Sonnenfinsternissen
etwa, zu früh seine Zuflucht zum nackten Gedanken
nahm und meinte, dass er dadurch dem Sein, dem Wesen der Dinge, näher kommen könne als durch Unter-
suchung ebendieser Dinge mit allen Sinnen, den damaligen Hilfsmitteln und dem Alltagsverstand.

AZ 33.2 Anscheinend nicht für die praktische Na-
turphilosophie geboren, liegt die Größe des echten
Sokrates nach seinem humanistic turn vielleicht in
der Bedeutung, die er dem einzelnen Menschen und
der Gemeinschaft beimaß, in seiner Zuverlässigkeit
als Mitbürger, Mitkämpfer und Freund, in seiner
Beharrlichkeit, als richtig Erkanntes in die Tat
umzusetzen, in seiner unbestechlichen Ehrlichkeit
und in seiner Nachdenklichkeit über das Wesen des
Menschseins.

AZ 33.3 Platon neigt eher dazu, sich durch Ideen
blenden zu lassen, vor allem, wenn es seine eigenen sind. Eine höchst gute Idee würde er notfalls
auch mit Lügen unters dumme Volk bringen. Auch andere Grundgedanken verbreitet er, etwa, wie sein
Kampf für einen gesünderen Volkskörper aussähe.
<--

Anmerkungen zu den
Anmerkungen zu Kapitel AZ

AZ 01.1.1 So ging es wohl Tschuang Tschou, der
sich an einen Traum erinnert:

AZ 01.1.2 „Einst träumte ich, Tschuang Tschou,
ich sei ein Schmetterling, flattere von Blüte zu
Blüte und sei, kurz gesagt, eben ein Schmetterling. Ich war mir bloß meiner Glückseligkeit als
Schmetterling bewusst und kannte keinen Tschou.
Kurz darauf wachte ich auf. Da wusste ich aber
nicht, ob ich vorher ein Mensch war, der träumte,
er sei ein Schmetterling, oder ob ich im Augenblick des Aufwachens ein Schmetterling war, der
träumt, er sei ein Mensch.“
<---

AZ 01.2.1 Vielleicht wird mich einmal ein solcher
Solipsist in seinem Universum als Koch einstellen.
Da auch Solipsisten Menschen sind, würde er wahrscheinlich eine „Ligurische Lammpfanne mit Knob-
lauch“ einem „Lauschimmligen Tolukan im Brechnapf“
vorziehen, was nahelegen würde, dass er mindestens
die Fähigkeit zur geschmacklichen Unterscheidung
besitzt.
<---

AZ 04.1.1 Für Chesterton siehe auch AH 12.1!

az 04.1.2 Von den christlichen Unitariern wird
die Trinität, die Dreieinigkeit Gottes, also die
Auffassung, dass in dem einen christlichen Gott
drei Personen, Gott Vater, Gott Sohn und Gott Heiliger Geist vereint sind, abgelehnt.
<---

AZ 04.2.1 Thomas von Aquin (um 1225 - 1274), einflussreicher katholischer Kirchenlehrer und Heiliger
<---

AZ 06.2.1 Der kleine Prinz trat schon in AB 11 auf.

<--

AZ 06.6.1 Sie können das in der Bergpredigt – der „Magna Charta des Reiches Gottes" – nachlesen. Wie schnell führen jedoch solche Vorschläge zu ergänzenden Bestimmungen in Gesetzestexten, wenn der vielleicht sogar einsichtige Sünder die Selbstverstümmelung zu lange vor sich herschiebt: Der Staat übernimmt bereitwillig die Durchführung.

AZ 06.6.2 Der rechtgeleitete (also unmündige) Henker braucht sich auch keine Gedanken mehr zu machen, wenn die inspirierten Theologen erst einmal seinen Einsatz aus dem geistlichen Sinn der Bibelstelle (dem allegorischen, dem moralischen, dem anagogischen oder einem frisch geoffenbarten Sinn) hergeleitet haben.

<--

AZ 07.1.1 Erwin Schrödinger (1887 – 1961), österreichischer Physiker, einer der Begründer der Quantenmechanik

<--

AZ 08.3.1 Theologenfürsprache: Nachdem der Jesuit Friedhelm Hengsbach (*1937), Wirtschaftswissenschaftler, Sozialethiker, Bischof, am Anfang eines Vortrags über sein Buch „Die Zeit gehört uns. Widerstand gegen das Regime der Beschleunigung" 2013 in Rottweil seinem heiligen Augustinus und dessen fabelhaften Auslassungen über das Rätsel der Zeit einige Worte gewidmet hatte, entwickelte er eigene Gedanken, die zum Kauf des Buches anregten.

<--

AZ 33.1.1 Übrigens ist der Alltagsverstand alles, was wir auf diesem Gebiet haben; einen Sonntagsverstand gibt es nicht.

<--

BA   Die Philosophie am Gängelband logischer
       Prediger

BA 01 Von Platon waren für den unbeirrten Gedan-
kengang in sein Reich der Ideen dringend maßgefer-
tigte geometrische Schuhe erwünscht. Ein Gerücht
besagt sogar, über dem Eingang zu Platons Akademie
sei zu lesen gewesen: „Kein Geometrieblinder möge
eintreten!"

BA 02 Platon, der in Symbiose mit dem Christentum
die Spätantike und das Mittelalter aussitzen konnte, zehrt immer noch davon und ist reinen Philosophen, für die Gott inzwischen vielleicht sogar tot
ist, immer noch rein.

BA 03 Seine epigonalen Deuter und Missdeuter tum-
meln sich zu Hunderten in der wirklichen Welt und
kreuzen ihre Klingen. Alfred North Whitehead meinte vor hundert Jahren schon, dass alle Philosophie
nach Platon nur Fußnoten zu Platon seien. Noch im
aktuellen Internet wird Platon da und dort als
bedeutendster Philosoph hingestellt.

BA 04 War es von Vorteil, dass sich die Philosophie in ihrer platonischen Ausgestaltung, die
griechische Philosophie überhaupt, so eng von Geometrie, Mathematik und Logik umgeben ließ?

BA 05 Nein, denn zum Einen wirkt von damals her
die Mathematik als Ganzes immer noch wie ein abschreckender Wall auf Menschen, die sich bei einem
offenen Zugang zur Philosophie eigentlich gern mit
der Rätselhaftigkeit der Welt befassen würden. Zum
Anderen mag der Wall dem psychisch Labilen, der
ihn erklommen hat, die falsche Sicherheit geben,
seine Gedanken, die er oben ausposaunt, würden unten dankbar angenommen. Oder seine Ankunft oben
erzeugt in ihm den elitären Anspruch, seine Gedanken müssten unten begeistert begrüßt werden.

BA 06 Erstens werden nämlich Menschen, die das
Staunen nicht verlernt, jedoch nit Logik und Ma-

thematik wenig am Hut haben, von der Philosophie
abgehalten. Wer will schon für den Zugang zur Philosophie erst eine Eintrittskarte mit langweiligen
Aufgaben zur logischen Propädeutik lösen müssen?

BA 07   Zweitens ist mathematisches Talent keine
Gewähr für philosophische Kreativität. Außerdem
kommt seit einigen Jahrhunderten auch in der Mitte
der akademischen Philosophie an, wer den zurück-
weisenden mathematischen Wall um sie in romanti-
scher Unwissenheit durchtunnelt. Der so arrivierte
Philosoph kann sich dann in alter Tradition von
einer mathematischen Aura umhegt fühlen und in un-
philosophischer Gutsherrenart von oben auf die ba-
nale Mathematik, ihre noch banaleren Anwender und
den Rest der Laien herabschauen.

BA 08   Eine Beschäftigung mit der Zeit aber beispielsweise, die mehr sein will als eine philoso-
phiegeschichtliche Bearbeitung der Zeitbegriffe
einiger Philosophen, an die die eigene rudimentäre
Zeitauffassung als Messlatte angelegt wird, kommt
natürlich keinesfalls um die Würdigung der neues-
ten Erkenntnisse auf dem Zeit-Markt herum, die
nach mehr als nur wissenschaftlichen Sprechblasen
aussehen, auch wenn das eine Einarbeitung in ein
spezielles physikalisch-mathematisches Denken er-
fordern sollte.

BA 09   So hätte z. B. auch Martin Heidegger, der
im Jahr 1927 mit der Abhandlung „Sein und Zeit" an
die Öffentlichkeit trat, seinen Zeitbegriff näher
an den Puls seiner eigenen Zeit rücken können:
Wurde doch durch Einsteins Relativitätstheorie
Jahre zuvor schon ein völlig neuartiger Blick auf
die Zeit möglich.

BA 10   Stattdessen setzt Heidegger seinen Zeitbegriff, immer weiter rückwärts schreitend, in Beziehung zu den Auffassungen, die er etwa bei He-
gel (deutscher Philosoph, 1770 - 1831), Augustinus
und Aristoteles herausliest, oder verliert sich in
biederen Gedanken über den Tod.

BA 11 Letzten Endes ließ sich Heidegger nicht
sein ganzes Sein durch die Philosophie vergällen,
dafür ließ er zeitweilig die Flagge mit dem Haken-
kreuz flattern. Oder hängte er nur das Mäntelchen,
in der Tasche zur Sicherheit die Tarnzipfelkappe
immer griffbereit, nach dem politischen Wind? Auch
das wäre nur ein wortloser Kommentar zu seiner
Auffassung von der aufrechten Redlichkeit, die
doch den existenzerschütterten Philosophen aus-
zeichnen sollte.

BA 12 „Ist's auch nicht logisch, so hat es doch
Methode" würde ich gern über Heideggers Abhandlung
„Sein und Zeit" sagen können - aber meine äußerst
oberflächliche Kenntnis der heideggerschen Gedankenwelt lässt das nicht zu.

BA 13 Auch eine gut durchdachte Theorie muss mit
Kritik rechnen. Oft wird aber mit krauser Denker-
nase und nach Theologenart predigend (Gott wird
jedoch durch einen wissenschaftstheoretischen Lo-
gikbaukasten ersetzt) an der Theorie, die etwas
über die Welt aussagen will, herumgemäkelt. Sogar
ganz global kann man hören: „Keine Theorie ist absolut gültig!"

BA 14 Das ist eine Aussage, die wohl auch viele
heutige Naturwissenschaftler schnell (zu schnell?)
zugeben. Denn sie haben längst gelernt, dass etwa
in der Himmelskunde nach den Umwälzungen des Kopernikus und Keplers Präzisierungen die beeindruckende kosmologische Theorie Newtons durch die
Einsteins noch verbessert wurde.

BA 15 Mit dieser Folge von Theorien kann ich ein
bisschen herumspielen. Zunächst: Jede Theorie vor
Einstein war fehlerhaft. Einsteins Theorie sagte
dagegen bisher jedes Ereignis aus ihrem Problembe-
reich richtig voraus. könnte aber nicht doch die
nächste Einstein-Voraussag völlig neben dem Ereignis liegen, das in Wirklichkeit eintritt? „Ja, natürlich!" beantwortet David Hume diese Frage (die
allgemeine Fassung der Frage wird auch als „Induk-

tionsproblem" bezeichnet). Hume versucht auch, seine Lösungsantwort durch eine Begründung zu erhärten.

BA 16   Man könnte Humes Lösung des Problems („Es gibt keine sicheren Voraussagen") auch positiv sehen, denn man erhält wenigstens Sicherheit über die Unsicherheit der Zukunft.

BA 17   Nebenbei muss aber betont werden, dass die Feststellung, dass es keine sicheren Prognosen gibt, nur hier und heute gilt. Es ist also durchaus denkbar, dass weltpassende Logiken und Algorithmen entwickelbar sind, die das Eintreffen eines zuküftigen Ereignisses mit Sicherheit voraussagen.

BA 18   Zurück zum Induktionsproblem, dessen Hume'sche Lösung hie und da jemand nicht zur Kenntnis genommen und das deswegen als gewichtiges Problem überdauert hat. Der und jener behauptet offenbar immer noch: „Ich habe ein Problem mit dem Induktionsproblem."

BA 19   Diesen langweiligen Behauptungssatz sieht nun ein sprachanalytischer Ritter hoch zu Ross unten im Staub liegen. Achtlos zieht er weiter.

BA 20   Der nächste Wortrecke, auch einer, der der Satzform mehr Gewicht beimisst als dem Satzinhalt, hatte neulich beim Aufhängen eines Gobelins an einem Balken der Kemenate seiner Freundin ein Hammerproblem. Er ist daher, praxisgebrannt, nachhaltig über diese Sorte von Problemsätzen orientiert und reitet vorbei.

BA 21   Erst der dritte, ein Hume-Fan, lernfähig und neugierig, steigt ab und beschäftigt sich mit der Behauptung, versucht sich in sie hineinzuversetzen, muss sich dann aber doch bald nach einem Urheber des Satzes umsehen, um ihn um nähere Erläuterungen zu bitten.

BA 22 Dieser äußert z. B. die Frage: „Man hört, dass auch die Einsteintheorie irgendwann versagen kann. Wenn ich dann eine revolutionäre Folgetheorie aufstelle, kann die dann auch mal Unsinn produzieren?"

BA 23 Der abgestiegene Ritter, tröstend: „Ja, natürlich, als Hume-Anhänger bin ich dieser Ansicht, aber du wirst sicher nachbessern können!"

BA 24 Der Behaupter schluckt, richtet dann aber den Blick mutig in die Ferne: „Dann mache ich mich eben auf den langen Weg der Produktion immer besserer Theorien!" - Und nach einer kurzen Pause, Hoffnung fassend: „Aber kann denn eine meiner Verbesserungen irgendwann auch einmal aus dem Rahmen fallen?"

BA 25 Der Ritter, nachsichtig: „Klar, das sagt ja gerade die Lösung des Induktionsproblems aus!"

BA 26 Der euphorisierte Behaupter: „Das klingt gut! Alle Vorgängertheorien waren fehlerhaft - und meine letzte und neueste fällt aus diesem Rahmen!" Er macht schnell noch ein Gruppenselfie mit Pferdedame - und schon ist er weg.

BA 27 Die Verwendung von irgendeiner Sprache und Logik gerade in der Philosophie bringt Probleme mit sich, während andere Wissenschaften längst erfolgreiche logische Vorgehensweisen und mathematische Spezialentwicklungen für ihre Schlussfolgerungen und Vorhersagekünste benützen.

BA 28 Im Gegensatz zu jedem anderen Wissenschaftler, der frei entscheiden kann, welche Sprache, zusammen mit dem entsprechenden Spezialwortschatz, und welche Logik er in seinem Fach für erstrebenswert und zielführend hält, ist das für den Philosophen (der mehr sein will als ein akademischer Wiederkäuer) prinzipiell nicht möglich.

BA 29 Der Philosoph ist ja an der Welt als Ganzes
und an jedem Einzelnen ihrer Teile interessiert.
Zum Nachdenken und Mitteilen braucht er aber seine
Sprache. Dabei gehört diese jedoch als Untermenge
der Welt zu seinen noch nicht abgehakten Untersu-
chungsobjekten, was ihn nur hoffen lassen kann,
dass seine Sprachsachen den Tatsachen entsprechen,
dass seine Begriffe und Aussagen eben weltpassend
sind.

BA 30 Aus dem Stand eine philosophische Sprache
zu entwickeln, die nur „Wahres" über die Welt aussagt, wird illusionär sein. Der Sprach- und Denk-
startpunkt ist vielmehr notwendigerweise die Sprache, die er einst gelernt und in der Kommunikation
mit Anderen weiterentwickelt hat. Nur in dieser
Heimatsprache oder aus ihr heraus kann er ein Um-
schwenken auf eine erfolgversprechendere Kunstsprache und eine Logik, die philosophischen Fragestellungen seiner Meinung nach besser gerecht
wird, begründen.

BA 31 Die Haussprache bleibt aber der übergeord-
nete Bezugsrahmen. Die Kunstsprache würde sich das
eigene Grab schaufeln, wenn sie mit ihren neuartigen Werkzeugen ihre Heimatsprache, aus der sie ja
hervorwächst, zerpflückt. Genauso fragwürdig dürfte der Versuch sein, die Weltpassung der neuen
Sprache mit ihren eigenen Mitteln nachzuweisen.

BA 32 Wer, selbst kritisch und selbstkritisch
veranlagt, seine Wurzeln in einer vernünftigen Umgebung hat, hat es vielleicht leichter mitzuhel-
fen, seine Heimatsprache zu einer besseren Weltpassung fortzuentwickeln.

BA 33 Gar nicht so einfach, denn mit dieser sich
entwickelnden Sprache wurde ja auch unser Zugang
zur Welt begraben unter einem Konglomerat aus my-
thologischen Fossilien, theologischen Reliquien,
mathematisch-logischen Versatzstücken, doktrinärem
Geschwätz und den Sedimenten abgelebter Philoso-
phenschulen, die oft schon das Weltwissen ihrer

eigenen Zeit nicht eingearbeitet oder gar nicht
erst zur Kenntnis genommen hatten.

BA 34   Könnte aber nicht an den Sedimenten vorbei
ein neuer Blick auf die Wirklichkeit geworfen werden? Dazu sind keine Sprachregelungen und keine
Beweise nach Art der Mathematik nötig, es reicht
womöglich die vernünftige Verwendung unserer unge-
zähmten, lebendigen, aber der Ehrlichkeit ver-
pflichteten, demokratischen Sprache.

Anmerkungen zu Kapitel BA

BA 03.1 Alfred North Whitehead (1861 - 1937),
britischer Philosoph und Mathematiker
<---

BA 06.1 Die Beschäftigung mit Logik mag durchaus
das Denken schulen. Wer aus zwei einfachen Prämis-
sen (z. B. „Alle Menschen sind sterblich" und „Jesus ist ein Mensch") eine Folgerung ziehen kann,
wird bald auch den Wahrheitswert einer höchst komplizierten Verknüpfung von Aussagen berechnen können.

BA 06.2 Das sind aber vorbestimmte Ergebnisse in
einem Spiel mit simplen Regeln, mit denen der
Schüler indessen nie herausbekommen wird, ob Jesus
Person eines dreieinigen Gottes sein kann oder
auch nur, was es bedeutet, ein Mensch zu sein.
<---

BA 09.1 Der Aufgabe, sich mit modernen physikali-
schen Zeitkonzepten auseinanderzusetzen, ist Heidegger offenbar aus dem Weg gegangen. Dabei sollte
es doch gerade keine leidige, sondern die vor-
nehmste Aufgabe eines Philosophen sein, ein Problem von allen zugänglichen Seiten zu beleuchten.

BA 09.2 Seiner Vermeidungshaltung und seinen
Denkstrukturen kam vielleicht hilfreich entgegen,
dass damals natürlich auch unter germanischen Physikern eine treudeutsche Riege die Relativitätstheorie als Judenbetrug abtat.
<---

BA 10.1 Sein und Zeit / Erster Teil / Zweiter Abschnitt / Erstes Kapitel / §47 Die Erfahrbarkeit
des Todes der Anderen und die Erfassungsmöglich-
keit eines ganzen Daseins. Dort heißt es z. B.:
„Auch das Dasein der Anderen ist mit seiner im Tode erreichten Gänze ein Nichtmehrdasein im Sinne
des Nicht-mehr-in-der-Welt-seins. Besagt Sterben
nicht Aus-der-Welt-gehen, das In-der-Welt-sein

verlieren? Das Nicht-mehr-in-der-Welt-sein des Ge-
storbenen ist gleichwohl noch - extrem verstanden
- ein Sein im Sinne des Nur-noch-vorhandenseins
eines begegnenden Körperdinges. Am Sterben des Anderen kann das merkwürdige Seinsphänomen erfahren
werden, das sich als Umschlag eines Seienden aus
der Seinsart des Daseins (bzw. des Lebens) zum
Nichtmehrdasein bestimmen lässt. Das *Ende* des Seienden qua Dasein ist der *Anfang* dieses Seienden
qua bloßen Vorhandenen."

BA 10.2 Der Abschnitt will offenbar weniger über
den Tod des Anderen philosophieren als ihn beschreiben, wobei er aber im Wesentlichen nicht
weit über die folgende Aussage hinausgeht: Das Leben endet mit dem Tod.
<---

BA 11.1 Flattern nur philosophische Mäntelchen im
Wind? Oder auch die Talare anderer Fakultäten? Waren manche Talarträger gar Überzeugungstäter? An
der Stiftskirchenmauer in Tübingen durfte im Jahr
1995 eine Gedenktafel angebracht werden:

BA 11.2 „Sinti und Roma wurden in der Zeit des
Nationalsozialismus ermordet. Viele wurden zwangs-
sterilisiert und verfolgt. Tübinger waren unter
den Verfolgten und Ermordeten. Angehörige der Universität waren unter den Vordenkern des Rassen-
wahns. Einwohner unserer Stadt gehörten zu den Tä-
tern.

BA 11.3 Ein Täfelchen an einer schwäbischen Kirche ist natürlich weniger beeindruckend als ach-
tunggebietende, altehrwürdige, efeuumrankte Universitäten.
<---

BA 12.1 Ich beneide aber den Kenner der Abhandlung „Sein und Zeit", der ohne langes Nachdenken
im folgenden Satz die Lücke ausfüllt und seine
Wahl kurz begründet: „Die Theologie sucht nach einer ursprünglicheren, aus dem Sinn des Glaubens

selbst vorgezeichneten und innerhalb seiner ver-
bleibenden Auslegung des Seins des Menschen zu
Gott. Sie beginnt langsam die Einsicht _____
wieder zu verstehen, dass ihre dogmatische Syste-
matik auf einem ‚Fundament' ruht, das nicht einem
primär glaubenden Fragen entwachsen ist und dessen
Begrifflichkeit für die theologische Problematik
nicht nur nicht zureicht, sondern sie verdeckt und
verzerrt."
<---

BA 14.1 Für Kant dagegen, der zu seiner Zeit auf
der Höhe auch der mathematisch-naturwissenschaft-
lichen Bildung stand, war die geniale Himmelsme-
chanik Newtons wohl ein unüberschreitbarer End-
punkt kosmologischer Betrachtungen.

BA 14.2 Nikolaus Kopernikus (1473 - 1543), Jurist, Arzt, Mathematiker, Astronom und Domherr im
Fürstbistum Ermland in Preußen

BA 14.3 Johannes Kepler (1571 - 1630), deutscher
Mathematiker und Astronom

BA 14.4 Isaac Newton (1642 - 1727), englischer
Mathematiker und Naturforscher
<---

BA 15.1 Dem schottischen Philosophen David Hume
(1711 - 1776) waren die Möglichkeiten der Relativitätstheorie, zukünftige Ereignisse hochzurech-
nen, natürlich noch nicht bekannt. Aber auch damals schon waren für ihn alle Voraussagen nur Ver-
mutungen. Auch meine Hochrechnung, dass, wenn ich
jetzt gleich schnell einmal die Folge der Buchstaben „S", „c", „h", „a" und „f" eingebe, das Wort
„Schaf" dastehen wird, dürfe ich für keine zwin-
gende Prognose halten, meint er. - Jetzt also,
Achtung ich tippe: sCHAF.

BA 15.2 Tatsächlich! Er hat recht! Man kann sich
nicht einmal auf sich selbst verlassen! Manchmal
auch nicht auf seine zuverlässigsten Freunde! Eher

schon auf das Fallen eines losgelasenen, von Launen und Vergesslichkeiten unabhängigen Steins. Aber nicht einmal von der Sonne werde ich mit Sicherheit sagen können, dass sie morgen wieder aufgehen wird.

BA 15.3 Ich für meinen Teil gehe mit Hume einig und muss die Möglichkeit, in den genannten und ähnlichen Fällen, Ereignisse als sicher vorauszusagen, verneinen, und überlasse zunächst ungern das Feld den Hellsehern, Sehern und Schwarzsehern.

BA 15.4 Wenn mir jedoch keiner von diesen nachweisen kann, dass er Wunsch und Wille seines Gottes oder die Mache des Schicksals oder das Eintreffen eines Zufalls begründet und nachprüfbar prognostizieren kann, versuche ich doch, eine bessere Vorhersagekrücke zu entwickeln:

BA 15.5 Ich rechne nicht mehr hundertprozentig mit dem morgigen Sonnenaufgang, sondern billige ihm eine hohe Wahrscheinlichkeit knapp unter 1 zu.
<---

BA 18.1 Damals hat Hume seine nachvollziehbare Erfahrung, dass kaum etwas so bleibt, wie es ist, eine Erfahrung, die heute keiner Begründung mehr bedarf, logisch zu untermauern versucht. Im Umfeld dogmatischer Scheinsicherheiten und göttlicher Pseudowahrheiten wollte er wenigstens die reine, überweltliche, im Allgemeinen auch von einem hypothetischen Gott respektierte Logik auf seiner Seite wissen.

BA 18.2 Hume besteht also primär auf seiner vernünftigen Grundüberzeugung, dass sich jederzeit eine Voraussage, auch wenn sie noch so gut fundiert scheint, als Makulatur herausstellen kann.

BA 18.3 Seine sekundären logischen Argumente lassen aber nicht wenige Leute seine Lösung vergessen. Anscheinend hat heute die menschengemachte Logik für manche Philosophen den Status eines drogendurchsetzten Kaugummis erreicht, der immer wieder durchgekaut werden muss. Die Vernunft hat in den Hintergrund zu treten.

BA 18.4 Das Induktionsproblem feiert also als Phantomproblem seine Scheinauferstehunh und weckt, verbal aktualisiert („Gibt es wahrheitskonservierende Erweiterungsschlüsse?") manchen modernen Ehrgeiz, es erneut zu lösen.

<u>BA 18.5</u> Man sieht also, dass über das Thema „Ist das Induktionsproblem gelöst oder nicht?" gut gepredigt werden kann. Für mich ein deutliches Symptom, dass das Wort „Induktionsproblem" in dichterem Sprachnebel steckt als das Wort „Hammer" oder gar das Wort „Unterschied".

BA 18.6 Diese Rückzugsgefechte ignorierend, bin ich aber erleichtert, dass das Problem gelöst ist, dass Überlegungen zur leidigen Induktion nicht mehr durch alle Kategorien von Aristoteles über Isidor von Sevilla, Kant und Whitehead bis Wittgenstein und darüber hinaus durchgezogen werden müssen.
<--

BA 21.1 Ich glaube, dass auch die einfachste Behauptung, gerade auch wenn es um ihre philosophische Einschätzung geht, im konkreten Fall nicht vom Behaupter abgetrennt werden darf.

BA 21.2 Übrigens ist „Samma" der morgenländische Name der Stute des dritten Ritters.
<--

BA 26.1 Den schmalen Lippen des papierenen Logokraten entweicht unüberlegt redundant und messerscharf gezischt: „Metasprachlich verbotener Analog-, Trug- und Zirkelschluss!"

BA 26.2 Dieser schwammige Fehlpass gehört dir, Sprache! Du könntest doch sicher aus dem Logokraten mit der Forderung nach besseren Argumenten

Konfetti machen. Dann käme er auch mal unter lustigere Leute - vielleicht sogar am Rhein!

<--

BA 27.1 Es beruhigt mich, wenn der Geologe die Ausbruchswahrscheinlichkeit der Hegauvulkane geringer einstuft als die des Vesuvs, reift doch an den Hängen des burgbekrönten Hohentwiels, zu dem manchmal der Säntis herübergrüßt, manch gute Traube - und niemand will ja auch, dass die Einwohner Singens mit den letzten Steinen einer schwäbischen Herzogsburg bombardiert werden.

BA 27.2 Dass der Vesuv andererseits ein unruhigerer Ausbrecher ist, kann geologisch begründet werden. Mit Neapels schmutzigen Händen der Camorra oder vielleicht der Feststellung eines österreichischen Klerikers, dass die amoralischen Zustände in dieser Stadt unbeschreiblich sind, hat es nichts zu tun.

<--

BA 28.1 Im Grunde wird diese Erkenntnis mit sekundärem philosophischen Hilfswissen zugeschüttet. Die Wertschätzung von immer ausgefeilteren wissenschaftstheoretischen Erwägungen geht erfreulicherweise nicht so weit, dass der gemeine Wissenschaftler sich durch vorauseilendes Erschrecken vor der möglichen Falsifizierung seiner Theorie deren Ausarbeitung vermiesen lässt.

BA 28.2 Auch der gemeine Mensch schätzt es eher weniger, wenn immer diffizilere und modifiziertere theoretische Überlegungen am täglichen Leben - es gibt kein anderes - vorbeigehen.

BA 28.3 Das logische Hamsterrad schafft schwerlich neue Erkenntnisse. So hat auch Ötzi schon in AN 11 nicht durch Logelei, sondern durch ein überraschendes Erlebnis (der mit Wasserstoff gefüllte Luftballon stieg nach oben) seinen Horizont erweitern können.

BA 28.4 Möglicherweise hatte er aber schon kup-
ferzeitig gelernt, klüger zu sein, was Steigen
oder Sinken angeht, indem er etwa Gedanken über
den Funkenflug beim Lagerfeuer mit anderen einschlägigen Phänomenen seiner Lebenswelt zu einem
Ötztaler Prinzip verknüpft hatte, das in der Wirklichkeit vielfach bestätigt wurde.

BA 28.5 Kann man dann Ötzis erfahrungskonforme
Überlegungen als wissenschaftliche Theorie bezeichnen? Oder emergieren akademisch seriöse wissenschaftliche Theorien erst ab dem Komplexitäts-
grad aleph-null?
<---

BA 32.1 Unter Vernunft schwebt mir hier (nach den
Worten von Hans Joachim Störig zu Kants Vernunft-
begriff) der „Inbegriff aller unserer Geistes- und
Gemütskräfte" vor. Eine Vernunft auch, die uns als
entwicklungsfähige Anlage mitgegeben wurde und die
deswegen zunächst einmal von jeder späteren menschengemachten Logik und Sprache unabhängig war.
<---

Anmerkungen zu den
Anmerkungen zu Kapitel BA

BA 15.1.1. In meinem flüchtigen Internetüberblick
über Erläuterungen und Diskussionen zum Wort „Induktionsproblem" und dem, was sich dahinter dem
Einen enthüllt, dem Andern versteckt, habe ich übrigens keine Hinweise zu zukünftigen Ereignissen,
die ich selbst zu verursachen beabsichtige, gefunden. Eine wesentliche Lücke, würde mir scheinen.
Auch eine allgemeine Würdigung eines hypothetischen Kausalgesetzes müsste den Zusammenhang zwischen mir als (bewusste, unbewusste oder zufälli-
ge) Ursache und einem von mir vielleicht dadurch
bewirkten Ereignis reflektieren.
<---

BA 18.2.1 Es soll jedoch niemand darüber lachen,
wenn Hume, Sie oder ich den Fuß fast unwillkürlich
zurückziehen, wenn uns der Hammer aus der Hand
rutscht. Auch wer die Möglichkeit zugibt, dass der
Hammer ausnahmsweise mal nicht fällt, tut nämlich
gut daran, mit der Möglichkeit des Normalfalls zu
rechnen.

BA 18.2.2 Unser vegetatives System hat wohl schon
früh mit intuitiven Wahrscheinlichkeiten gerech-
net, bevor die Schwarz-Weiß-Maler sich an die 0
und die 1 klammerten (die lange Zeit zuvor bei älteren Schwarz-Weiß-Malern als neumodisches Zeug
galten), weil sie, konservativ, wie alle Schwarz-
Weiß-Maler, gebrochene Zahlen ablehnten (während
wieder nachfolgende Generationen von Schwarz-Weiß-
Malern Bruchzahlen akzeptierten, während irratio-
nale Zahlen ein Sakrileg für ihre kleingäubige
Vernunft darstellten).
<---

BA 18.5.1 Im ersten Ansatz würde ich gegen halt-
lose Prediger gern einem Wort „X" einen Zahlenwert
Wp(X) zuordnen, der 0, 1 oder eine Zahl zwischen 0
und 1 sein kann. Diese Zahl soll die Weltpassung
des Wortes „X" bewerten: Je näher an 1 desto rea-

litätsnäher das Wort. Für mich etwa wäre Wp(Unterschied) = 1, Wp(Seele) = 0 und Wp(Hammer) läge bei etwa 0,95.

BA 18.5.2 Dem Predigerwort „Induktionsproblem" würde ich nun als Weltpassung das Produkt aus den Weltpassungen der vom Prediger zur Erklärung benützten Wörter zuordnen.

BA 18.5.3 Hiermit wird erreicht, dass die Weltpassung des erklärten Wortes nie größer sein kann als die Weltpassung des schwächsten Gliedes in der Kette der Erklärungswörter.

BA 18.5.4 Nebenbei könnte man die Schwammigkeit Sk eines Wortes „X" als Sk(X): = 1-Wp(X) definieren. Wie es wohl bei Ausarbeitung des Konzepts mit der Berechenbarkeit von Sk(Schwammigkeit) aussähe?
<--

BA 27.1.1 Es könnte dann nicht passieren, dass ein heutiger Singener von einem Stein getroffen würde, auf dem einst der aus dem Schweizer Thurgau stammende St. Galler Mönch Ekkehard (+990) saß, um der schwäbischen Herzogin Hadwig Latein (bestimmt auch mit Texten von Vergil und anderen Heiden) beizubringen, wie der aus AZ 30.2 bekannte jüngere Namensvetter dieses Mönchs in der Klostergeschichte berichtet.

BA 27.1.2 Das zeigt den von der Kirche nicht immer unterdrückbaren Emanzipationsdrang einer süddeutschen Frau, die es natürlich als mächtige Hochadlige einfacher hatte, ihren Wunsch durchzusetzen und dazu noch einen befähigten Lehrer zu benennen.
<--

BB   Ausblick

BB 01   Als Menschenwerk kann die Logik, angewandt
auf Schach, Mathematik und andere Menschenspiele,
einen beachtlichen Beitrag zum intensiven Verständnis eines Problems und zu seiner Lösung bei-
steuern. Aber bei ihrer Anwendung auf volltönend
versprachlichte, trotzdem dunkle Behauptungen über
die Welt stellt sie sich nicht als die große Fin-
dekunst heraus, mit der Wesentliches zu entdecken
wäre.

BB 02   Wenn meine Ohren durch das monotone oder
nicht-monotone Geleier eines philosophischen Fuz-
zylogikers, der ja die Ebene des Mensch-Ärgere-
Dich-Nicht-Spiels nie verlässt, ermüdet sind, kann
ich meinen Augen, kommt der reinphilosophische Logiker mir noch dogmatischer: „Schlummert ein, ihr
matten Augen, fallet sanft und selig zu!" zurufen
und der Entfaltung von harmlos hochfliegenden The-
orietheorien des flugunfähigen philosophischen
Predigers in einen erholsamen Schlaf entkommen.

BB 03   Die Philosophie kann sich also nicht durch
Logik geadelt fühlen; ihre Aufgabe ist es, die Logik und logische Variationen zu erklären. Dazu
muss sie sich einer Sprache und einer Sprachlogik
bedienen, die sich sozusagen von selber verstehen.

BB 04   Es geht nicht an, dass sich die Philosophie
eine dreifache logische Krone aufs Haupt drückt,
um sich damit jeglicher Menschenkritik zu entzie-
hen.

BB 05   Auch müsste sie es als Souverän auf ihrem
Gebiet weit von sich weisen, das Unendliche aus
der Mathematik zu entleihen und damit die Religionen nachzuäffen, die mit einem unreflektierten Unendlichkeitsbegriff mächtige Götter erschaffen,
devote Ehrfurcht erzeugen oder bedrohliche Szena-
rien an die Wand malen wollen.

BB 06 Wenn sich auch die letzte kosmologische Theorie des dritten Ritters als falsch herausstellen sollte, rechnet Hochrechner Mensch doch wieder mit der Möglichkeit, dass bis in alle Ewigkeit keine Theorie stimmen könnte, jede neue Verbesserung aber näher an die Wirklichkeit herankommt.

BB 07 Woher hat die Philosophie nur ihren Hang zur Unendlichkeit? Der paar Tausend Schäfchen wegen, die der gute Mond nachts am Himmel weidet? Oder der paar Sandkörnchen wegen, die an den irdischen Meeresstränden herumliegen? Oder der paar kleinsten Teilchen wegen, aus denen das bekannte Universum besteht? Es ist doch die Leidenschaft der Philosophie, die Welt zu erklären und nicht aus der Mathematik unüberlegt übernommene attraktive Begrifflichkeiten einfließen zu lassen.

BB 08 Eine mögliche außermathematische Unendlichkeit muss erst einmal ernsthaft diskutiert werden, bevor sie in einer philosophischen Argumentation auftaucht.

BB 09 Auch wird die lineare Ordnung der Zahlen sehr vielseitig in Seinsbereiche hineingesehen, wo es möglicherweise gar nicht vordringlich darum geht, sich der Größe nach aufzustellen. Das fängt schon bei Platons Entwurf vom optimalen Staat an, der streng hierarchisch, also linear geordnet ist, ganz oben, wie Sie wissen, die Philosophen.

BB 10 Platon liefert damit auch ein Vorbild für den Gottesstaat, der unitarisch bis trinitarisch mit einem allerwertesten und allmächtigen Allerbarmer und seinen irdischen Stellvertretern an der Spitze beginnt und ganz unten die Schafe lehrt, was sie zu glauben, zu tun und zu lassen haben, ohne ihnen ein wesentliches Mitentscheidungsrecht zuzubilligen.

BB 11 Da er so hochgebildet ist, stolpern wir gerne auch mit Dante in die einfache und übersichtliche Denkfalle der linearen Ordnung, weist der Dichter doch in seiner göttlichen Komödie allen großen Sündern und kleinen Sünderlein einen genau bestimmten Platz zwischen tiefster Hölle und höchstem Himmel zu, wo zuoberst die alternativlos seligen Insassen ohne Unterlass ihrem Weltenlenker „Heilig, heilig, heilig!" zurufen.

BB 12 Aus den goldenen Gassen des edelsteingeschmückten neuen Jerusalem lohnt sich für sie kein Blick zurück. Dort hat der dauernde Wetter- und Klimawechsel längst den Säntis kleingekriegt, der Rhein hat den Bodensee mit Alpenschutt zugeschüttet. Von oben nicht zu hören, kräht aber irgendwo unmelodisch ein noch schrumpliger Säugling, vielleicht ein Nachfahre Ihrer Vorfahren, und in der Ebene sprießt hier und da frisches Grün.

BB 13 Hei nun – es wird Zeit, den Salat zu putzen.

Anmerkungen zu Kapitel BB

BB 01.1 Da anscheinend alle Logiken Rückenstärkung bei der mathematischen Logik suchen, ist es
vielleicht nützlich, sich darauf zu besinnen, für
was die Logik in der Mathematik gut ist.

BB 01.2 Dort ist sie kein Zauberstab, um aus der
vorhandenen Mathematik neue erstaunliche Einsich-
ten, wie etwa einen Satz des Shagpoarty hervorzu-
hexen. Der Mathematiker hat zunächst seine Vorlie-
be für das Fach, den Überblick über sein Spezial-
gebiet und eine kreative Ahnung, die er versuchsweise in eine Behauptung fasst.

BB 01.3 Und aus dem Chaos seiner anfänglichen Ge-
dankenfetzen entsteht ein strahlender Akkord, der
dann in handwerklich logischer Feinarbeit, die
ebenfalls reichlich Phantasie erfordert, die
Schöpfung eines neuen Satzes abrundet.

BB 01.4 Mit der Logik wird also nur nachträglich
ein Satz gesichert, dessen mögliche Gültigkeit einem schöpferischen Menschen durch den Kopf gegangen war.

BB 01.5 Wichtig war die Logik z. B. auch bei der
Aufdeckung der Arbeitsweise der Enigma (Rätsel),
einer Verschlüsselungsmaschine, die vom deutschen
Militär im Zweiten Weltkrieg verwendet wurde. Eine
bedeutende Rolle spielte dabei der britische Mathematiker Alan Turing. Er hat das Rätsel der Ma-
schine federführend gelöst - und nicht bloß herum-
spekuliert wie einst Augustinus über das Rätsel
(Aenigma) Zeit (siehe AZ 08.1 bis 3).

BB 01.6 Die Geheimschriftmaschine Enigma ist natürlich ganz aus menschlicher Logik gebaut, ihr
Verständnis stellt dementsprechend gewisse logische Anforderungen. Das Aenigma Zeit stammt dagegen aus der außermenschlichen Welt, die aber häufig schon sich weise dünkende Toren veranlasst
hat, ihre Mitmenschen wortreich nichtssagend zu

belehren.
<---

<u>BB 06.1</u> Ist also erst die „unendlichste" Theorie
gut? Wo kommt aber hier das „unendlich" her? Von
der Theologie? Oder hat es die Wissenschaftstheo-
rie heimlich bei der Mathematik entlehnt?

BB 06.2 Welcher Grund spricht eigentlich überhaupt gegen die Möglichkeit einer guten Theorie -
deren unübertreffliche Güte auch sicher ist - die
die Wirklichkeit, auf die sie angesetzt ist, lü-
ckenlos richtig beschreibt?
<---

Anmerkungen zu den
Anmerkungen zu Kapitel BB

BB 01.3.1 David Hilbert erklärte die Verhaltens-
weise eines Mathematikstudenten, der nicht mehr in
die Vorlesungen kam, sondern einen Roman schrieb,
so (nach Anita Ehlers, siehe AG 02.3.1):

BB 01.3.2 „Aber das ist doch ganz einfach, er
hatte nicht genug Phantasie für die Mathematik,
aber für Romane reicht's.

BB 01.3.3 Es wäre ein Fehler, in der Mathematik
nur eine strenge Zuchtmeisterin für asketische
Schmalspurdenker zu sehen, die in weltabgewandter
Verbissenheit Sätze über regelmäßige Siebzehnecke
und dergleichen beweisen.
<---

BB 01.5.1 Alan Turing (1912 - 1954), britischer
Mathematiker. Von Homophobikern in die Enge ge-
trieben, sah er leider zu Gottes Wunsch und Wille
(siehe AJ 30.1) keine Alternative mehr.
<---

BB 06.1.1 Es könnte sich doch ähnlich wie mit
Achill und der Schildkröte verhalten: Während man
sich mit den unendlich vielen immer kleineren Abschnittchen, die ihn von der Schildkröte trennen,
herumärgert, hat er sie schon längst eingeholt:
Während man die Verbesserungen einer Theorie immer
weiter und weiter verbessert, zieht jemand mit einem revolutionären Ansatz den Vorhang vor der
Wahrheit auf.
<---

BC   Zusätzliche Literatur

Philosophie

BC 01   Demokrit
         Fragmente zur Ethik
         Reclam, Stuttgart 1996

BC 02   Hellmut Flashar
         Aristoteles
         Lehrer des Abendlandes
         Beck, München 2013

BC 03   Harro Heuser
         Als die Götter lachen lernten
         Griechische Denker verändern die Welt
         Piper, München 1992

BC 04   Michael J. Sandel
         Gerechtigkeit
         Wie wir das Richtige tun
         Ullstein, Berlin 2013

BC 05   Hans Joachim Störig
         Kleine Weltgeschichte der Philosophie
         Kohlhammer, Stuttgart 1999

Geschichte:

BC 06   Arno Borst
         Mönche am Bodensee
         610-1525
         Thorbecke, Sigmaringen 1985

BC 07   Karlheinz Deschner
         Kriminalgeschichte des Christentums
         10 Bände
         Rowohlt, Reinbek bei Hamburg 1986-2013

BC 08   Gerhard Raff
         Die Schwäbische Geschichte
         Hohenheim, Stuttgart 2000

Religion

BC 09   Franz Buggle
         Denn sie wissen nicht, was sie glauben
         Oder warum man redlicherweise nicht mehr
         Christ sein kann
         Eine Streitschrift
         Alibri, Aschaffenburg 2012

BC 10   Hans Küng
         Christ sein
         Piper, München 1974

Musik:

BC 11   Friedrich Schorlemmer
         Lieben Sie Bach?
         Geheimnis und Zauber seiner Musik
         Herder, Freiburg 2000

Mathematik

BC 12   Apostolos Doxiadis, Christos Papadimitriou
         Logicomix
         Eine epische Suche nach Wahrheit
         Atrium, Zürich 2010

BC 13   Hans Hermes
         Einführung in die mathematische Logik
         Klassische Prädikatenlogik
         Teubner, Stuttgart 1991

BC 14   Harro Heuser
         Unendlichkeiten
         Nachrichten aus dem Grand Canyon des Geis-
         tes
         Teubner, Wiesbaden 2013

BC 15   Simon Singh
         Geheime Botschaften
         Die Kunst der Verschlüsselung von der Anti-
         ke bis in die Zeiten des Internet
         Hanser, München 2000

Sprache

Literatur

Anmerkungen zur Literaturliste BC

BC 10.1 Als kleiner Ausgleich für BC 07 und BC 09
<---

BC 16.1 Der Autor möchte seine globale Sprachlust
niemand aufdrängen. Während er z. B. auf Einwände
gegen eine radikale chinesische Schriftreform eingeht, die die Gegenwart von einer großen literarischen Vergangenheit abschneiden würde, meint er,
dass ein Schriftsteller auch in neuer Darstellung
oder Übersetzung verstanden werden könne. So müsse
man ja auch bei uns Platon nicht im Urtext lesen
können, um zu verstehen, weshalb seine Bücher über
den „Staat" in Hitlers Deutschland und Mussolinis
Italien in hohem Ansehen standen. (Seite 251)
<---

BC 17.1 Auf dem Pferdefuhrwerk erklärt der Aetti
(das ist der Vater) in diesem Mundartgedicht seinem Sohn, dem Bueb, die Welt. Mit einem etwas me-
lancholischen Schulterzucken geht er am Schluss
wieder zur Tagesordnung über und ruft seinen Pfer-
den „Hüst Laubi, Merz!" zu.

BC 17.2 Ähnlichkeiten zu dem Gedicht sind in meinen letzten Abschnitten beabsichtigt. Um Aktuali-
tät bemüht, habe ich jedoch darauf geachtet, dass
sich der smarte Zeitgenosse den Anfang meines al-
lerletzten Satzes, den Ausruf „Hei nun", auch gut
anglifiziert vorstellen kann: „High Noon".
<---